中小学研学旅行
教师指导用书

主编　李岑虎　甄鸿启

文心出版社
·郑州·

图书在版编目（CIP）数据

中小学研学旅行教师指导用书 / 李岑虎，甄鸿启主编 . — 郑州 ：文心出版社，2021.3
ISBN 978 - 7 - 5510 - 2390 - 0

Ⅰ . ①中… Ⅱ . ①李… ②甄… Ⅲ . ①活动课程 - 中小学 - 教学参考资料 Ⅳ . ①G632.3

中国版本图书馆 CIP 数据核字（2021）第 032016 号

出 版	文心出版社
	（地址:郑州市郑东新区祥盛街 27 号　邮政编码:450016）
发 行	新华书店
印 刷	河南新华印刷集团有限公司
版 次	2021 年 3 月第 1 版
印 次	2021 年 3 月第 1 次印刷
开 本	787 毫米 × 1092 毫米　1/16
印 张	20
字 数	500 千字
书 号	ISBN 978 - 7 - 5510 - 2390 - 0
定 价	88.00 元

如发现印装质量问题　请与印刷厂联系　电话:0371 - 65957865

编写专家委员会

顾　问　韩玉灵　卢胜利

主　编　李岑虎　甄鸿启

副主编　高　霞　赵芳鋆　李　婷　王　玲
　　　　梁媛媛

编　委　郝滢屹　张晓旭　李子尚　孙妍哲
　　　　陆　斌　孔潇敏　滑　蕾　王亚娇
　　　　蒋大为　胡传平　杜乃云

前　言

　　为落实立德树人根本任务，帮助中小学生了解国情、热爱祖国、开阔眼界、增长知识，着力提高他们的社会责任感、创新精神和实践能力，2016 年教育部等 11 部门颁布《关于推进中小学生研学旅行的意见》，研学旅行在全国中小学校得到迅速推广。但是，由于研学旅行是一门新兴的综合性的跨学科课程，目前尚未有专门的适合老师参考的研学旅行专业书籍，很多中小学老师由于缺乏与研学旅行配套的相关旅游知识，走进研学旅行基地（营地）无法正常开展教学活动，无法把校内教育同校外研学旅行教育有效衔接，亟需补充规范的、科学的研学旅行专业知识，来指导蓬勃发展的研学旅行教育教学。因此，编写针对中小学教师的研学旅行专业书，迫在眉睫。

　　2020 年文心出版社高瞻远瞩，审时度势，把握全国研学旅行大局，在河南省研学旅行教育协会的大力支持下，两次组织国内相关专家云集郑州，召开中小学研学旅行读本推进会，积极组织国内教育科学研究、中小学教育、研学旅行教育和旅游教育等领域相关专家进行编撰工作。我们进行了大量的研学旅行实地考察调研，走访了全国几十所中小学校和多个研学旅行基地，广泛征求老师们的意见和建议，经过八个月的辛勤耕耘，这本书现在终于呈现在广大读者面前。

　　本书有以下几个突出特点：

　　一、系统性强

　　本书内容包括研学旅行政策与法律法规、研学旅行中的导游服务、研学旅行教育教学理论、研学旅行备课、研学旅行上课、研学旅行课程资源开发与利用、研学旅行基地（营地）管理与服务、研学旅行保障机制、研学旅行宣传推广机制等九个方面的内容，构成了一套完整的研学旅行系统理论体系，弥补了中小学教师研学旅行知识的不足。

　　二、针对性强

　　本书针对中小学教师编写，面向全体中小学教师，突出研学旅行教师行业特点。对教师们已经掌握的教育学、心理学等教育专业知识没有详细阐述，对教师们不熟悉的旅游行业知识进行了补充说明。同时，我们对中小学老师常用的教学方式、方法，结合研学旅行基地和研学旅行资源，进行了详细的阐述，解决了教师们走到基地不会讲研学旅行课的尴尬问题。

三、实用性强

在编写时我们采用理论说明、案例分析、图片佐证的编写方式，既注重理论阐述，也突出实践操作，在行文上不啰唆，不晦涩，力求简洁明了、通俗易懂，力避学究气，力求做到易读、易学、易教、易操作。本书既可以作为大中小学教师研学旅行指导用书，又可作为社会教育机构、研学旅行机构和风景区等单位开展研学旅行课程直接使用的参考书。

四、作者权威

本书专家团队既有全国研学旅行学科带头人、国内研学旅行领军人物，也有研学旅行教育实操专家、中小学课堂教学一线教学能手，还有全国著名的导游大师，另有研学旅行企业管理专家。作者能紧跟教育部、文旅部的研学旅行指导意见，同时吸纳国内最新研究成果，引入先进的研学旅行理念，确保本书的准确性和前瞻性。

本书在编写过程中，得到了教育部旅游职业教育教学指导委员会秘书长韩玉灵教授的支持鼓励、河南省研学旅行教育协会秘书长卢胜利先生的真挚关爱。同时也得到了河南师范大学、山东省教育科学研究院、中国关心下一代工作委员会健康体育发展中心核心素养教育研究院郑州分院、广东海洋大学、河南省旅游行业协会、邹城市教育和体育局、河南科技大学、济宁学院、山西荣时旅行社有限公司、国家金牌导游广西联合工作室、营地百科（江苏）教育咨询有限公司、邹城博物馆、桂林理工大学附属小学、山东省弘道研学教育服务有限公司、江苏省贾汪区汴塘新集初级中学、滨州市实验学校、河南省旅游行业协会研学旅行分会、济宁市文昌阁小学、东营市河口区太平中学等单位的大力支持。特别是文心出版社总编辑马保民先生的谆谆教诲、心血浇灌及编辑部崔朝媛老师对本书的反复叮咛和无限牵挂，在此一并表示衷心感谢！

本书由李岑虎、甄鸿启、高霞、赵芳鋆、王玲、李婷、梁媛媛、孙妍哲、张晓旭、郝滢屹、李子尚、陆斌、孔潇敏、滑蕾、王亚娇、蒋大为、胡传平、杜乃云编著。李岑虎、甄鸿启担任主编，高霞、王玲、赵芳鋆、李婷、梁媛媛担任副主编。李岑虎负责全书的统稿、审阅、修改。

在此书编写过程中，我们借鉴了诸多专家的学术成果，但由于时间仓促，有些资料来源未能查到和注明。在此，对各位专家表示诚挚的感谢，并由衷地欢迎各位作者与我联系（邮箱 siteven@163.com、微信 siagelzy），以便再版时予以更正。由于作者水平有限，本书还有很多地方有待完善，敬请老师们提出宝贵意见和建议，以便下次修订。

李岑虎

2021 年 2 月 3 日

目　录

第一章　研学旅行政策与法律法规………… 1

第一节　研学旅行方针政策 ………… 1

一、《关于推进中小学生研学旅行的意见》的主要内容 …… 1

二、《中小学综合实践活动课程指导纲要》的主要内容 …… 4

三、《大中小学劳动教育指导纲要（试行）》的主要内容

………………………………… 6

四、《研学旅行服务规范》的主要内容 ………… 10

第二节　《旅游法》的基本知识 ………… 14

一、旅游者的权利和义务 ………… 14

二、旅游经营者的义务 ………… 15

三、旅游景区经营规则 ………… 15

四、包价旅游合同 ………… 17

第三节　旅行社法律制度 ………… 23

一、旅行社概述 ………… 23

二、旅行社的权利和义务 ………… 24

三、旅行社服务质量赔偿标准 ………… 24

第四节　导游管理法律制度 ………… 26

一、导游管理概述 ………… 26

二、导游的权利和义务 ………… 26

三、导游执业保障制度 ················· 29

第五节　突发事件应对法律制度 ············· 30

一、参与突发事件应对的义务 ··········· 30

二、突发事件应急处置与救援制度 ······· 31

第六节　《民法典》中的侵权责任法律制度 ······· 32

一、特殊主体侵权责任 ··············· 32

二、机动车交通事故责任 ············· 33

三、高度危险活动致害责任 ··········· 34

四、饲养动物致人损害责任 ··········· 34

五、物件致人损害责任 ··············· 36

第七节　解决旅游纠纷的法律制度 ··········· 39

一、旅游纠纷的解决途径 ············· 39

二、旅游投诉案件的处理 ············· 39

第八节　审理旅游纠纷案件适用法律若干问题的规定
················· 40

一、旅游者权益保护 ················· 40

二、旅游经营者的责任与权益保护 ········· 42

第二章　研学旅行中的导游服务 ········· 47

第一节　导游服务的概述 ··············· 47

一、导游服务的内涵 ················· 47

二、导游服务的原则 ················· 47

三、导游服务的作用 ················· 48

第二节　导游人员的职业道德和基本职责 ········ 49

一、导游人员的职业道德 ············· 49

二、导游人员的基本职责 ············· 50

第三节　导游服务规程与服务质量 ········· 51

一、接待前的准备 ……………………………… 51

二、接待中的服务 ……………………………… 53

三、接待后的工作 ……………………………… 56

第四节　游客特殊要求的处理方法 ……………… 56

一、游客餐饮特殊要求的处理 …………………… 56

二、游客住宿特殊要求的处理 …………………… 57

三、游客游览特殊要求的处理 …………………… 58

四、游客自由活动特殊要求的处理 ……………… 58

五、游客中途退团特殊要求的处理 ……………… 59

第五节　旅游常见事故的预防与处理 …………… 60

一、游客走失的预防与处理 ……………………… 60

二、游客患病的预防与处理 ……………………… 61

三、误机（车、船）事故的预防与处理 ………… 63

四、遗失问题的处理 ……………………………… 64

第六节　旅游安全事故的预防与处理 …………… 66

一、突发公共卫生事件的处理 …………………… 66

二、治安事故的预防与处理 ……………………… 67

三、火灾事故的预防与处理 ……………………… 68

四、水灾事故的预防与处理 ……………………… 69

五、交通事故的预防与处理 ……………………… 70

六、食物中毒的预防与处理 ……………………… 72

七、骨折事故的处理 ……………………………… 72

八、泥石流事故的处理 …………………………… 74

九、地震自救方法 ………………………………… 74

十、蛇咬伤和毒虫蜇伤的处理 …………………… 76

第七节　旅游知识 ………………………………… 78

一、旅游饭店知识 ………………………………… 78

二、旅游汽车知识 ……………………………………… 80

三、铁路客运知识 ……………………………………… 81

四、航空客运知识 ……………………………………… 83

五、旅游保险知识 ……………………………………… 84

第三章　研学旅行教育教学理论 ……………… 87

第一节　研学旅行教学目标 …………………………… 87

一、确立教学目标的基本原则 ………………………… 87

二、编写教学目标的依据 ……………………………… 90

第二节　研学旅行教学内容 …………………………… 93

一、教学内容的类别 …………………………………… 93

二、教学内容的选择依据 ……………………………… 95

三、教学内容的选择方法 ……………………………… 96

第三节　研学旅行教学方法 …………………………… 98

一、教学方法的选择 …………………………………… 98

二、常用的教学方法 …………………………………… 98

第四节　研学旅行教学方式 ………………………… 110

一、考察探究 ………………………………………… 111

二、社会服务 ………………………………………… 111

三、设计制作 ………………………………………… 111

四、职业体验 ………………………………………… 112

五、党团队教育活动 ………………………………… 112

六、博物馆参观 ……………………………………… 113

七、劳动教育 ………………………………………… 113

第四章　备　课 ………………………………… 115

第一节　备课的基本要求 …………………………… 115

一、熟悉研学旅行过程的基本阶段 …………………… 115

二、掌握备课的基本内容 ……………………………… 115

三、掌握课程方案编写的过程 ………………………… 119

第二节　编写主题课程方案 …………………………… 120

一、主题课程方案的含义 ……………………………… 120

二、主题课程方案要素 ………………………………… 121

三、主题课程方案格式 ………………………………… 124

第三节　编写专题课程方案 …………………………… 126

一、专题课程方案的含义 ……………………………… 126

二、专题课程方案要素 ………………………………… 126

三、专题课程方案格式 ………………………………… 133

第五章　上　课 ………………………………………… 139

第一节　上课的基本环节 ……………………………… 139

一、研学准备，设置问题 ……………………………… 139

二、研学导入，提出问题 ……………………………… 143

三、研学新课，解决问题 ……………………………… 144

四、研学总结，拓展问题 ……………………………… 147

五、研学评价，反思问题 ……………………………… 148

第二节　上课的基本要求 ……………………………… 155

一、遵循正确的研学旅行目标 ………………………… 155

二、确保教学过程的思想性与科学性 ………………… 156

三、突出学生亲自参与的实践环节 …………………… 156

四、调动学生的积极性和主动性 ……………………… 158

五、运用恰当的研学旅行方式 ………………………… 158

六、根据实际情况调整课程方案 ……………………… 158

七、及时纠正学生的错误，解开学生的困惑 ………… 158

八、处理好跨学科之间的关系 …………………… 159

九、处理好与研学旅行团队人员的关系 ………… 159

十、提高研学旅行综合服务质量 ………………… 160

第六章　研学旅行课程资源开发与利用 …… 161

第一节　研学旅行课程资源概述 ………………… 161

一、研学旅行课程资源的含义 …………………… 161

二、研学旅行课程资源的特点 …………………… 161

第二节　研学旅行课程资源的类型 ……………… 163

一、校内课程资源 ………………………………… 163

二、校外课程资源 ………………………………… 164

第三节　课程资源开发与利用的基本原则 ……… 165

一、教育性原则 …………………………………… 165

二、地域性原则 …………………………………… 165

三、综合性原则 …………………………………… 166

四、实践性原则 …………………………………… 166

五、发展性原则 …………………………………… 167

六、安全性原则 …………………………………… 167

七、公益性原则 …………………………………… 167

第四节　课程资源开发与利用的基本思路和要求

　　………………………………………………… 168

一、课程资源开发与利用的基本思路 …………… 168

二、课程资源开发与利用的基本要求 …………… 170

第七章　研学旅行基地（营地）管理与服务

　　………………………………………………… 173

第一节　研学旅行基地（营地）概述 ………… 173

一、研学旅行基地（营地）的含义 …………………… 173

二、研学旅行基地（营地）的类型 …………………… 173

第二节　研学旅行基地（营地）接待服务 ………… 175

一、研学旅行接待前的服务………………………… 175

二、研学旅行接待中的服务………………………… 178

三、研学旅行接待后的服务………………………… 179

第三节　研学旅行基地（营地）配套服务 ………… 179

一、研学旅行基地（营地）的交通服务 …………… 179

二、研学旅行基地（营地）的餐饮服务 …………… 182

三、研学旅行基地（营地）的住宿服务 …………… 188

四、研学旅行基地（营地）信息化服务 …………… 189

五、研学旅行基地（营地）的安全服务 …………… 191

第八章　研学旅行保障机制 ………………………… 199

第一节　研学旅行组织协调机制 …………………… 199

一、研学旅行组织协调机制的含义 ………………… 199

二、研学旅行组织协调机制的措施 ………………… 199

第二节　研学旅行安全保障机制 …………………… 202

一、研学旅行安全保障机制主体 …………………… 202

二、研学旅行安全保障措施 ………………………… 207

第三节　研学旅行资金筹措机制 …………………… 210

一、研学旅行资金筹措含义 ………………………… 211

二、研学旅行资金筹措机制措施 …………………… 211

第四节　研学旅行监督评价机制 …………………… 213

一、研学旅行监督机制 ……………………………… 213

二、研学旅行评价机制 ……………………………… 216

第九章　研学旅行宣传推广机制 ………… 221

第一节　研学旅行宣传推广的概述 ………… 221
一、研学旅行宣传推广的概念 ………… 221
二、研学旅行宣传推广的特点 ………… 222
三、研学旅行宣传推广的现状 ………… 224

第二节　研学旅行宣传推广的意义 ………… 226
一、促进学校发展 ………… 226
二、促进教师专业发展 ………… 227
三、提高学生素质 ………… 228

第三节　研学旅行宣传推广的途径 ………… 229
一、运用大数据宣传推广 ………… 229
二、研学旅行视频宣传推广 ………… 232
三、研学旅行自媒体宣传推广 ………… 234

附　件 ………… 239
一、关于推进中小学生研学旅行的意见 ………… 239
二、中小学综合实践活动课程指导纲要 ………… 243
三、大中小学劳动教育指导纲要（试行） ………… 254
四、研学旅行服务规范 ………… 266
五、学生伤害事故处理办法 ………… 274
六、中华人民共和国旅游法 ………… 280
七、中小学教育惩戒规则（试行） ………… 296

参考文献 ………… 301

第一章　研学旅行政策与法律法规

【本章概况】

本章内容是全书也是研学旅行政策与法律法规的重点章节，重点介绍了研学旅行方针政策、《中华人民共和国旅游法》（以下简称《旅游法》）的基本知识、旅行社法律制度、导游管理法律制度、《中华人民共和国民法典》（以下简称《民法典》）侵权责任法律制度、解决旅游纠纷的法律制度，以及审理旅游纠纷案件适用法律的规定，为教师开展研学旅行提供了法律和政策理论支持。

第一节　研学旅行方针政策

一、《关于推进中小学生研学旅行的意见》的主要内容

为深入学习贯彻习近平总书记系列重要讲话精神，秉承"创新、协调、绿色、开放、共享"的发展理念，落实立德树人根本任务，帮助中小学生了解国情、热爱祖国、开阔眼界、增长知识，着力提高他们的社会责任感、创新精神和实践能力，2016年11月30日教育部等11部门印发《关于推进中小学生研学旅行的意见》。

（一）研学旅行概述

1. 研学旅行的概念

中小学生研学旅行是由教育部门和学校有计划地组织安排，通过集体旅行、集中食宿方式开展的研究性学习和旅行体验相结合的校外教育活动，是学校教育和校外教育衔接的创新形式，是教育教学的重要内容，是综合实践育人的有效途径。

2. 开展研学旅行的重要意义

开展研学旅行，有利于促进学生培育和践行社会主义核心价值观，激发学生对党、对国家、对人民的热爱之情；有利于推动全面实施素质教育，创新人才培养模式，引导学生主动适应社会，促进书本知识和生活经验的深度融合；有利于加快提高人民生活质量，满足学生日益增长的旅游需求，从小培养学生文明旅游意识，养成文明旅游行为习惯。

3. 开展研学旅行的工作目标

（1）以立德树人、培养人才为根本目的，以预防为重，以确保安全为基本前提，以深化改革、完善政策为着力点，以统筹协调、整合资源为突破口，因地制宜开展研学旅行。

（2）让广大中小学生在研学旅行中感受祖国大好河山，感受中华传统美德，感受革命光荣历史，感受改革开放伟大成就，增强对坚定"四个自信"的理解与认同；同时，学会动手动脑，学会生存生活，学会做人做事，促进身心健康、体魄强健、意志坚强，促进形成正确的世界观、人生观、价值观，培养他们成为德智体美劳全面发展的社会主义建设者和接班人。

（3）开发一批育人效果突出的研学旅行活动课程，建设一批具有良好示范带动作用的研学旅行基地，打造一批具有影响力的研学旅行精品路线，建立一套规范管理、责任清晰、多元筹资、保障安全的研学旅行工作机制，探索形成中小学生广泛参与、活动品质持续提升、组织管理规范有序、基础条件保障有力、安全责任落实到位、文化氛围健康向上的研学旅行发展体系。

4. 研学旅行的基本原则

（1）教育性原则。研学旅行要结合学生身心特点、接受能力和实际需要，注重系统性、知识性、科学性和趣味性，为学生全面发展提供良好成长空间。

（2）实践性原则。研学旅行要因地制宜，呈现地域特色，引导学生走出校园，在与日常生活不同的环境中拓展视野、丰富知识、了解社会、亲近自然、参与体验。

（3）安全性原则。研学旅行要坚持安全第一，建立安全保障机制，明确安全保障责任，落实安全保障措施，确保学生安全。

（4）公益性原则。研学旅行不得开展以营利为目的的经营性创收，对贫困家庭学生要减免费用。

（二）推进研学旅行工作的主要内容

1. 纳入中小学教育教学计划

（1）各地教育行政部门要加强对中小学开展研学旅行的指导和帮助。

（2）各中小学要结合当地实际，把研学旅行纳入学校教育教学计划，与综合实践活动课程统筹考虑，促进研学旅行和学校课程有机融合，要精心设计研学旅行活动课程，做到立意高远、目的明确、活动生动、学习有效，避免"只旅不学"或"只学不旅"现象。

（3）学校根据教育教学计划灵活安排研学旅行时间，一般安排在小学四到六年级、初中一到二年级、高中一到二年级，尽量错开旅游高峰期。学校根据学段特点和地域特色，逐步建立小学阶段以乡土乡情为主、初中阶段以县情市情为主、高中阶段以省情国情为主的研学旅行活动课程体系。

2. 加强研学旅行基地建设

（1）各地教育、文化、旅游等部门和共青团等组织密切合作，根据研学旅行育人目标，结合域情、校情、生情，依托自然和文化遗产资源、红色教育资源和综合实践基地、大型公共设施、知名院校、工矿企业、科研机构等，遴选建设一批安全适宜的中小学生研学旅行基地，探索建立基地的准入标准、退出机制和评价体系。

（2）要以基地为重要依托，积极推动资源共享和区域合作，打造一批示范性研学旅行精品路线，逐步形成布局合理、互联互通的研学旅行网络。

（3）各基地要将研学旅行作为理想信念教育、爱国主义教育、革命传统教育、国情教育的重要载体，突出祖国大好风光、民族悠久历史、优良革命传统和现代化建设成就，根据小学、初中、高中不同学段的研学旅行目标，有针对性地开发自然类、历史类、地理类、科技类、人文类、体验类等多种类型的活动课程。教育部将建设研学旅行网站，促进基地课程和学校师生间有效对接。

3. 规范研学旅行组织管理

（1）各地教育行政部门和中小学要探索制订中小学生研学旅行工作规程，做到"活动有方案，行前有备案，应急有预案"。

（2）学校组织开展研学旅行可采取自行开展或委托开展的形式，提前拟订活动计划并按管理权限报教育行政部门备案，通过家长委员会、致家长的一封信或召开家长会等形式告知家长活动意义、时间安排、出行路线、费用收支、注意事项等信息，加强学生和教师的研学旅行事前培训和事后考核。

学校自行开展研学旅行，要根据需要配备一定比例的学校领导、教师和安全员，也可吸收少数家长作为志愿者，负责学生活动管理和安全工作，与家长签订协议书，明确学校、家长、学生的责任权利。学校委托开展研学旅行，要与有资质、信誉好的委托企业或机构签订协议书，明确委托企业或机构承担学生研学旅行安全责任。

4. 建立安全责任体系

（1）各地要制订科学有效的中小学生研学旅行安全保障方案，探索建立行之有效的安全责任落实、事故处理、责任界定及纠纷处理机制，实施分级备案制度，做到层层落实，责任到人。

（2）教育行政部门负责督促学校落实安全责任，审核学校报送的活动方案（含保单信息）和应急预案。

（3）学校要做好行前安全教育工作，负责确认为出行师生购买意外险，必须投保校方责任险，与家长签订安全责任书，与委托开展研学旅行的企业或机构签订安全责任书，明确各方安全责任。

（4）旅游部门负责审核开展研学旅行的企业或机构的准入条件和服务标准。

（5）交通部门负责督促有关运输企业检查学生出行的车、船等交通工具。

（6）公安、食品药品监管等部门加强对研学旅行涉及的住宿、餐饮等公共经营场所的安全监督，依法查处运送学生车辆的交通违法行为。

（7）保险监督管理机构负责指导保险行业提供并优化校方责任险、旅行社责任险等相关产品。

二、《中小学综合实践活动课程指导纲要》的主要内容

为全面贯彻党的教育方针，坚持教育与生产劳动、社会实践相结合，引导学生深入理解和践行社会主义核心价值观，充分发挥中小学综合实践活动课程在立德树人中的重要作用，2017 年 9 月 25 日教育部颁布《中小学综合实践活动课程指导纲要》。

（一）课程性质

综合实践活动是从学生的真实生活和发展需要出发，从生活情境中发现问题，转化为活动主题，通过探究、服务、制作、体验等方式，培养学生综合素质的跨学科实践性课程。

综合实践活动是国家义务教育和普通高中课程方案规定的必修课程，与学科课程并列设置，是基础教育课程体系的重要组成部分。该课程由地方统筹管理和指导，具体内容以学校开发为主，自小学一年级至高中三年级全面实施。

（二）课程目标

总目标：学生能从个体生活、社会生活及与大自然的接触中获得丰富的实践经验，形成并逐步提升对自然、社会和自我之内在联系的整体认识，具备价值体认、责任担当、问题解决、创意物化等方面的意识和能力。具体到每个学段，课程目标则不尽相同，实践中需要因材施教。

（三）课程内容与活动方式

学校和教师要根据综合实践活动课程的目标，并基于学生发展的实际需求，设计活动主题和具体内容，并选择相应的活动方式。

1. 内容选择原则

应遵循自主性、实践性、开放性、整合性、连续性原则。

2. 主要活动方式

活动方式主要有考察探究、社会服务、设计制作、职业体验、党团队教育活动、博物馆参观等。

在活动设计时可以有所侧重，以某种方式为主，兼顾其他方式；也可以整合方式实施，使不同的活动要素彼此渗透、融合贯通。要充分发挥信息技术对于各类活动的支持作用，有效促进问题解决、交流协作、成果展示与分享等。

（四）课程实施

作为综合实践活动课程实施的主体，学校要明确实施机构及人员、组织方式等，加强过程指导和管理，确保课程实施到位。

1. 课时安排

小学1—2年级，平均每周不少于1课时；小学3—6年级和初中，平均每周不少于2课时；高中执行课程方案相关要求，完成规定学分。

2. 实施机构与人员

（1）学校要成立综合实践活动课程领导小组。结合实际情况设置专门的综合实践活动课程中心或教研组，或由教科室、教务处、学生处等职能部门，承担起学校课程实施规划、组织、协调与管理等方面的责任，负责制订并落实学校综合实践活动课程实施方案，整合校内外教育资源，统筹协调校内外相关部门的关系，联合各方面的力量，特别是加强与校外活动场所的沟通协调，保证综合实践活动课程的有效实施。要充分发挥少先队、共青团以及学生社团等组织的作用。

（2）要建立专兼职相结合、相对稳定的指导教师队伍。学校教职工要全员参与，分工合作。原则上每所学校至少配备1名专任教师，主要负责指导学生开展综合实践活动，组织其他学科教师开展校本教研活动。各学科教师要发挥专业优势，主动承担指导任务。积极争取家长、校外活动场所指导教师、社区人才资源等有关社会力量成为综合实践活动课程的兼职指导教师，协同指导学生综合实践活动的开展。

3. 组织方式

综合实践活动以小组合作方式为主，也可以个人单独进行。小组合作范围可以从班级内部，逐步走向跨班级、跨年级、跨学校、跨区域等。要根据实际情况灵活运用各种组织方式。要引导学生根据兴趣、能力、特长、活动需要，明确分工，做到人尽其责，合理高效。既要让学生有独立思考的时间和空间，又要充分发挥合作学习的优势，重视培养学生的自主参与意识与合作沟通能力。鼓励学生利用信息技术手段突破时空界限，进行广泛的交流与密切合作。

4. 活动评价

综合实践活动情况是学生综合素质评价的重要内容。各学校和教师要以促进学生综合素质持续发展为目的，设计与实施综合实践活动评价。要坚持评价的方向性、指导性、客观性、公正性等原则。做到突出发展导向，做好写实记录，建立档案，开展科学评价，引导学生扬长避短，明确努力方向。

三、《大中小学劳动教育指导纲要（试行）》的主要内容

为深入贯彻习近平总书记关于教育的重要论述，全面贯彻党的教育方针，落实《中共中央国务院关于全面加强新时代大中小学劳动教育的意见》，加快构建德智体美劳全面培养的教育体系，2020 年 7 月 7 日教育部颁布了《大中小学劳动教育指导纲要（试行）》。本书重点阐述关于中小学的相关内容。

（一）劳动教育的性质

1. 含义

劳动是创造物质财富和精神财富的过程，是人类特有的基本社会实践活动。劳动教育是发挥劳动的育人功能，对学生进行热爱劳动、热爱劳动人民的教育。当前实施劳动教育的重点是在系统的文化知识学习之外，有目的、有计划地组织学生参加日常生活劳动、生产劳动和服务性劳动，让学生动手实践、出力流汗，接受锻炼、磨炼意志，培养学生正确的劳动价值观和良好的劳动品质。

2. 特征

劳动教育是新时代党对教育的新要求，是中国特色社会主义教育制度的重要内容，是全面发展教育体系的重要组成部分，是大中小学必须开展的教育活动。

（1）具有鲜明的思想性。劳动教育必须将马克思主义劳动观贯彻始终，强调劳动是一切财富、价值的源泉，劳动者是国家的主人，一切劳动和劳动者都应该得到鼓励

和尊重；倡导通过诚实劳动创造美好生活、实现人生梦想，反对一切不劳而获、崇尚暴富、贪图享乐的错误思想。

（2）具有突出的社会性。劳动教育必须加强学校教育与社会生活、生产实践的直接联系，发挥劳动在个人与社会之间的纽带作用，引导学生认识社会，增强社会责任感；同时注重让学生学会分工合作，体会社会主义社会平等、和谐的新型劳动关系。

（3）具有显著的实践性。劳动教育必须面向真实的生活世界和职业世界，引导学生以动手实践为主要方式，在认识世界的基础上，获得有积极意义的价值体验，学会建设世界，塑造自己，实现树德、增智、强体、育美的目的。

（二）劳动教育总体目标

准确把握社会主义建设者和接班人的劳动精神面貌、劳动价值取向和劳动技能水平的培养要求，全面提高学生劳动素养，使学生：

1. 树立正确的劳动观念

正确理解劳动是人类发展和社会进步的根本力量，认识劳动创造人，劳动创造价值、创造财富、创造美好生活的道理，尊重劳动，尊重普通劳动者，牢固树立劳动最光荣、劳动最崇高、劳动最伟大、劳动最美丽的思想观念。

2. 具有必备的劳动能力

掌握基本的劳动知识和技能，正确使用常见的劳动工具，增强体力、智力和创造力，具备完成一定劳动任务所需要的设计、操作能力及团队合作能力。

3. 培育积极的劳动精神

领会"幸福是奋斗出来的"的内涵与意义，继承中华民族勤俭节约、敬业奉献的优良传统，弘扬开拓创新、砥砺奋进的时代精神。

4. 养成良好的劳动习惯和品质

能够自觉自愿、认真负责、安全规范、坚持不懈地参与劳动，形成诚实守信、吃苦耐劳的品质。珍惜劳动成果，养成良好的消费习惯，杜绝浪费。

（三）劳动教育的主要内容

主要包括日常生活劳动教育、生产劳动教育和服务性劳动教育中的知识、技能与价值观教育。

1. 日常生活劳动教育

立足个人生活事务处理，结合开展新时代校园爱国卫生运动，注重生活能力和良好卫生习惯的培养，树立自立自强意识。

2. 生产劳动教育

要让学生在工农业生产过程中直接经历物质财富的创造过程，体验从简单劳动、原始劳动向复杂劳动、创造性劳动发展的过程，学会使用工具，掌握相关技术，明白劳动创造价值，增强产品质量意识，体会平凡劳动中的伟大。

3. 服务性劳动教育

让学生利用知识、技能等为他人和社会提供服务，在服务性岗位上实习、见习，树立服务意识，实践服务技能；在公益劳动、志愿服务中强化社会责任感。在教学实践中根据不同的学段要求，开展不同的劳动教育内容。

（四）劳动教育方式的关键环节

各地和学校要注重围绕劳动教育的目标和内容要求，从提高劳动教育的效果出发，把握劳动教育任务的特点，抓住关键环节，选择适宜的劳动教育方式。

1. 讲解说明

围绕劳动为什么、是什么的问题，有重点地进行讲解，让学生懂得劳动的意义和价值。加强劳动观念、劳动纪律、劳动相关法律法规的正面引导，指明轻视劳动特别是轻视普通劳动的危害，让学生明辨是非。加强劳动知识技能的讲解，让学生认清事理，掌握实践操作的基本原理、程序、规则，正确使用工具的方法和技术。讲解要与启发思考、示范、练习等结合起来。

2. 淬炼操作

围绕如何做的问题，注重示范与练习，让学生会劳动。强化规范意识，注重从最基本的程序学起，严守规则，避免主观性。强化质量意识，注重引导学生关注细节，每个步骤、环节都要精准到位。强化专注品质，注重引导学生对操作行为的评估与监控，做到眼到手到心到，有始有终。

3. 项目实践

围绕劳动能力的培养，让学生完成真实的、综合的任务，经历完整劳动过程。注重劳动价值体认，引导学生从现实生活中发现需求，选择和确定劳动项目。强化规划设计意识，充分发挥学生的主动性、积极性、创造性，引导学生对项目实践进行整体构思，综合运用所学知识、技术，不断优化行动方案。强化身体力行，锤炼意志品质，敢于在困难与挑战中完成行动任务。

研学旅行中的陶器制作

4. 反思交流

围绕劳动价值意义的建构，引导学生总结、交流，促进学生形成反思交流习惯。指导学生思考劳动过程、结果与社会进步、个体成长的关联，避免停留在简单的苦乐体验上。组织学生交流分享劳动的体验和收获，肯定具有积极意义的认识，纠正观念上的偏差。将反思交流与改进结合起来，使学生在劳动中获得成长。

5. 榜样激励

围绕劳动的精神追求，树立典型，激发劳动热情。注意遴选、树立多类型榜样，不仅要有大国工匠、劳动模范，还要有身边表现优异的普通劳动者。指导学生从榜样的具体事迹中领悟他们的高尚精神和优良品质。明确要求学生在日常劳动实践中努力向榜样看齐。

（五）劳动教育评价

将劳动素养纳入学生综合素质评价体系。以劳动教育目标、内容要求为依据，将过程性评价和结果性评价结合起来，健全和完善学生劳动素养评价标准、程序和方法，鼓励、支持各地利用大数据、云平台、物联网等现代信息技术手段，开展劳动教育过程监测与纪实评价，发挥评价的育人导向和反馈改进功能。

1. 平时表现评价

要在平时的劳动教育实践活动中及时进行评价，以评价促进学生发展。要覆盖各类型劳动教育活动，明确学年劳动实践类型、次数、时间等考核要求。关注学生在劳动教育活动中的实际表现，注重从行为表现中分析把握劳动观念形成情况。以自我评价为主，辅以教师、同伴、家长、服务对象、用人单位等他评方式，指导学生进行反思改进。要指导学生如实记录劳动教育活动情况，收集整理相关制品、作品等，选择代表性的写实记录，纳入综合素质档案，作为学生学年评优评先的重要参考。

2. 学段综合评价

学段结束时，要依据学段目标和内容，结合综合素质档案分析，兼顾必修课学习和课外劳动实践，对劳动观念、劳动能力、劳动精神、劳动习惯和品质等劳动素养发展状况进行综合评定。建立诚信机制，实行写实记录抽查制度，对弄虚作假者在评优评先方面一票否决，性质严重的应依法依规严肃处理。在高中和大学开展志愿者星级认证。高中学校和高等学校要将考核结果作为毕业依据之一。推动将学段综合评价结果作为学生升学、就业的重要参考。

3. 开展学生劳动素养监测

将学生劳动素养监测纳入基础教育质量监测、职业院校教学质量评估和普通高等学校本科教学质量评估。可委托有关专业机构，定期组织开展关于学生劳动素养状况调查，注重学生劳动观念、劳动能力、劳动精神、劳动习惯和品质等的监测。发挥监测结果的示范引导、反馈改进等功能。

四、《研学旅行服务规范》的主要内容

为了规范研学旅行服务流程，提升服务质量，引导和推动研学旅行健康发展，原国家旅游局发布《国家旅游局公告（2016 年 37 号）》，表示《研学旅行服务规范》（LB/T 054 – 2016）行业标准已经国家旅游局批准，2017 年 5 月 1 日起实施。

（一）服务提供方要求

1. 主办方

主办方是指有明确研学旅行主题和教育目的的研学旅行活动组织方。应具备法人资质；应对研学旅行服务项目提出明确要求；应有明确的安全防控措施、教育培训计划；应与承办方签订委托合同，按照合同约定履行义务。

2. 承办方

承办方是与研学旅行活动主办方签订合同，提供教育旅游服务的旅行社，应为依法注册的旅行社。符合 LB/T 004 和 LB/T 008 的要求，宜具有 AA 及以上等级，并符合

GB/T 31380 的要求；连续三年内无重大质量投诉、不良诚信记录、经济纠纷及重大安全责任事故；应设立研学旅行的部门或专职人员，宜有承接 100 人以上中小学生旅游团队的经验；应与供应方签订旅游服务合同，按照合同约定履行义务。

3. 供应方

供应方是与研学旅行活动承办方签订合同，提供旅游地接、交通、住宿、餐饮等服务的机构。应具备法人资质；应具备相应经营资质和服务能力；应与承办方签订旅游服务合同，按照合同约定履行义务。

（二）人员配置要求

1. 主办方人员配置

应至少派出一人作为主办方代表，负责督导研学旅行活动按计划开展；每 20 位学生宜配置一名带队老师，带队老师全程带领学生参与研学旅行各项活动。

2. 承办方人员配置

应为研学旅行活动配置一名项目组长，项目组长全程随团活动，负责统筹协调研学旅行各项工作；应至少为每个研学旅行团队配置一名安全员，安全员在研学旅行过程中随团开展安全教育和防控工作；应至少为每个研学旅行团队配置一名研学导师，研学导师负责制定研学旅行教育工作计划，在带队老师、导游员等工作人员的配合下提供研学旅行教育服务；应至少为每个研学旅行团队配置一名导游人员，导游人员负责提供导游服务，并配合相关工作人员提供研学旅行教育服务和生活保障服务。

（三）教育服务流程

教育服务流程包括：

1. 在出行前，指导学生做好准备工作，如阅读相关书籍、查阅相关资料、制订学习计划等。

2. 在旅行过程中，组织学生参与教育活动项目，指导学生撰写研学日记或调查报告。

3. 在旅行结束后，组织学生分享心得体会，如组织征文展示、分享交流会等。

（四）交通服务要求

1. 交通方式选择

（1）单次路程在 400km 以上的，不宜选择汽车，应优先选择铁路、航空等交通方式。

（2）选择水运交通方式的，水运交通工具应符合 GB/T 16890 的要求，不宜选择木船、划艇、快艇。

（3）选择汽车客运交通方式的，行驶道路不宜低于省级公路等级，驾驶人连续驾车不得超过 2h，停车休息时间不得少于 20min。

2. 交通服务要求

（1）应提前告知学生及家长相关交通信息，以便其掌握乘坐交通工具的类型、时间、地点以及需准备的有关证件。

（2）宜提前与相应交通部门取得工作联系，组织绿色通道或开辟专门的候乘区域。

（3）应加强交通服务环节的安全防范，向学生宣讲交通安全知识和紧急疏散要求，组织学生安全有序乘坐交通工具。

（4）应在承运全程随机开展安全巡查工作，并在学生上、下交通工具时清点人数，防范出现滞留或走失。

（5）遭遇恶劣天气时，应认真研判安全风险，及时调整研学旅行行程和交通方式。

（五）住宿服务要求

1. 住宿位置要求

应以安全、卫生和舒适为基本要求，提前对住宿营地进行实地考察。住宿位置应便于集中管理；应方便承运汽车安全进出、停靠；应有健全的公共信息导向标识，并符合 GB/T 10001 的要求；应有安全逃生通道。

2. 住宿服务要求

（1）应提前将住宿营地相关信息告知学生和家长，以便做好相关准备工作。

（2）应详细告知学生入住注意事项，宜讲住宿安全知识，带领学生熟悉逃生通道。

（3）应在学生入住后及时进行首次查房，帮助学生熟悉房间设施，解决相关问题。

（4）宜安排男、女学生分区（片）住宿，女生片区管理员应为女性。

（5）应制定住宿安全管理制度，开展巡查、夜查工作。

（6）选择在露营地住宿时还应达到以下要求：①露营地应符合 GB/T 31710 的要求。②应在实地考察的基础上，对露营地进行安全评估，并充分评价露营接待条件、周边环境和可能发生的自然灾害对学生造成的影响。③应制定露营安全防控专项措施，加强值班、巡查和夜查工作。

（六）餐饮服务要求

1. 应以食品卫生安全为前提，选择餐饮服务提供方。

2. 应提前制定就餐座次表，组织学生有序进餐。

3. 应督促餐饮服务提供方按照有关规定，做好食品留样工作。

4. 应在学生用餐时做好巡查工作，确保餐饮服务质量。

（七）医疗及救助服务要求

1. 应提前调研和掌握研学营地周边的医疗及救助资源状况。

2. 学生生病或受伤，应及时送往医院或急救中心治疗，妥善保管就诊医疗记录。返程后，应将就诊医疗记录复印并转交家长或带队老师。

3. 宜聘请具有职业资格的医护人员随团提供医疗及救助服务。

（八）安全管理要求

1. 制定安全管理制度

主办方、承办方及供应方应针对研学旅行活动，分别制定安全管理制度，构建完善有效的安全防控机制。研学旅行安全管理制度体系包括但不限于以下内容：研学旅行安全管理工作方案；研学旅行应急预案及操作手册；研学旅行产品安全评估制度；研学旅行安全教育培训制度。

2. 确定安全管理人员

承办方和主办方应根据各项安全管理制度的要求，明确安全管理责任人员及其工作职责，在研学旅行活动过程中安排安全管理人员随团开展安全管理工作。

3. 开展安全教育

（1）工作人员安全教育。应制订安全教育和安全培训专项工作计划，定期对参与研学旅行活动的工作人员进行培训。培训内容包括：安全管理工作制度、工作职责与要求，应急处置规范与流程等。

（2）学生安全教育。应对参加研学旅行活动的学生进行多种形式的安全教育；应提供安全防控教育知识读本；应召开行前说明会，对学生进行行前安全教育；应在研学旅行过程中对学生进行安全知识教育，根据行程安排及具体情况及时进行安全提示与警示，强化学生安全防范意识。

4. 制订应急预案

主办方、承办方及供应方应制订和完善包括地震、火灾、食品卫生、治安事件、设施设备突发故障等在内的各项突发事件应急预案，并定期组织演练。

第二节 《旅游法》的基本知识

为保障旅游者和旅游经营者的合法权益，规范旅游市场秩序，保护和合理利用旅游资源，促进旅游业持续健康发展，2013 年 4 月 25 日第十二届全国人大常委会第二次会议通过了《旅游法》，并于同年 10 月 1 日生效。2016 年 11 月 7 日，国家主席习近平签署中华人民共和国主席令（第 57 号），公布了第十二届全国人民代表大会常务委员会第二十四次会议于同日通过并生效的修改后的《旅游法》。

《旅游法》是一部调整游览、度假、休闲等形式的旅游活动以及为旅游活动提供相关服务中发生的权利义务关系的基本法，它规定了旅游者、旅游经营者的权利和义务，以及经营规则。

一、旅游者的权利和义务

旅游者本质上属于消费者，具备消费者的一般共性。旅游消费，即旅游者通过购买旅游产品，满足自身旅游需求的过程。在现代社会，为了保持正常生活，人们已经无法摆脱对消费的依赖。尤其是旅游，它是一种支出较高的精神文化消费。无论去哪里，采用何种形式旅游，都要通过消费来满足旅游食、住、行、游、购、娱的最基本的需求。

（一）旅游者的权利

1. 旅游者有权自主选择旅游产品和服务，有权拒绝旅游经营者的强制交易行为。

2. 旅游者有权知悉其购买的旅游产品和服务的真实情况。了解和熟悉旅游产品和服务的真实情况，是旅游者将消费愿望付诸实施的前提，是旅游者自主选择权得以实现的保证。

3. 旅游者有权要求旅游经营者按照约定提供产品和服务。

4. 旅游者的人格尊严、民族风俗习惯和宗教信仰应当得到尊重。

5. 残疾人、老年人、未成年人等旅游者在旅游活动中依照法律、法规和有关规定享受便利和优惠。

6. 旅游者在人身、财产安全上遇有危险时，有请求救助和保护的权利。旅游者人身、财产受到侵害的，有依法获得赔偿的权利，以保障安全权的实现。

（二）旅游者的义务

1. 旅游者在旅游活动中应当遵守公共秩序和社会公德，尊重当地风俗习惯、文化传统和宗教信仰，爱护旅游资源，保护生态环境，遵守旅游文明行为规范。

2. 旅游者在旅游活动中或者在解决旅游纠纷时，不得损害当地居民的合法权益，不得干扰他人的旅游活动，不得损害旅游经营者和旅游从业人员的合法权益。

3. 旅游者购买、接受旅游服务时，应当向旅游经营者如实告知与旅游活动相关的个人健康信息，遵守旅游活动中的安全警示规定。

4. 旅游经营者组织、接待出入境旅游，发现有非法滞留和擅自分团、脱团情形的，应当依法及时向公安机关、旅游主管部门或者我国驻外机构报告，未履行报告义务的，由旅游主管部门对其及其直接负责的主管人员和其他责任人员依法追究责任。

二、旅游经营者的义务

旅游经营者是指旅行社、景区以及为旅游者提供交通、住宿、餐饮、购物、娱乐等服务的经营者。依法履行下列义务：

（一）为旅游者提供交通、住宿、餐饮、娱乐等服务的经营者，应当符合法律、法规规定的要求，按照合同约定履行义务。

（二）旅游经营者应当保证其提供的商品和服务符合保障人身、财产安全的要求。旅游经营者取得相关质量标准等级的，其设施和服务不得低于相应标准；未取得质量标准等级的，不得使用相关质量等级的称谓和标识。

（三）旅游经营者销售、购买商品或者服务，不得给予或者收受贿赂。

（四）旅游经营者对其在经营活动中知悉的旅游者个人信息，应当予以保密。

（五）景区、住宿经营者将其部分经营项目或者场地交由他人从事住宿、餐饮、购物、游览、娱乐、旅游交通等经营的，应当对实际经营者的经营行为给旅游者造成的损害承担连带责任。

（六）旅游经营者组织、接待出入境旅游，发现旅游者从事违法活动或者有违反本法规定情形的，应当及时向公安机关、旅游主管部门或者我国驻外机构报告。

（七）国家根据旅游活动的风险程度，对旅行社、住宿、旅游交通以及《旅游法》第47条规定的高风险旅游项目等经营者实施责任保险制度。旅游经营者违反《旅游法》，将会受到相应的处罚，构成犯罪的，依法追究刑事责任。

三、旅游景区经营规则

（一）含义

《旅游景区质量等级的划分与评定》将旅游景区定义为：具有参观游览、休闲度假、康乐健身等功能，具备相应旅游服务设施并提供相应旅游服务的独立管理区。该管理区应有统一的经营管理机构和明确的地域范围，包括风景区、文博院馆、寺庙观堂、旅游度假区、自然保护区、主题公园、森林公园、地质公园、游乐园、动物园、植物园及工业、农业、经贸、科教、军事、体育、文化艺术等各类旅游景区。

（二）质量等级划分

《旅游景区质量等级的划分与评定》规定，旅游景区质量等级划分为五级，从高到低依次为 AAAAA 级、AAAA 级、AAA 级、AA 级、A 级旅游景区。

（三）开放条件

景区开放应当具备下列条件，并听取旅游主管部门的意见：一是有必要的旅游配套服务和辅助设施；二是有必要的安全设施及制度，经过安全风险评估，满足安全条件；三是有必要的环境保护设施和生态保护措施；四是法律、行政法规规定的其他条件。

《旅游法》第 105 条第 1 款规定：景区不符合规定的开放条件接待旅游者的，由景区主管部门责令停业整顿直至符合开放条件，并处 2 万元以上 20 万元以下罚款。

（四）门票

利用公共资源建设的景区的门票以及景区内的游览场所、交通工具等另行收费项目，实行政府定价或者政府指导价，严格控制价格上涨。拟收费或者提高价格的，应当举行听证会，征求旅游者、经营者和有关方面的意见，论证其必要性、可行性。利用公共资源建设的景区，不得通过增加另行收费项目等方式变相涨价；另行收费项目已收回投资成本的，应当相应降低价格或者取消收费。公益性的城市公园、博物馆、纪念馆等，除重点文物保护单位和珍贵文物收藏单位外，应当逐步免费开放。

（五）承载量

景区接待旅游者不得超过景区主管部门核定的最大承载量。景区应当公布景区主管部门核定的最大承载量，制订和实施旅游者流量控制方案，并可以采取门票预约等方式，对景区接待旅游者的数量进行控制。旅游者数量可能达到最大承载量时，景区应当提前公告并同时向当地人民政府报告，景区和当地人民政府应当及时采取疏导、分流等措施。

景区在旅游者数量可能达到最大承载量时，未依照《旅游法》规定公告或者未向当地人民政府报告，未及时采取疏导、分流等措施，或者超过最大承载量接待旅游者的，由景区主管部门责令改正。情节严重的，责令停业整顿 1 个月至 6 个月。

四、包价旅游合同

（一）包价旅游合同含义

包价旅游合同，是指旅行社预先安排行程，提供或者通过履行辅助人提供交通、住宿、餐饮、游览、导游或领队等两项以上旅游服务，旅游者以总价支付旅游费用的合同。旅游服务合同中的权利和义务首先适用《旅游法》的规定，《旅游法》没有规定的，适用《民法典》中的规定。

（二）包价旅游合同的特征

根据《旅游法》的规定，包价旅游合同的特征表现在以下三个方面：

1. 合同内容预先安排

合同内容中的旅游行程及相关服务是由旅行社预先安排的。不论是旅行社自主设计，还是根据旅游者具体要求安排的路线和日程，都需要旅行社预先确定行程和安排吃、住，并通过向交通、食宿、游览等经营者订购相关服务，使旅游行程及完成行程所必需的相关服务共同组成一个完整的旅行社服务。

2. 服务的数量符合法律规定

旅行社所提供的服务应当包括两项或两项以上。交通、住宿、餐饮、游览、导游或者领队服务中任意两项或以上服务的组合，是包价旅游合同服务要素的构成要件，不论其中的服务是由旅行社直接提供，还是旅行社向相关经营者订购后间接提供。

3. 合同价款以总价方式一揽子支付

包价旅游合同的价款中，既包括旅行社向交通、住宿、餐饮、游览经营者订购服务的成本，也包括旅行社自身的经营成本，如运营费用、人员工资等，还包括其合理利润。由于旅行社向其他经营者的采购批量大，能获得一定的折扣，加上其经营成本和利润，旅游者以总价支付购买一个完整的旅游路线产品较旅游者个人逐项支出的总额要低，这也是旅行社的市场优势所在。

（三）包价旅游合同的订立

1. 包价旅游合同的形式

包价旅游合同应当采用书面形式。签订包价旅游合同是旅行社与旅游者之间做出意思表示、达成合意，最终签订书面合同的过程。

订立书面形式的包价旅游合同，最常见的是采用国家或地方政府相关部门发布的

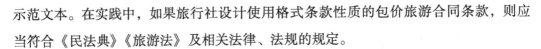

示范文本。在实践中，如果旅行社设计使用格式条款性质的包价旅游合同条款，则应当符合《民法典》《旅游法》及相关法律、法规的规定。

2. 包价旅游合同的内容

包价旅游合同应当包括下列内容：（1）旅行社、旅游者的基本信息；（2）旅游行程安排；（3）旅游团成团的最低人数；（4）交通、住宿、餐饮等旅游服务安排和标准；（5）游览、娱乐等项目的具体内容和时间；（6）自由活动时间安排；（7）旅游费用及其交纳的期限和方式；（8）违约责任和解决纠纷的方式；（9）法律、法规规定和双方约定的其他事项。

3. 旅行社的订约说明、告知义务

（1）说明义务。在订立包价旅游合同时，旅行社负有向旅游者详细说明《旅游法》第 58 条第 1 款所规定的第 2 至第 8 项相关内容的义务；未履行该义务的，即可能因为违反说明义务而导致包价旅游合同不成立、被撤销等，因此造成旅游者损失的，应当承担赔偿损失的责任。

（2）告知事项。订立包价旅游合同时，旅行社还应当向旅游者告知下列事项：①旅游者不适合参加旅游活动的情形；②旅游活动中的安全注意事项；③旅行社依法可以减免责任的信息；④旅游者应当注意的旅游目的地相关法律、法规和风俗习惯、宗教禁忌，依照中国法律不宜参加的活动等；⑤法律、法规规定的其他应当告知的事项。

（四）包价旅游合同的履行

1. 全面履行原则

旅行社应当按照包价旅游合同的约定履行义务，不得擅自变更旅游行程安排。经旅游者同意，旅行社将包价旅游合同中的接待业务委托给其他具有相应资质的地接社履行的，应当与地接社订立书面委托合同，约定双方的权利和义务，向地接社提供与旅游者订立的包价旅游合同的副本，并向地接社支付不低于接待和服务成本的费用。地接社应当按照包价旅游合同和委托合同提供服务。

2. 履行规则

（1）组团社必须根据合同约定的内容、标准提供服务。

（2）组团社必须将接待业务委托给有资质的地接社履行。

（3）地接社必须按包价旅游合同履行义务。

（五）包价旅游合同的转让、解除及法律后果

1. 旅游者转让、解除合同权的行使及法律后果

（1）转让。旅游行程开始前，旅游者可以将包价旅游合同中自身的权利义务转让给第三人，旅行社没有正当理由的不得拒绝，因此增加的费用由旅游者和第三人承担。

（2）解除。旅游行程结束前，旅游者解除合同的，组团社应当在扣除必要的费用后，将余款退还旅游者。

2. 旅行社转让、解除合同权的行使及法律后果

（1）旅行社。旅行社招徕旅游者组团旅游，因未达到约定人数不能出团的，组团社可以解除合同。但是，境内旅游应当至少提前 7 日通知旅游者，出境旅游应当至少提前 30 日通知旅游者。因未达到约定人数不能出团的，组团社经征得旅游者书面同意，可以委托其他旅行社履行合同。组团社对旅游者承担责任，受委托的旅行社对组团社承担责任。旅游者不同意的，可以解除合同。因未达到约定的成团人数解除合同的，组团社应当向旅游者退还已收取的全部费用。

（2）旅游者。旅游者有下列情形之一的，旅行社可以解除合同：①患有传染病等疾病，可能危害其他旅游者健康和安全的；②携带危害公共安全的物品且不同意交有关部门处理的；③从事违法或者违反社会公德的活动的；④从事严重影响其他旅游者权益的活动，且不听劝阻、不能制止的；⑤法律规定的其他情形。因前款规定情形解除合同的，组团社应当在扣除必要的费用后，将余款退还旅游者；给旅行社造成损失的，旅游者应当依法承担赔偿责任。

3. 包价旅游合同解除后旅行社的协助义务及费用承担

旅游行程中解除合同的，旅行社应当协助旅游者返回出发地或者旅游者指定的合理地点。由于旅行社或者履行辅助人的原因导致合同解除的，返程费用由旅行社承担。

（1）协助返回义务。旅游的本质是旅游者离开常住地，前往异地活动。因此，在旅游行程中，无论基于何种原因解除合同，旅游者都会因身处异地而面临信息缺乏甚至语言不通等多方面的困难。作为专门从事旅游服务的经营者，旅行社对旅游目的地的信息掌握较为全面，为保护旅游者的权益和安全，有必要要求旅行社协助安排旅游者返程。旅游者的返回地，应不限于旅游出发地，也可由旅游者指定合理的地点以方便旅游者。

（2）返程费用的承担。返程费用的负担，需要根据不同情形分别处理：①旅游者因个人原因主动解除合同或者旅行社根据《旅游法》第 66 条规定行使解除权的，返程

费用由旅游者自己承担。②因不可抗力或者旅行社、履行辅助人已尽合理注意义务仍不能避免的事件，导致合同不能继续履行，或者旅游者不同意调整行程而解除合同的，应根据《旅游法》第67条，返程费用由旅行社与旅游者合理分担。③由于旅行社或履行辅助人的原因导致合同解除的，返程费用由旅行社承担。

（六）包价旅游合同的违约责任

1. 旅行社的违约责任

（1）一般性责任。旅行社不履行包价旅游合同义务或者履行合同义务不符合约定的，应当依法承担继续履行、采取补救措施或者赔偿损失等违约责任。

（2）惩罚性责任。旅行社具备履行条件，经旅游者要求仍拒绝履行合同，造成旅游者人身损害、滞留等严重后果的，旅游者还可以要求旅行社支付旅游费用一倍以上三倍以下的赔偿金。

（3）不承担责任。由于旅游者自身原因导致包价旅游合同不能履行或者不能按照约定履行，或者造成旅游者人身损害、财产损失的，旅行社不承担责任。

旅游者自身的原因包括：旅游者未尽其应尽的配合、协助履行义务，例如擅自脱团、自行参加行程外的活动等主客观原因，以及《旅游法》第66条规定的情形。发生上述情形造成旅行社无法履行包价旅游合同时，根据法律规定，旅游者应自负责任，旅行社不承担违约责任。

（4）自行活动责任。在旅游者自行安排活动期间，旅行社未尽到安全提示、救助义务的，应当对旅游者的人身损害、财产损失承担相应责任。

2. 旅游者的违约责任

旅游者在旅游活动中或者在解决纠纷时，损害旅行社、履行辅助人、旅游从业人员或者其他旅游者的合法权益的，依法承担赔偿责任。

3. 地接社、履行辅助人的违约责任

由于地接社、履行辅助人的原因造成旅游者人身损害、财产损失的，旅游者可以要求地接社、履行辅助人承担赔偿责任，也可以要求组团社承担赔偿责任；组团社承担责任后可以向地接社、履行辅助人追偿。但是，由于公共交通经营者的原因造成旅游者人身损害、财产损失的，由公共交通经营者依法承担赔偿责任，旅行社应当协助旅游者向公共交通经营者索赔。

4. 因不可抗力或者其他原因导致合同解除、变更的法律责任

（1）客观因素。譬如，不可抗力以及旅行社、履行辅助人已尽合理注意义务仍不能避免的事件。

（2）解除后果。由于不可抗力或者旅行社、履行辅助人已尽合理注意义务仍不能避免的事件，致使包价旅游合同无法继续履行的，旅行社和旅游者可以解除合同。组团社应当在扣除已向地接社或者履行辅助人支付且不可退还的费用后，将余款退还旅游者。

【案例展示】
不可抗力致使旅游合同无法履行的法律责任

2020年1月13日，刘先生同河南省某国际旅行社签订了1月30日从郑州出发前往新加坡的3晚4日旅游行程的《出境旅游合同》，支付旅游费用共计8000元。

刘先生于1月27日收到旅行社电话通知，由于国内新冠疫情突然暴发，按照国家文化和旅游部的要求，原来预定的新加坡行程取消，解除原来签订的旅游合同，退回剩余旅游费余额3600元。刘先生立即找到旅行社，要求全额退款，旅行社告知刘先生，原来的一部分费用已经支付，不可抗力导致合同不能履行，无法退回全款。

双方协商不成，刘先生将该旅行社诉至法院，要求解除已签订的《出境旅游合同》，并退还全部旅游费用8000元，并按约定支付50%违约金4000元，共12000元。

原告认为：旅行社未能依约履行《出境旅游合同》内容，未能为其提供前往新加坡的3晚4日旅游服务，应当退还其支付的全部价款，并按约定支付违约金。

被告认为：原告支付的费用，已有4400元用于购买国际航班机票、办理去新加坡的相关签证、新加坡地接社也在新加坡预定了酒店等，该部分费用已实际支付给第三方航空公司、签证机关和境外地接社，这些已经无法退还。原告未能按计划参加新加坡旅游行程，是受疫情不可抗力影响，而非旅行社原因导致违约，依据合同，这些已经支付的费用损失应由原告承担。

法院观点：

根据《中华人民共和国旅游法》第六十七条，因不可抗力或者旅行社、履行辅助人已尽合理注意义务仍不能避免的事件，影响旅游行程的，按照下列情形处理：

（一）合同不能继续履行的，旅行社和旅游者均可以解除合同。合同不能完全履行的，旅行社经向旅游者作出说明，可以在合理范围内变更合同；旅游者不同意变更的，可以解除合同。

（二）合同解除的，组团社应当在扣除已向地接社或者履行辅助人支付且不可退还的费用后，将余款退还旅游者；合同变更的，因此增加的费用由旅游者承担，减少的费用退还旅游者。

《中华人民共和国合同法》第九十四条规定，有下列情形之一的，当事人可以解除合同：

（一）因不可抗力致使不能实现合同目的；

…………

第一百一十七条　因不可抗力不能履行合同的，根据不可抗力的影响，部分或者全部免除责任，但法律另有规定的除外。

由于新冠疫情的发生，被告旅行社根据文化和旅游部办公厅发布的《关于全力做好新型冠状病毒感染的肺炎疫情防控工作暂停旅游企业经营活动的紧急通知》，暂停经营活动，构成不可抗力，导致合同不能履行，向原告刘先生发出取消原定行程的通知，致使原告刘先生出游新加坡的合同目的未能实现。因此，刘先生与旅行社签订的境外旅行合同符合解除合同的法定解除情形，《出境旅游合同》可依法予以解除。

另外，本案中，被告旅行社向法院提供了已向第三方及境外新加坡地接社支付购买机票、预定新加坡酒店、办理签证等费用的证明，经与第三方及新加坡地接社协商，退费被拒绝，该部分已发生并不可退还的费用应予以扣除。综上，被告旅行社应将扣除已发生费用后的余款退还给刘先生。

最后经法院调解，原告、被告双方达成调解协议，双方解除已签订的《出境旅游合同》，被告旅行社向原告刘先生退还旅游费用3600元，原告产生的损失自行承担。原告主张的被告向原告支付50%违约金4000元不予支持。

（3）变更后果。合同不能完全履行的，旅行社可以在合理范围内变更合同，但应当向旅游者做出说明；旅游者不同意变更的，可以解除合同。同意变更行程的旅游者根据变更后的行程履行旅游合同；对于不同意变更的，则应当根据《旅游法》第67条规定，解除旅游合同。因为变更旅游行程，可能会因此导致旅游费用的增减，按照本条规定，增加的费用由旅游者承担，对于减少的费用应当退还旅游者。

（4）费用承担。在发生危及旅游者人身、财产安全的情况下，旅行社应当采取相应的安全措施，因此支出的费用，由旅行社与旅游者分担；在造成旅游者滞留的情况下，旅行社应当采取相应的安置措施，因此增加的食宿费用，由旅游者承担；增加的返程费用，由旅行社与旅游者分担。发生上述情形，旅行社和旅游者双方都无过错，按照公平原则，相关费用应主要由双方分担。

第三节　旅行社法律制度

一、旅行社概述

（一）旅行社的性质

《旅行社条例》规定：旅行社是指从事招徕、组织、接待旅游者等活动，为旅游者提供相关旅游服务，开展国内旅游业务、入境旅游业务、出境旅游业务的企业法人。该规定明确了旅行社具有下列性质：旅行社是以营利为目的的企业；旅行社是服务型的企业；旅行社是中介服务机构。

（二）旅行社的业务

旅行社的主要业务是从事旅游活动的经营，主要任务是为游客提供所需要的各种服务。按照经营范围，可划分为：国内旅游业务、入境旅游业务、出境旅游业务。

旅行社产品是旅行社根据市场需求，通过采购景点、交通、住宿、餐饮、购物、娱乐等单项服务产品进行组合，向游客提供的旅游线路产品。它是旅行社从业人员经过市场调查、筛选、组织、创意策划、服务采购、广告设计等最终生产出来的。

（三）旅行社的经营原则

旅行社在经营活动中应当遵循自愿、平等、公平、诚信的原则，提高服务质量，维护旅游者的合法权益。

（四）旅行社的设立条件

设立旅行社应当具备下列条件：取得旅游主管部门的许可；依法办理市场监管登记；有固定的经营场所；有必要的营业设施；有符合规定的注册资本；有必要的经营管理人员和导游；法律、行政法规规定的其他条件。

（五）非法经营处罚

未经许可经营旅行社业务的，由旅游主管部门或者市场监督管理部门责令改正，没收违法所得，并处 1 万元以上 10 万元以下罚款；违法所得 10 万元以上的，并处违法所得 1 倍以上 5 倍以下罚款；对有关责任人员，处 2000 元以上 2 万元以下罚款。未经许可经营出境旅游、边境旅游业务的，除依照以上规定处罚外，并责令停业整顿；情节严重的，吊销旅行社业务经营许可证；对直接负责的主管人员，处 2000 元以上 2 万元以下罚款。

二、旅行社的权利和义务

（一）旅行社的权利

自主签订旅游合同的权利；收取合理旅游费用的权利；要求旅游者正确履行旅游合同的权利。

（二）旅行社的义务

依法从事旅游经营活动义务；依法提供诚信服务义务；依法履行警示、告知及协助义务；依法规范内部管理义务。

三、旅行社服务质量赔偿标准

2011 年 4 月 12 日，国家旅游局印发《旅行社服务质量赔偿标准》，在处理相关旅游投诉时参照适用赔偿标准。

（一）因旅行社的原因不能成行

旅行社与旅游者订立合同或收取旅游者预付旅游费用后，因旅行社原因不能成行的，旅行社应在合理期限内通知旅游者，否则按下列标准承担赔偿责任：

1. 国内旅游应提前 7 日（不含 7 日）通知旅游者，否则应向旅游者全额退还预付旅游费用，并按下述标准向旅游者支付违约金：出发前 7 日（含 7 日）至 4 日，支付旅游费用总额 10% 的违约金；出发前 3 日至 1 日，支付旅游费用总额 15% 的违约金；出发当日，支付旅游费用总额 20% 的违约金。

2. 出境旅游（含赴台游）应提前 30 日（不含 30 日）通知旅游者，否则应向旅游者全额退还预付旅游费用，并按下述标准向旅游者支付违约金：出发前 30 日至 15 日，支付旅游费用总额 2% 的违约金；出发前 14 日至 7 日，支付旅游费用总额 5% 的违约金；出发前 6 日至 4 日，支付旅游费用总额 10% 的违约金；出发前 3 日至 1 日，支付旅游费用总额 15% 的违约金；出发当日，支付旅游费用总额 20% 的违约金。

（二）旅行社擅自转、拼团

旅行社未经旅游者同意，擅自将旅游者转团、拼团的，旅行社应向旅游者支付旅游费用总额 25% 的违约金。解除合同的，还应向未随团出行的旅游者全额退还预付旅游费用，向已随团出行的旅游者退还未实际发生的旅游费用。

（三）旅行社歧视性收费

在同一旅游行程中，旅行社提供相同服务，因旅游者的年龄、职业等差异增收费用的，旅行社应返还增收的费用。

（四）未乘坐预定交通工具

因旅行社原因造成旅游者未能乘坐预定的公共交通工具的，旅行社应赔偿旅游者的直接经济损失，并支付直接经济损失20％的违约金。

（五）安排的旅游活动和服务不符合约定

旅行社安排的旅游活动及服务档次与合同不符，造成旅游者经济损失的，旅行社应退还旅游者合同金额与实际花费的差额，并支付同额违约金。

（六）提供的服务不符合标准

导游或领队未按照国家或旅游行业对旅游者服务标准提供导游或者领队服务，影响旅游服务质量的，旅行社应向旅游者支付旅游费用总额1％～5％的违约金，本赔偿标准另有规定的除外。

（七）违反合同约定

旅行社及导游或领队违反旅行社与旅游者的合同约定，损害旅游者合法权益的，旅行社按下述标准承担赔偿责任：

1. 擅自缩短游览时间、遗漏旅游景点、减少旅游服务项目的，旅行社应赔偿未完成约定旅游服务项目等合理费用，并支付同额违约金。遗漏无门票景点的，每遗漏一处，旅行社向旅游者支付旅游费用总额5％的违约金。

2. 未经旅游者签字确认，擅自安排合同约定以外的用餐、娱乐、医疗保健、参观等另行付费项目的，旅行社应承担另行付费项目的费用。

3. 未经旅游者签字确认，擅自违反合同约定增加购物次数、延长停留时间的，每次向旅游者支付旅游费用总额10％的违约金。

4. 强迫或者变相强迫旅游者购物的，每次向旅游者支付旅游费用总额20％的违约金。

5. 旅游者在合同约定的购物场所所购物品系假冒伪劣商品的，旅行社应负责挽回或赔偿旅游者的直接经济损失。

6. 私自兜售商品，旅行社应全额退还旅游者购物价款。

7. 中止提供旅游服务的。旅行社违反合同约定，中止对旅游者提供住宿、用餐、交通等旅游服务的，应当负担旅游者在被中止旅游服务期间所订的同等级别的住宿、用餐、交通等必要费用，并向旅游者支付旅游费用总额30%的违约金。

第四节　导游管理法律制度

一、导游管理概述

《导游人员管理条例》（以下简称《条例》）第 2 条规定，导游是指依照《条例》规定取得导游证，接受旅行社委派，为旅游者提供向导、讲解及相关旅游服务的人员。欲从事导游职业者通过本人申请并按照规定的程序参加全国统一的导游资格考试，考试合格并经国务院旅游主管部门、教育培训主管部门审核批准，方可取得从业资格。

（一）导游资格考试制度

报考导游资格考试应当符合以下条件：具有中华人民共和国国籍；具有高级中学、中等专业学校或者以上学历；身体健康；具有适应导游需要的基本知识和语言表达能力。

经考试合格的，由国务院旅游行政部门或者国务院旅游主管部门委托省、自治区、直辖市人民政府旅游主管部门颁发导游人员资格证书。导游资格证由国务院旅游主管部门统一印制，在中华人民共和国全国范围内使用。导游资格证终身有效。

（二）导游执业许可制度

《旅游法》第 37 条规定，参加导游资格考试成绩合格，与旅行社订立劳动合同或者在相关旅游行业组织注册的人员，可以申请取得导游证。未经许可不得从事导游服务。

二、导游的权利和义务

（一）导游的权利

1. 人身权

导游的人身权，是指导游进行导游活动时，人身自由不受非法限制和剥夺、人格尊严不受侵犯、名誉不受损害的权利。

2. 劳动报酬权

旅行社发生未向临时聘用的导游支付导游服务费用的，要求导游垫付或者向导游收取费用的行为的，旅游主管部门将责令改正，没收违法所得，并处5000元以上5万元以下罚款；情节严重的，责令停业整顿或者吊销旅行社业务经营许可证，对直接负责的主管人员和其他直接责任人员，处2000元以上2万元以下罚款。

3. 履行职务权

导游履行职务权包括：（1）要求旅游者如实提供旅游所必需的个人信息，按时提交相关证明文件。（2）要求旅游者遵守旅游合同约定的旅游行程安排，妥善保管随身物品。（3）出现突发公共事件或者其他危急情形，以及旅行社因违反旅游合同约定采取补救措施时，要求旅游者配合处理防止扩大损失，以将损失降到最低限度。（4）拒绝旅游者提出的超出旅游合同约定的不合理要求。（5）制止旅游者违背旅游目的地的法律、风俗习惯的言行。

4. 调整或变更接待计划权

导游人员在引导旅游者旅行、游览过程中，遇有可能危及旅游者人身安全的紧急情形时，经征得多数旅游者的同意，可以调整或者变更接待计划，但是应当立即报告旅行社。

5. 诉权

诉权是指起诉和诉愿的权利，具体分为申请复议权和起诉权。导游在导游活动中会因其合法权益受到损害而请求有关部门予以解决。

（二）导游的职责与义务

1. 导游职责

（1）提高业务素质和职业技能。

（2）维护国家利益和民族尊严。

（3）依约提供服务和讲解。

（4）尊重旅游者的权利。

（5）引导文明旅游。

（6）警示、处置风险及突发事件。

2. 导游义务

（1）提供导游服务应当接受委派。

（2）携带、佩戴有效执业证件。

（3）不安排违反法律和社会公德的旅游活动。

（4）严格执行旅游行程安排，不得擅自变更旅游行程或者中止服务活动。

（5）不兜售物品及索要小费。

（6）不诱导、欺骗、强迫或变相强迫消费。

（7）法律法规规定的其他义务。

【案例展示】

无证带团是否违法

案情回放：

2018年11月28日，广东省某市文化广电旅游体育局（原市旅游局）接到相关部门反映，本市某旅行社有限公司涉嫌有安排无导游证人员带团的违法行为。市旅游局立即组织执法人员前往线索反映的地点进行现场执法检查。经调查，发现某旅行社在11月18日组织开展的"粤港澳两天精彩联游"活动中，存在安排未取得导游证的人员黄某提供导游服务的行为。据此，市旅游局依法对该旅行社和涉嫌无证经营导游业务人员进行查处。

案例分析：

旅行社安排未取得导游证的人员提供导游服务的行为是违法行为。

根据《中华人民共和国旅游法》第三十九条，从事领队业务，应当取得导游证，具有相应的学历、语言能力和旅游从业经历，并与委派其从事领队业务的取得出境旅游业务经营许可的旅行社订立劳动合同。

第四十一条 导游和领队从事业务活动，应当佩戴导游证，遵守职业道德，尊重旅游者的风俗习惯和宗教信仰，应当向旅游者告知和解释旅游文明行为规范，引导旅游者健康、文明旅游，劝阻旅游者违反社会公德的行为。

根据《旅行社条例实施细则》及《导游管理办法》的相关规定，经导游人员资格考试合格的人员，方可取得导游人员资格证，取得导游人员资格证后才可以向旅游主管部门申请取得导游证。若要取得领队资格，还须满足具有大专以上学历，取得相关语言水平测试等级证书；或通过外语语种导游资格考试，具有两年以上旅行社业务经营、管理或者导游等相关从业经历等条件。

旅行社为旅游者安排导游人员提供导游服务时，必须安排取得导游证的正规导游，任何未持有导游证的人员从事导游业务都属于违法行为。若组织游客出境旅游的，则须安排有领队资格的导游全程陪同。导游在执业过程中应当携带电子导游证、佩戴导游身份标识，并开启导游执业相关应用软件。现阶段已取消了纸质导游证、领队证，改为电子证件，旅游者可依据《导游管理办法》第二十条，有权要求导游展示电子导游证和导游身份标识。

法律依据：

1. 《导游人员管理条例》第二条，导游人员为旅游者提供向导、讲解及相关旅游服务须事先取得导游证。

2. 《中华人民共和国旅游法》第三十六条，旅行社组织团队出境旅游或者组织、接待团队入境旅游应当按照规定安排领队或者导游全程陪同。

3. 《旅行社条例》第三十条，旅行社组织中国内地居民出境旅游的，应当为旅游团队安排领队全程陪同。

违法后果：

《中华人民共和国旅游法》第九十六条　旅行社违反本法规定，有下列行为之一的，由旅游主管部门责令改正，没收违法所得，并处五千元以上五万元以下罚款；情节严重的，责令停业整顿或者吊销旅行社业务经营许可证；对直接负责的主管人员和其他直接责任人员，处二千元以上二万元以下罚款：

（一）未按照规定为出境或者入境团队旅游安排领队或者导游全程陪同的；

（二）安排未取得导游证的人员提供导游服务或者安排不具备领队条件的人员提供领队服务的；

（三）未向临时聘用的导游支付导游服务费用的；

（四）要求导游垫付或者向导游收取费用的。

第一百零二条　违反本法规定，未取得导游证或者不具备领队条件而从事导游、领队活动的，由旅游主管部门责令改正，没收违法所得，并处一千元以上一万元以下罚款，予以公告。

三、导游执业保障制度

（一）劳动合同制度

旅行社应当与其聘用的导游依法订立劳动合同。旅行社应当与通过其取得导游证的导游订立不少于1个月期限的劳动合同，并支付基本工资、带团补贴等劳动报酬，缴纳社会保险费用。旅行社临时聘用在旅游行业组织注册的导游为旅游者提供服务的，应当依照旅游和劳动相关法律、法规的规定足额支付导游服务费用；旅行社临时聘用

的导游与其他单位不具有劳动关系或者人事关系的，旅行社应当与其订立劳动合同。

（二）执业安全保障制度

旅行社等用人单位应当维护导游执业安全，提供必要的职业安全卫生条件，并为女性导游提供执业便利，实行特殊劳动保护。导游应当在旅游车辆"导游专座"就座，避免在高速公路或者危险路段站立讲解。

（三）星级评价制度

星级评价指标由技能水平、学习培训经历、从业年限、奖惩情况、执业经历和社会评价等构成。导游服务星级根据星级评价指标通过全国旅游监管服务信息系统自动生成，并根据导游执业情况每年度更新一次。旅游主管部门、旅游行业组织和旅行社等单位应当通过全国旅游监管服务信息系统，及时、真实地备注各自获取的导游奖惩情况等信息。

（四）教育培训制度

各级旅游主管部门应当积极组织开展导游培训，每年累计培训时间不得少于 24 小时。旅游行业组织和旅行社等应当对导游进行包括安全生产、岗位技能、文明服务和文明引导等内容的岗前培训和执业培训。

第五节　突发事件应对法律制度

为了预防和减少突发事件的发生，控制、减轻和消除突发事件引起的严重社会危害，规范突发事件应对活动，保护人民生命财产安全，维护国家安全、公共安全、环境安全和社会秩序，2007 年 8 月 30 日第十届全国人民代表大会常务委员会第二十九次会议通过了《中华人民共和国突发事件应对法》。

一、参与突发事件应对的义务

突发事件，是指突然发生，造成或者可能造成严重社会危害，需要采取应急处置措施予以应对的自然灾害、事故灾难、公共卫生事件和社会安全事件。由于突发事件社会危害程度大、影响范围广，突发事件发生时公民、法人和其他组织有义务参与突发事件应对工作。《中华人民共和国突发事件应对法》提出的公民、法人和其他组织有义务参与突发事件应对义务，主要包括以下几个方面：

（一）报告突发事件信息义务。

（二）制定、演练应急预案与排查、消除风险隐患义务。

（三）参加专职或兼职应急救援队伍。

（四）开展突发事件预防与应急、自救与互救知识的公益宣传普及活动的义务。

（五）执行突发事件有关决定和命令的义务。

（六）服从征用应急救援所需设备、设施、场地、交通工具和其他物资的义务。

（七）提供科研、医疗、物资、资金、技术支持和捐赠义务。

二、突发事件应急处置与救援制度

（一）自然灾害、事故灾难或者公共卫生事件的应急处置措施

自然灾害、事故灾难或者公共卫生事件发生后，履行统一领导职责的人民政府可以采取下列一项或者多项应急处置措施：

1. 组织营救和救治受害人员，疏散、撤离并妥善安置受到威胁的人员以及采取其他救助措施。

2. 迅速控制危险源，标明危险区域，封锁危险场所，划定警戒区，实行交通管制以及其他控制措施。

3. 立即抢修被损坏的交通、通信、供水、排水、供电、供气、供热等公共设施，向受到危害的人员提供避难场所和生活必需品，实施医疗救护和卫生防疫以及其他保障措施。

4. 禁止或者限制使用有关设备、设施，关闭或者限制使用有关场所，中止人员密集的活动或者可能导致危害扩大的生产经营活动以及采取其他保护措施。

5. 启用本级人民政府设置的财政预备费和储备的应急救援物资，必要时调用其他急需物资、设备、设施、工具。

6. 组织公民参加应急救援和处置工作，要求具有特定专长的人员提供服务。

7. 保障食品、饮用水、燃料等基本生活必需品的供应。

8. 依法从严惩处囤积居奇、哄抬物价、制假售假等扰乱市场秩序的行为，稳定市场价格，维护市场秩序。

9. 依法从严惩处哄抢财物、干扰破坏应急处置工作等扰乱社会秩序的行为，维护社会治安。

10. 采取防止发生次生、衍生事件的必要措施。

（二）社会安全事件的应急处置措施

社会安全事件发生后，组织处置工作的人民政府应当立即组织有关部门并由公安

机关针对事件的性质和特点，依照有关法律、行政法规和国家其他有关规定，采取下列一项或者多项应急处置措施：

1. 强制隔离使用器械相互对抗或者以暴力行为参与冲突的当事人，妥善解决现场纠纷和争端，控制事态发展；

2. 对特定区域内的建筑物、交通工具、设备、设施以及燃料、燃气、电力、水的供应进行控制；

3. 封锁有关场所、道路，查验现场人员的身份证件，限制有关公共场所内的活动；

4. 加强对易受冲击的核心机关和单位的警卫，在国家机关、军事机关、国家通讯社、广播电台、电视台、外国驻华使领馆等单位附近设置临时警戒线；

5. 法律、行政法规和国务院规定的其他必要措施。

严重危害社会治安秩序的事件发生时，公安机关应当立即依法出动警力，根据现场情况依法采取相应的强制性措施，尽快使社会秩序恢复正常。

第六节　《民法典》中的侵权责任法律制度

2020 年 5 月 28 日，第十三届全国人民代表大会第三次会议通过的《中华人民共和国民法典》（以下简称《民法典》）第七编对侵权责任做了详细的法律规定，本节重点阐述在旅游或者研学旅行活动中常见的几种侵权责任。

一、特殊主体侵权责任

（一）侵权责任

《民法典》规定了无民事行为能力人、限制民事行为能力人以及在特殊情况下的完全民事行为能力人等特殊主体造成他人损害应承担的侵权责任。

1. 无民事行为能力人、限制民事行为能力人造成他人损害的，由监护人承担侵权责任。监护人尽到监护职责的，可以减轻其侵权责任。有财产的无民事行为能力人、限制民事行为能力人造成他人损害的，从本人财产中支付赔偿费用；不足部分，由监护人赔偿。

2. 无民事行为能力人、限制民事行为能力人造成他人损害，监护人将监护职责委托给他人的，监护人应当承担侵权责任；受托人有过错的，承担相应的责任。

3. 完全民事行为能力人对自己的行为暂时没有意识或者失去控制造成他人损害，有过错的，应当承担侵权责任；没有过错的，根据行为人的经济状况对受害人适当补偿。

4. 完全民事行为能力人因醉酒、滥用麻醉药品或者精神药品，对自己的行为暂时没有意识或者失去控制造成他人损害的，应当承担侵权责任。

（二）被侵权责任

1. 无民事行为能力人在幼儿园、学校或者其他教育机构学习、生活期间受到人身损害的，幼儿园、学校或者其他教育机构应当承担侵权责任；但是，能够证明尽到教育、管理职责的，不承担侵权责任。

2. 限制民事行为能力人在学校或者其他教育机构学习、生活期间受到人身损害，学校或者其他教育机构未尽到教育、管理职责的，应当承担侵权责任。

3. 无民事行为能力人或者限制民事行为能力人在幼儿园、学校或者其他教育机构学习、生活期间，受到幼儿园、学校或者其他教育机构以外的第三人人身损害的，由第三人承担侵权责任；幼儿园、学校或者其他教育机构未尽到管理职责的，承担相应的补充责任。幼儿园、学校或者其他教育机构承担补充责任后，可以向第三人追偿。

二、机动车交通事故责任

机动车交通事故责任，指因机动车在道路上运行造成交通事故，导致他人人身或财产的损害，机动车一方所应承担的侵权责任。

《民法典》规定，机动车一方包括机动车所有人、驾驶人、承租人、借用人、挂靠人、买受人、盗窃者等主体。

（一）"人车分离"时的责任承担

因租赁、借用等情形机动车所有人与使用人不是同一人时，发生交通事故后属于该机动车一方责任的，由保险公司在机动车强制保险责任限额范围内予以赔偿。不足部分，由机动车使用人承担赔偿责任；机动车所有人对损害的发生有过错的，承担相应的赔偿责任。据此，在机动车强制保险赔付之外，受害人仍然有损害的，应当由机动车使用人承担赔偿责任；机动车所有人的过错是指其没有尽到合理的、谨慎的注意义务，此时由其依据过错程度对自己的行为承担赔偿责任。

（二）盗窃、抢劫或者抢夺的机动车发生交通事故造成损害的责任承担

盗窃、抢劫或者抢夺的机动车发生交通事故造成损害的，由盗窃人、抢劫人或者抢夺人承担赔偿责任。保险公司在机动车强制保险责任限额范围内垫付抢救费用的，有权向交通事故责任人追偿。

（三）机动车驾驶人发生交通事故后逃逸的责任承担

机动车驾驶人发生交通事故后逃逸，该机动车参加强制保险的，由保险公司在机动车强制保险责任限额范围内予以赔偿；机动车不明或者该机动车未参加强制保险，需要支付被侵权人人身伤亡的抢救、丧葬等费用的，由道路交通事故社会救助基金垫付。道路交通事故社会救助基金垫付后，其管理机构有权向交通事故责任人追偿。

三、高度危险活动致害责任

（一）高度危险活动致害责任承担

高度危险活动致害责任，指从事法律明确规定的高度危险活动（包括高空、高压、地下挖掘活动或者使用高速轨道运输工具），经营者应当承担的严格责任。

从事高空、高压、地下挖掘活动或者使用高速轨道运输工具造成他人损害的，经营者应当承担侵权责任，但能够证明损害是因受害人故意或者不可抗力造成的，不承担责任。被侵权人对损害的发生有过失的，可以减轻经营者的责任。高度危险活动致害责任适用无过错责任原则。

（二）高度危险活动责任的赔偿限额

《民法典》第 1244 条规定，承担高度危险责任，法律规定赔偿限额的，依照其规定。这是对最高赔偿限额的确认，主要考虑到高度危险责任的特殊性，因为这种活动是对社会有益的活动，法律要给予其特殊的保护。

四、饲养动物致人损害责任

饲养动物致人损害责任是指饲养的动物造成他人人身或财产损害。

（一）违反管理规定饲养动物和禁止饲养的危险动物致人损害的责任

违反管理规定，未对动物采取安全措施造成他人损害的，动物饲养人或者管理人应当承担侵权责任。《民法典》第 1247 条规定，禁止饲养的烈性犬等危险动物造成他人损害的，动物饲养人或者管理人应当承担侵权责任。

【案例展示】

烈性犬致人损害，饲养人承担法律责任

案情回放：

2020 年 10 月 27 日，喜欢饲养高大威猛烈犬的老吴托人从西藏购买了一只体形庞大的藏獒，用铁链子拴住养在家中。因为担心出事，给别人带来伤害，老吴只在夜里将藏獒带出来遛一遛。2020年11月，老吴照例出来牵着链子遛狗，藏獒一出门便兴奋地挣脱链子快速蹿了出去，同村11岁儿童小明（化名）正好路过，藏獒将其扑倒咬伤。老吴迅速将小明送到医院并报了警。在送医院救治后，小明的诊断结果为右大腿及右上肢狗咬伤（三级暴露），皮下剥脱（三级），伤口红肿，感染，周围淤血，疼痛。小明住院治疗15天。

事后，小明父母就赔偿问题与老吴协商无果，于2020年12月诉至法院。

法院观点：

法院经审理后认为，藏獒属于体形较大且长相较为凶猛的犬类，本身存在着巨大的危险性，令人生畏。法律早就明文规定，居民禁止饲养大型犬。老吴不仅在家中饲养大型犬，而且还是最为凶猛的藏獒，这就已经违反了关于养犬的相关规定。本案中，老吴明知道饲养大型猛犬会对周围的人有不好的影响，邻居有可能被咬伤，甚至可能会被咬死，却依然强行饲养。老吴牵着狗外出散步，本应采取安全措施防止狗咬伤他人，但其出来牵着链子遛狗时，未尽到安全注意义务，导致狗挣脱链子将路过的小明咬伤，其应对小明的损失承担赔偿责任。

法律依据：

《民法典》第一千二百四十五条　饲养的动物造成他人损害的，动物饲养人或者管理人应当承担侵权责任；但是，能够证明损害是因被侵权人故意或者重大过失造成的，可以不承担或者减轻责任。

第一千二百四十六条　违反管理规定，未对动物采取安全措施造成他人损害的，动物饲养人或者管理人应当承担侵权责任；但是，能够证明损害是因被侵权人故意造成的，可以减轻责任。

第一千二百四十七条　禁止饲养的烈性犬等危险动物造成他人损害的，动物饲养人或者管理人应当承担侵权责任。

法院判决：

故法院作出一审判决：被告老吴赔偿原告小明医疗费、护理费、营养费、辅助器具费、精神损失费共计3.7万余元。

老吴不服判决，提出上诉，市中级人民法院二审后，认为一审判决认定事实清楚，使用法律正确，故驳回上诉，维持原判。

（二）动物园的动物致人损害的责任

动物园的动物造成他人损害的，动物园应当承担侵权责任，但能够证明尽到管理职责的，不承担责任。该条规定采用的是过错推定责任原则，动物园可以通过证明尽到管理职责而免除责任，鉴于动物园所承担的独特的社会功能，不应该只是承担善良管理人的注意义务，而应该承担更高的符合其专业管理动物的注意义务。此外，依据《民法典》第1248、1250条规定，如果动物园能够证明被侵权人或者被害人对于损害的发生也有过错的，可以减轻动物园的责任；能够证明损害是受害人故意造成的，动物园不承担责任；如果是第三人过错致使动物造成他人损害的，被侵权人可以选择向动物园请求赔偿，也可以向第三人请求赔偿，在选择向动物园请求赔偿时，动物园不能以第三人的过错提出抗辩。

（三）遗弃或逃逸的动物致人损害的责任

遗弃、逃逸的动物在遗弃、逃逸期间造成他人损害的，由原动物饲养人或者管理人承担侵权责任。本条规定采用的是无过错责任原则。

（四）因第三人过错致使动物致害的责任

因第三人的过错致使动物造成他人损害的，被侵权人可以向动物饲养人或者管理人请求赔偿，也可以向第三人请求赔偿。动物饲养人或者管理人赔偿后，有权向第三人追偿。

五、物件致人损害责任

物件致人损害责任，指因物件造成他人财产或人身损害，所有人、管理人等依法应当承担的侵权责任。《民法典》所指"物件"包括不动产、道路、林木以及不动产之上的悬挂物、搁置物等。

（一）建筑物、构筑物或者其他设施致人损害责任

1. 建筑物、构筑物或者其他设施及其搁置物、悬挂物发生脱落、坠落造成他人损害，所有人、管理人或者使用人不能证明自己没有过错的，应当承担侵权责任。

2. 所有人、管理人或者使用人赔偿后，有其他责任人的，有权向其他责任人追偿。

3. 建设单位与施工单位的连带责任。《民法典》第1252条第1款规定，建筑物、构筑物或者其他设施倒塌造成他人损害的，由建设单位与施工单位承担连带责任。建设单位、施工单位赔偿后，有其他责任人的，有权向其他责任人追偿。

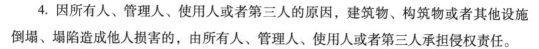

4. 因所有人、管理人、使用人或者第三人的原因，建筑物、构筑物或者其他设施倒塌、塌陷造成他人损害的，由所有人、管理人、使用人或者第三人承担侵权责任。

（二）抛掷物或坠物致人损害责任

从建筑物中抛掷物品或者从建筑物上坠落的物品造成他人损害的，由侵权人依法承担侵权责任；经调查难以确定具体侵权人的，除能够证明自己不是侵权人的外，由可能加害的建筑物使用人给予补偿。可能加害的建筑物使用人补偿后，有权向侵权人追偿。

物业服务企业等建筑物管理人应当采取必要的安全保障措施防止前款规定情形的发生；未采取必要的安全保障措施的，应当依法承担未履行安全保障义务的侵权责任。

【案例展示】

高空玻璃坠落，砸坏车子，玻璃所有人承担赔偿责任

案情回放：

2020 年 11 月 1 日晚，原告时某将其宝马车正常停放在楼下自己的车位。当晚，被告徐某家的玻璃坠落，致使原告的小车受损，原告时某向公安机关报警和向保险公司报案。

由于原告、被告为同一小区同一楼栋住户，原告时某找被告徐某协商赔偿事宜，被告以大风刮窗户、非人为原因造成为由拒绝赔偿。原告时某遂起诉至法院，请求被告徐某对车辆瑕疵部位按换件为主的维修方案进行赔偿，支付修复费 23070 元。

法院观点：

法院经审理认为，本案系物件脱落、坠落损害责任纠纷。《中华人民共和国民法典》第一千二百五十三条规定，建筑物、构筑物或者其他设施及其搁置物、悬挂物发生脱落、坠落造成他人损害，所有人、管理人或者使用人不能证明自己没有过错的，应当承担侵权责任。本案中，被告徐某认为原告时某车辆受损系大风刮掉自己家玻璃所致，非被告个人主观故意致使自家玻璃坠下砸坏原告车辆，被告拒绝赔偿。经法院现场调查并提取相关证据，法院确信原告时某车辆系因被告徐某家玻璃下坠砸坏，对被告徐某拒绝赔偿的辩驳不予采信。

被告徐某作为玻璃所有人未能举证证明其对损害发生没有过错，应当承担侵权责任。被告家玻璃坠落砸中原告车辆，被告应承担全部责任。综上，经法院调解，原告、被告双方当事人达成调解协议，被告徐某承担原告时某车辆损失 23070 元的赔偿责任。

案例启示：

多年未维护的高楼，外墙、窗户老化后未及时排查检修，存在较大安全隐患。而高空坠物，无论大小，均有可能对人身财产造成损害。为确保大家"头顶上的安全"，首先，高楼所有人、实际使用人或者物业管理方应对高层楼房的隐患定期巡检排查，放置警示标识，发现问题及时修复，避免不必要的隐患。

其次，小区业主也要强化责任意识、安全意识，对自家的设施、阳台搁置物等定期排查安全隐患，如阳台盆景，避免因大风、暴雨等极端天气造成高空坠物。

最后，提高警惕，注意外墙装饰物、窗户玻璃碎片等坠落物和其他丢弃物，留意警示标识和安全围挡设施，大风雷雨天气尽量减少外出或户外活动。

此外，我国刑法规定，高空抛物、高空坠物造成他人人身伤害或者重大财产损失的，将可能构成过失致人重伤罪、过失致人死亡罪、故意杀人罪或者以危险方法危害公共安全罪等罪名，构成以上犯罪的，应当依法承担刑事责任。

（三）堆放物致人损害责任

堆放物倒塌、滚落或者滑落造成他人损害，堆放人不能证明自己没有过错的，应当承担侵权责任。

（四）妨碍通行物致人损害责任

在公共道路上堆放、倾倒、遗撒妨碍通行的物品造成他人损害的，由行为人承担侵权责任。公共道路管理人不能证明已经尽到清理、防护、警示等义务的，应当承担相应的责任。

（五）林木果实致人损害责任

因林木折断、倾倒或者果实坠落等造成他人损害，林木的所有人或者管理人不能证明自己没有过错的，应当承担侵权责任。

（六）地面施工致害责任

在公共场所或者道路上挖掘、修缮安装地下设施等造成他人损害，施工人不能证明已经设置明显标志和采取安全措施的，应当承担侵权责任。

（七）地下设施致人损害责任

窨井等地下设施造成他人损害，管理人不能证明尽到管理职责的，应当承担侵权责任。

第七节　解决旅游纠纷的法律制度

一、旅游纠纷的解决途径

旅游纠纷，泛指在旅游活动中旅游关系的当事人之间所发生的矛盾和冲突。《旅游法》第92条规定，旅游者与旅游经营者发生纠纷，可以通过下列途径解决：

（一）双方协商；

（二）向消费者协会、旅游投诉受理机构或者有关调解组织申请调解；

（三）根据与旅游经营者达成的仲裁协议提请仲裁机构仲裁；

（四）向人民法院提起诉讼。

二、旅游投诉案件的处理

（一）投诉含义

旅游投诉是指旅游者认为旅游经营者损害其合法权益，请求旅游行政管理部门、旅游质量监督管理机构或者旅游执法机构（以下统称"旅游投诉处理机构"），对双方发生的民事争议进行处理的行为。

（二）投诉特征

1. 投诉主体只能是旅游者；

2. 被投诉主体只能是旅游经营者；

3. 请求解决的纠纷属于民事争议；

4. 受理旅游投诉的是规定的旅游投诉处理机构；

5. 处理旅游投诉是旅游投诉处理机构的具体行政行为；

6. 处理旅游纠纷是旅游投诉处理机构法定职权内的行为。

（三）投诉时效

当事人向旅游投诉处理机构请求保护合法权益的投诉时效期限为90天，从旅游合同结束之日起算。投诉时效从权利人知道或者应当知道合同结束之日起开始计算。

（四）处理投诉的程序

1. 简易程序

旅游投诉处理机构对于事实清楚、应当即时制止或者纠正被投诉人损害行为的，

可以不填写旅游投诉立案表和向被投诉人送达旅游投诉受理通知书，但应当对处理情况进行记录存档。

2. 一般程序

旅游投诉处理机构处理旅游投诉的先后顺序，包括立案、答复、调查取证、鉴定检测、和解、处理等。

第八节　审理旅游纠纷案件适用法律若干问题的规定

为正确审理旅游纠纷案件，依法保护当事人合法权益，根据《中华人民共和国民法典》《中华人民共和国消费者权益保护法》《中华人民共和国旅游法》《中华人民共和国民事诉讼法》等有关法律规定，结合民事审判实践，最高人民法院于 2010 年 9 月 13 日制定了《最高人民法院关于审理旅游纠纷案件适用法律若干问题的规定》（以下简称《规定》），2020 年 12 月 23 日最高人民法院审判委员会第 1823 次会议进行了修改，这是我国第一个专门处理旅游民事纠纷的司法解释。

一、旅游者权益保护

（一）旅游经营者和旅游辅助服务者的义务

1. 安全保障义务

旅游经营者、旅游辅助服务者未尽到安全保障义务，造成旅游者人身损害、财产损失，旅游者请求旅游经营者、旅游辅助服务者承担责任的，人民法院应予支持。因第三人的行为造成旅游者人身损害、财产损失，由第三人承担责任；旅游经营者、旅游辅助服务者未尽安全保障义务，旅游者请求其承担相应补充责任的，人民法院应予支持。

2. 告知义务

旅游经营者、旅游辅助服务者对可能危及旅游者人身、财产安全的旅游项目未履行告知、警示义务，造成旅游者人身损害、财产损失，旅游者请求旅游经营者、旅游辅助服务者承担责任的，人民法院应予支持。

3. 保密义务

旅游经营者、旅游辅助服务者以非法收集、存储、使用、加工、传输、买卖、提供、公开等方式处理旅游者个人信息，旅游者请求其承担相应责任的，人民法院应予支持。

（二）全方位维护旅游者的合法权益

1. 请求权竞合

因旅游经营者方面的同一原因造成旅游者人身损害、财产损失，旅游者选择要求旅游经营者承担违约责任或者侵权责任的，人民法院应当根据当事人选择的案由进行审理。

2. 单方条款无效

旅游经营者以格式条款、通知、声明、店堂告示等方式作出排除或者限制旅游者权利、减轻或者免除旅游经营者责任、加重旅游者责任等对旅游者不公平、不合理的规定，旅游者依据《消费者权益保护法》第二十六条的规定请求认定该内容无效的，人民法院应予支持。

3. 不得擅自转让合同

旅游经营者将旅游业务转让给其他旅游经营者，旅游者不同意转让，请求解除旅游合同、追究旅游经营者违约责任的，人民法院应予支持。

旅游经营者擅自将其旅游业务转让给其他旅游经营者，旅游者在旅游过程中遭受损害，请求与其签订旅游合同的旅游经营者和实际提供旅游服务的旅游经营者承担连带责任的，人民法院应予支持。

4. 转让合同的效力

除合同性质不宜转让或者合同另有约定之外，在旅游行程开始前的合理期间内，旅游者将其在旅游合同中的权利义务转让给第三人，请求确认转让合同效力的，人民法院应予支持。

因前款所述原因，旅游经营者请求旅游者、第三人给付增加的费用或者旅游者请求旅游经营者退还减少的费用的，人民法院应予支持。

5. 解除合同及其费用处理

旅游行程开始前或者进行中，因旅游者单方解除合同，旅游者请求旅游经营者退还尚未实际发生的费用，或者旅游经营者请求旅游者支付合理费用的，人民法院应予支持。

6. 有权要求退还未发生费用

（1）因不可抗力等不可归责于旅游经营者、旅游辅助服务者的客观原因变更旅游行程，在征得旅游者同意后，旅游者请求旅游经营者退还因此减少的旅游费用的，人民法院应予支持。

（2）因飞机、火车、班轮、城际客运班车等公共客运交通工具延误，导致合同不能按照约定履行，旅游者请求旅游经营者退还未实际发生的费用的，人民法院应予支持。合同另有约定的除外。

（3）旅游经营者因过错致其代办的手续、证件存在瑕疵，或者未尽妥善保管义务而遗失、毁损，旅游者请求旅游经营者补办或者协助补办相关手续、证件并承担相应费用的，人民法院应予支持。因上述行为影响旅游行程，旅游者请求旅游经营者退还尚未发生的费用、赔偿损失的，人民法院应予支持。

7. 有权请求违约赔偿

旅游经营者违反合同约定，有擅自改变旅游行程、遗漏旅游景点、减少旅游服务项目、降低旅游服务标准等行为，旅游者请求旅游经营者赔偿未完成约定旅游服务项目等合理费用的，人民法院应予支持。

8. 欺诈旅游者要承担惩罚性赔偿

旅游经营者提供服务时有欺诈行为，旅游者依据《消费者权益保护法》第五十五条第一款规定，请求旅游经营者承担惩罚性赔偿责任的，人民法院应予支持。

9. 拒绝购物、增收费用的返还

因拒绝旅游经营者安排的购物活动或者另行付费的项目被增收的费用；在同一旅游行程中，旅游经营者提供相同服务，因旅游者的年龄、职业等差异而增收的费用。旅游者要求旅游经营者返还以上费用的，人民法院应予支持。

二、旅游经营者的责任与权益保护

（一）旅游经营者的责任

1. 连带责任

（1）旅游经营者擅自将其旅游业务转让给其他旅游经营者，旅游者在旅游过程中遭受损害，请求与其签订旅游合同的旅游经营者和实际提供旅游服务的旅游经营者承担连带责任的，人民法院应予支持。

（2）旅游经营者准许他人挂靠其名下从事旅游业务，造成旅游者人身损害、财产损失，旅游者依据《民法典》第一千一百六十八条的规定，请求旅游经营者与挂靠人承担连带责任的，人民法院应予支持。

2. 地接社违约责任

签订旅游合同的旅游经营者将其部分旅游业务委托旅游目的地的旅游经营者，因受托方未尽旅游合同义务，旅游者在旅游过程中受到损害，要求做出委托的旅游经营者承担赔偿责任的，人民法院应予支持。旅游经营者委托除前款规定以外的人从事旅游业务，发生旅游纠纷，旅游者起诉旅游经营者的，人民法院应予受理。

3. 自行活动责任

旅游者在自行安排活动期间遭受人身损害、财产损失，旅游经营者未尽到必要的提示义务、救助义务，旅游者请求旅游经营者承担相应责任的，人民法院应予支持。前款规定的自行安排活动期间，包括旅游经营者安排的在旅游行程中独立的自由活动期间、旅游者不参加旅游行程的活动期间以及旅游者经导游或者领队同意暂时离队的个人活动期间等。

4. 脱团责任

旅游者在旅游行程中未经导游或者领队许可，故意脱离团队，遭受人身损害、财产损失，请求旅游经营者赔偿损失的，人民法院不予支持。

5. 行李丢失责任

（1）损失是由于旅游者未听从旅游经营者或者旅游辅助服务者的事先声明或者提示，未将现金、有价证券、贵重物品由其随身携带而造成的；（2）损失是由于不可抗力造成的；（3）损失是由于旅游者的过错造成的；（4）损失是由于物品的自然属性造成的。除以上四种情形之外，旅游经营者或者旅游辅助服务者为旅游者代管的行李物品损毁、灭失，旅游者请求赔偿损失的，人民法院应予支持。

6. 自由行责任

旅游经营者事先设计，并以确定的总价提供交通、住宿、游览等一项或者多项服务，不提供导游和领队服务，由旅游者自行安排游览行程的旅游过程中，旅游经营者提供的服务不符合合同约定，侵害旅游者合法权益，旅游者请求旅游经营者承担相应责任的，人民法院应予支持。

（二）旅游经营者的权益保护

1. 追加第三人

因旅游辅助服务者的原因导致旅游经营者违约，旅游者仅起诉旅游经营者的，人民法院可以将旅游辅助服务者追加为第三人。

2. 免责保护权

（1）旅游者未按旅游经营者、旅游辅助服务者的要求提供与旅游活动相关的个人健康信息并履行如实告知义务，或者不听从旅游经营者、旅游辅助服务者的告知、警示，参加不适合自身条件的旅游活动，导致旅游过程中出现人身损害、财产损失，旅游者请求旅游经营者、旅游辅助服务者承担责任的，人民法院不予支持。

（2）旅游者在旅游行程中未经导游或者领队许可，故意脱离团队，遭受人身损害、财产损失，请求旅游经营者赔偿损失的，人民法院不予支持。

（3）旅游者在自行安排活动期间遭受人身损害、财产损失，旅游经营者未尽到必要的提示义务、救助义务，旅游者请求旅游经营者承担相应责任的，人民法院应予支持。

3. 转让合同权

旅游经营者将旅游业务转让给其他旅游经营者，旅游者不同意转让，请求解除旅游合同、追究旅游经营者违约责任的，人民法院应予支持。

旅游经营者擅自将其旅游业务转让给其他旅游经营者，旅游者在旅游过程中遭受损害，请求与其签订旅游合同的旅游经营者和实际提供旅游服务的旅游经营者承担连带责任的，人民法院应予支持。

4. 增加费用权

（1）除合同性质不宜转让或者合同另有约定之外，在旅游行程开始前的合理期间内，旅游者将其在旅游合同中的权利义务转让给第三人，请求确认转让合同效力的，人民法院应予支持。因前款所述原因，旅游经营者请求旅游者、第三人给付增加的费用或者旅游者请求旅游经营者退还减少的费用的，人民法院应予支持。

（2）旅游行程开始前或者进行中，因旅游者单方解除合同，旅游者请求旅游经营者退还尚未实际发生的费用，或者旅游经营者请求旅游者支付合理费用的，人民法院应予支持。

【案例展示】

研学旅行途中遇到不可抗力，学校怎么维权

近年来，随着我国教育、旅游等政府有关部门的大力推进，中小学生的研学旅行已经成为教育旅行市场的热点。如果在研学旅行途中发生地震等灾害，校方如何维护权利？请听律师说法。

校长：2020年12月，我校与旅行社签订了曲阜儒家文化三日研学活动的研学旅行合同，在研学旅行过程中，2020年12月23日晚22时29分，曲阜市发生了一次塌陷，相当于2.4级地震，导致合同中的一些研学旅行项目无法继续履行。请问，我该如何维权？

律师：首先，《中华人民共和国民法典》第一百八十条规定，因不可抗力不能履行民事义务的，不承担民事责任。法律另有规定的，依照其规定。不可抗力是不能预见、不能避免且不能克服的客观情况。地震属于不可抗力因素。

其次，根据《中华人民共和国旅游法》第六十七条及《最高人民法院关于审理旅游纠纷案件适用法律若干问题的规定》第十三条第一款的规定，因不可抗力导致旅游合同无法继续履行的，作为合同的当事人，你可以提出解除旅游合同，并要求旅行社退还尚未实际发生的费用。但是，不能要求旅行社承担违约责任。具体情况要参考以下规定，主张学校和学生的权利。

《旅游法》第六十七条规定，因不可抗力或者旅行社、履行辅助人已尽合理注意义务仍不能避免的事件，影响旅游行程的，按照下列情形处理：

（一）合同不能继续履行的，旅行社和旅游者均可以解除合同。合同不能完全履行的，旅行社经向旅游者作出说明，可以在合理范围内变更合同；旅游者不同意变更的，可以解除合同。

（二）合同解除的，组团社应当在扣除已向地接社或者履行辅助人支付且不可退还的费用后，将余款退还旅游者；合同变更的，因此增加的费用由旅游者承担，减少的费用退还旅游者。

（三）危及旅游者人身、财产安全的，旅行社应当采取相应的安全措施，因此支出的费用，由旅行社与旅游者分担。

（四）造成旅游者滞留的，旅行社应当采取相应的安置措施。因此增加的食宿费用，由旅游者承担；增加的返程费用，由旅行社与旅游者分担。

第六十八条　旅游行程中解除合同的，旅行社应当协助旅游者返回出发地或者旅游者指定的合理地点。由于旅行社或者履行辅助人的原因导致合同解除的，返程费用由旅行社承担。

最后，若旅行社不同意解除合同或不予退还尚未实际发生的费用。根据《中华人民共和国旅游法》第九十二条的规定，你可以向消费者协会、旅游投诉受理机构或者有关调解组织申请调解；有仲裁协议的话，可以提请仲裁机构仲裁；也可以直接向人民法院提起诉讼。

综上所述，由于地震导致研学旅行合同无法履行，旅行社不承担违约赔偿责任，但要承担其他相应协助义务。

第二章 研学旅行中的导游服务

【本章概况】

本章是关于研学旅行中的导游服务问题的重点章节。首先，阐述了导游服务的内涵、原则和作用；其次，对导游人员的职业道德和基本职责、导游服务规程与服务质量做了概括性说明；再次，对游客特殊要求的导游处理方法、旅游常见事故的预防与处理，以及旅游安全事故的预防与处理做了详细阐述；最后，对研学旅行中常用的旅游饭店知识、旅游汽车知识、铁路客运知识、航空客运知识和旅游保险知识进行了简要说明，为老师们指导开展研学旅行活动提供了导游服务知识。

第一节 导游服务的概述

一、导游服务的内涵

（一）导游的含义

我国导游人员的定义是根据 1999 年国家旅游局颁布的《导游人员管理条例》中的规定来确定的，即导游人员是指取得导游证，接受旅行社委派，为游客提供向导、讲解及其他服务的人员。按照业务范围，可将我国导游人员分为出境旅游领队、全程陪同导游人员、地方陪同导游人员、景区景点讲解员四种类型。按照技术等级，可将我国导游人员分为初级导游员、中级导游员、高级导游员、特级导游员四种类型。

（二）导游服务的含义

导游服务是指导游人员代表被委派的旅游企业接待或陪同游客进行旅游活动，并按照组团合同或约定的内容和标准向游客提供的旅游接待服务。导游服务的范围是指导游人员向游客提供服务的领域，亦即导游人员工作的内容。导游服务繁重纷杂，范围很广，食、住、行、游、购、娱，几乎无所不包，但归纳起来导游服务主要包括：导游讲解服务、旅行生活服务、市内交通服务。

二、导游服务的原则

（一）维护游客合法权益的原则

游客的合法权益主要有：旅游自由权，旅游服务自主选择权，旅游公平交易权，

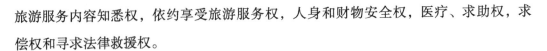

旅游服务内容知悉权，依约享受旅游服务权，人身和财物安全权，医疗、求助权，求偿权和寻求法律救援权。

（二）满足游客合理需要的原则

导游服务的根本是满足游客的需要。游客是导游服务的对象，没有游客，就没有旅游，也就没有导游服务。游客是旅游活动的主体，是旅游产品的购买者和消费者。旅游目的地和旅游企业对游客要竭诚服务，要在合理而可能的基础上将努力满足游客的需要作为服务的准则。在工作中以"宾客至上"为宗旨，认真落实接待计划，做到规范化服务与个性化服务相结合。

（三）注重经济和社会效益的原则

在导游服务中，要同时注重经济效益和社会效益的提高，二者不能偏废，这也是导游服务中应遵循的一项基本原则。只注重经济效益而无视社会效益，导游服务就会偏离方向，满足游客的需要就可能成为一句空话；反过来，只注重社会效益而无视经济效益，导游服务就会脱离市场经济的轨道，导游人员便失去了作为旅游企业一员的价值。

三、导游服务的作用

导游服务质量是旅游服务质量的最敏感的标志。导游服务贯穿于旅游活动的始终，涉及食、住、行、游、购、娱六大旅游要素，是整个旅游服务中最重要的一个部分，导游服务是游客顺利完成旅游活动的根本保证。导游人员在旅游服务各环节之间沟通上下、连接内外、协调左右关系，起着举足轻重的作用。导游服务对游客具有保障作用和桥梁作用。

（一）保障作用

旅游活动是人们从一地至另一地的转移活动。游客初到一地，人生地不熟，再加上语言不通、习俗不同，其行动往往存在诸多不便。导游员热情周到的服务则不仅为其创造了各种便利条件，而且为其整个旅游行程的顺利进行提供了保障。

（二）桥梁作用

由于客源国家（地区）与旅游目的地国家（地区）在文化、语言、习俗等方面都存在着差异，游客来到目的地国家（地区）之后，一方面觉得新奇，另一方面又感到陌生。他们只有借助导游服务这座桥梁，即导游的介绍和讲解服务，才能实现对目的地国家（地区）历史文化的了解，才能实现与目的地国家（地区）人民之间的沟通。

第二节　导游人员的职业道德和基本职责

一、导游人员的职业道德

1996 年 11 月，国家旅游局制定了《关于加强旅游行业精神文明建设的意见》，《意见》规定我国导游人员职业道德规范主要有以下几方面的内容。

（一）爱国爱企、自尊自强

爱国爱企、自尊自强不仅是导游人员必须遵守的基本道德规范，也是社会主义各行各业都必须遵守的基本行为准则。它要求导游人员在工作中要始终站在国家和民族的高度，要时刻以国家和企业利益为重，要有民族自尊心和自信心，为国家和企业的发展多做贡献。

（二）遵纪守法、敬业爱岗

遵纪守法、敬业爱岗要求各行各业的人员除了要遵守国家的法律、法规外，还要遵守本行业的一些规范和规定。对于导游人员来说，他们除了要遵守国家的法律、法规外，还要遵守旅行社的制度和《导游人员管理条例》的规定，执行《导游服务质量标准》，敬业爱岗。

（三）公私分明、诚实善良

公私分明、诚实善良对导游人员的要求是：在工作中，要能够自觉抵制各种诱惑，不为一己私利而损害游客利益；对待游客要诚实守信，不弄虚作假、不欺骗游客，严格履行合同的规定，杜绝随意增减景点和购物点的行为，维护旅游者的合理利益。

（四）克勤克俭、游客至上

克勤克俭、游客至上是导游人员处理与游客关系的一条基本行为准则。它要求导游人员充分发挥主动性、积极性、创造性；发扬我国勤俭节约、热情好客的优良传统；要有很强的服务意识，能够始终把游客的利益放在第一位，想游客之所想、急游客之所急，把游客满意作为衡量自己工作的唯一标准。

（五）热情大方、清洁端庄

热情大方、清洁端庄是导游人员在接待游客的过程中应当具备的基本道德品质和道德情操。导游人员要做到不管游客的态度如何，始终都将微笑挂在脸上，关心游客，为游客着想。导游人员还要注意自己的仪容仪表，做到穿着得体、干净大方，使游客有舒心、满意之感。

（六）一视同仁、不卑不亢

一视同仁、不卑不亢要求导游人员在整个旅游过程中要做到不因游客的地位、贫富、容貌和肤色而区别对待。此外，导游人员还要树立爱国主义的思想，对待游客要礼貌尊重，同时不卑不亢，真正体现出我国导游人员的国格和人格。

（七）耐心细致、文明礼貌

耐心细致、文明礼貌是导游人员一项最重要的业务要求，它是衡量导游人员工作态度的一项重要标准。导游人员对待游客要像对待自己的家人一样耐心、细心、热心，尽自己最大的努力帮助游客解决遇到的问题。导游人员还要尊重每一位游客的不同生活习惯、宗教信仰、民族风俗等，对待每一位游客要举止文雅、态度友善。

（八）团结协作、顾全大局

团结协作、顾全大局是集体主义原则在导游工作中的具体体现，它要求导游人员在服务游客的过程中必须以国家和集体的利益为重，讲团结、顾大局，要能够处理与他人之间的关系，杜绝相互指责现象发生。

（九）优质服务、好学向上

衡量导游人员道德素质高低的标准是看其是否具有优质服务的意识，导游人员在工作的过程中必须时刻树立优质服务的意识，对于游客提出的问题要尽心、尽职、尽责地解答；此外，导游人员还要善于学习、勤于思考，不断提高自己的道德修养和业务水平。

（十）保护环境、义不容辞

保护环境是我们每个公民义不容辞的责任，也是导游人员的一项职业责任。导游人员在工作的过程中不仅要向游客宣传保护环境的重要性，还要强化自己的环保意识，为游客做出良好的表率。

二、导游人员的基本职责

导游人员的基本职责是指各类导游人员都应履行的共同职责。导游人员的基本职责有以下六个方面。

（一）接受任务，带团游览

导游人员应接受旅行社分配的导游任务，按照接待计划安排和组织游客参观、游览。

（二）导游讲解，传播文化

导游人员负责向游客导游、讲解，介绍我国（或地方）的传统文化和各地的旅游资源。

（三）安排旅游事宜，保护游客安全

在旅游过程中，导游人员应配合和督促有关部门安排和落实游客的交通和住宿，保护游客的人身和财产安全。

（四）反映意见、要求，安排相关活动

对游客的意见和要求，导游人员应及时向上级反映，并积极协助有关部门安排会见、座谈等活动。

（五）解答问询，处理问题

对游客提出的问题或相关咨询，导游人员应耐心予以解答，并协助处理游客在旅游过程中遇到的问题和事故。

（六）率先垂范，引导文明旅游

在旅游过程中，导游人员要以身作则，遵守文明旅游规范，并引导旅游者开展文明旅游活动。

第三节　导游服务规程与服务质量

导游服务规程是指导游员在接待旅游团时应遵循的服务程序和服务标准。游客是否满意、旅游接待计划能否圆满实施在很大程度上取决于各站导游的服务。其服务流程如图所示：

服务准备 ➡ 迎接服务 ➡ 入店服务 ➡ 核对日程 ➡ 参观游览 ➡ 送客服务 ➡ 善后工作

导游服务流程图

一、接待前的准备

导游做好接团前的各项准备工作是向旅游者提供良好服务的前提。导游服务准备主要有以下几个方面的内容。

（一）业务准备

业务准备是指导游对其所接待的旅游团情况的掌握和所做的预先计划安排，它包括熟悉旅游团的基本情况、熟悉接待计划和落实接待事宜。核对接待计划、旅游行程单、日程安排表；落实接待车辆；熟悉游客名单表、分房名单表、落实住房及用餐；了解落实运送行李的安排情况；了解不熟悉的参观游览点；核实旅游团（者）离开当地的出票情况；掌握所接旅游团的全面情况，研究旅游团的特点、重点旅游团成员和铭记旅游者的特殊要求；与其他合作的导游联系；掌握有关人员的联系电话、微信等。

（二）物质准备

导游上团前，要做好接团的有关物质准备。领取必要的票证、表格和费用；准备工作物品，即本人身份证、电子导游证及标识，前往个别管制区域要求办理的证明文件；准备个人物品，如手机充电器、备用药品等。

（三）形象准备

导游人员的着装要符合导游人员的身份，要方便旅游服务工作；导游人员的衣着要简洁、整齐、大方、自然，佩戴首饰要适度，不浓妆艳抹。如果接待计划中安排有会见、宴会、舞会等，导游人员要准备好适合这些场合的正装（男性如西装、中山装，女性如套装、晚礼服、旗袍等）或民族服装；导游人员的头发要保持清洁、整齐。女性导游人员留有长发要束起，男性导游人员的前发要不覆额，鬓角不近耳，后发不及领。

研学旅行中的导游

（四）心理准备

导游人员需要具备良好的心理素质，准备面临艰苦复杂的工作；准备承受抱怨和投诉；准备面对形形色色的"精神污染"和"物质诱惑"，坚持兢兢业业带团，堂堂正正做人。

二、接待中的服务

接待中的服务是导游人员工作的主要环节，它包括：迎接服务，入店服务，核对、商定活动日程，参观游览服务和其他服务。

（一）迎接服务

1. 旅游团抵达前的服务安排。确认旅游团所乘交通工具抵达的准确时间；与旅游车司机联系；与行李员联系；再次核实航班（车次）抵达的准确时间；持接站牌迎候旅游团。

2. 旅游团抵达后的服务。认找旅游团；认真核实人数；集中清点行李；集合登车。

3. 赴饭店途中的服务。致欢迎辞；调整时间；首次沿途导游。其中首次沿途讲解包括风光导游，本地概况介绍，下榻的饭店介绍，宣布集合时间、地点和停车地点等。

致欢迎辞是导游员给游客留下良好第一印象的重要环节，一般应控制在 5 分钟左右。欢迎辞一般包括以下内容：

（1）问候语：真诚问候旅游者，如"各位来宾、各位朋友，大家好"。

（2）欢迎语：代表所在旅行社、本人及司机欢迎旅游者光临本地。

（3）介绍语：介绍自己的姓名及所属单位，介绍司机。

（4）希望语：希望旅游者配合自己的工作，并多提意见和建议。

（5）祝愿语：预祝旅游者旅游愉快、顺利。

【案例展示】

河南省康辉国际旅行社国家中级导游员田拾丰老师从郑州机场接到游客，在去饭店的旅游大巴车上开始致欢迎辞。

各位来宾、各位朋友：

大家上午好！河南老家欢迎您！

我叫田拾丰，是河南省康辉国际旅行社的导游员，大家可以叫我小田，也可以叫我"甜导"，我代表河南省康辉国际旅行社欢迎您来河南观光旅游！

坐在我身边的这位是我们的司机刘师傅，刘师傅英俊潇洒，技术高超，安全行驶十万公里。我和刘师傅今天能为大家提供服务，感到非常高兴，我们会尽最大的努力，为您提供热情周到的服务，同时也请大家给我们支持配合，多提宝贵意见。

河南山川秀丽，历史悠久，旅游资源得天独厚，名人巨匠如星，璀璨照人，勤劳诚实的河南人民托起了共和国的鼎盛灿烂，赢得了天下敬仰，被誉为"华夏文明的摇篮"。在此预祝大家在河南玩得开心，玩得高兴！

（本案例由河南康辉国际旅行社田拾丰老师提供）

（二）入店服务

旅游者入店后，导游应安排旅游者在大堂指定的位置休息，协助领队办好入住手续，尽快使旅游者进入房间，取得行李，并介绍饭店的基本情况和注意事项，告知当天或第二天的活动日程。

（三）核对、商定活动日程

核对、商定活动日程是旅游团抵达后的一项重要工作，标志着两地导游人员（领队）开始实质性的合作共事。

（四）参观游览服务

导游讲解是景区导游服务的核心工作，讲解员应按照景区导游讲解服务规范，为旅游团（者）提供高质量的导游讲解服务。

1. 旅游景区情况介绍

游览前，讲解员应向游客介绍景区的基本情况和游览中的注意事项，主要包括以下几方面：

（1）本景区开设背景（包括历史沿革）、规模、布局、价值和特色。

（2）本景区所在旅游地的位置以及周边的自然、人文景观和风土人情。

（3）提醒团队游客注意自己团队原定的游览计划安排，包括在景区停留的时间，主要游览路线，以及参观游览结束后集合的时间和地点。

（4）讲清游览过程中的注意事项，并提醒游客保管好自己的贵重物品。

（5）景区游程中如需讲解员陪同游客乘车或乘船游览，讲解员应协助游客联系有关车辆或船只。

2. 参观游览中的导游讲解

导游讲解就是导游人员以丰富多彩的社会生活和绚丽多姿的景观景物为题材，以兴趣爱好不同、审美情趣各异的游客为对象，对自己掌握的各类知识进行整理、加工和提炼，用简洁明快的语言进行的一种意境的再创造。

（1）导游讲解是景区讲解员的核心工作，讲解员应根据景区的规模和布局，带领游客按照游览路线分段讲解，繁简适度，要视游客的类型、兴趣、爱好的不同有所侧重，因人施讲，内容的取舍应以科学性和真实性为原则。

（2）讲解的语言应准确易懂，吐字应清晰，并富有感染力。

（3）要努力做到导游安排上的活跃生动，做好讲解与引导游览的有机结合。

（4）讲解中应结合景物或展品宣传环境、生态系统维护或文物保护知识，对游客的问询，回答时要耐心、和气、诚恳，不冷落、顶撞或轰赶游客，不与游客发生争执或矛盾。

（5）讲解中涉及的民间传说应有故事来源或历史传承，讲解员不得随意编造。

（6）有关景区内容的讲解应力避同音异义词语造成的歧义。

（7）讲解中若使用文言文，须注意游客对象，需要使用时，宜以大众化语言给予补充解释。

（8）对讲解中涉及的历史人物或事件，应充分尊重历史的原貌，如遇尚存争议的科学原理或人物、事件，则宜选用中性词语给予表达。

（9）若讲解的某方面内容是引据他人此前的研究成果，应在解说中给予适度的说明，以利于游客今后的使用和知识产权的保护。

（10）在时间允许和个人能力所及的情况下，宜与游客有适度的问答互动，讲解中要虚心地听取游客的不同意见和表述。

（11）在讲解过程中，讲解员应自始至终与游客在一起，对游客中的老幼病残孕和其他弱势群体要给予合理关照，注意游客的安全，随时做好安全提示，避开景区中存在安全隐患的地方，提醒游客注意容易碰头和失足的地方，以防意外事故发生。

（12）如在讲解过程中发生意外情况，讲解员应及时联络景区有关部门，以期尽快得到妥善处理解决。

3. 导游讲解重点问题

（1）导游服务的原则。游客至上原则、服务至上原则、履行合同原则、公平对待原则、微笑服务原则、柔性语言原则、提供个性化服务原则。

（2）导游讲解的原则。客观性原则、针对性原则、计划性原则、灵活性原则。

（3）导游讲解要求。言之友好、言之有物、言之有据、言之有理、言之有趣、言之有神、言之有力、言之有情、言之有喻、言之有礼。

（4）导游讲解方法。概述法、分段讲解法、突出重点法、问答法、虚实结合法、触景生情法、制造悬念法、类比法、妙用数字法、画龙点睛法。

三、接待后的工作

旅游团结束本地的参观游览活动后，导游的工作主要包括三个方面，即送别旅游团需要落实的有关工作、协助旅游团离开饭店的有关工作和离站（机场、车站或码头）的欢送工作。致欢送辞，做好回头客的营销工作，送别旅游团，处理好遗留问题，上交票据、表单，按旅行社的具体要求在规定的时间内填写清楚有关接待和财务结算表格，连同保留的单据、活动日程表等按规定上交有关人员，并到财务部门结清账目。填写导游带团日志，做好接团总结，归还在组团社所借物品。

第四节　游客特殊要求的处理方法

一、游客餐饮特殊要求的处理

（一）对特殊饮食要求的处理

由于宗教信仰、生活习惯、身体状况等原因，有些游客会提出饮食方面的特殊要求，例如不吃荤，不吃油腻、辛辣食品，不吃猪肉或其他肉食，甚至不吃盐、糖、味精等。对游客提出的特殊要求，要区别对待。

若所提要求在旅游协议书中有明文规定的，接待方旅行社必须早做安排，导游在接团前应检查落实情况，不折不扣地兑现。若旅游团抵达后或到定点餐厅后临时提出要求，则须视情况而定。一般情况下，导游应立即与餐厅联系，在可能的情况下尽量满足其要求；如情况复杂，确实有困难满足不了其特殊要求，导游则应说明情况，协助游客自行解决，如：建议游客到零点餐厅临时点菜或带他去附近餐馆（最好是旅游定点餐馆）用餐，餐费自理。

（二）游客要求换餐

首先要看是否有充足的时间换餐。如果旅游团在用餐前 3 小时提出换餐的要求，导游应尽量与餐厅联系，但须事先向游客讲清楚，如能换妥，差价由游客自负，并且询问餐厅能否提供相应服务。若计划中的供餐单位不具备供应西餐或风味餐的能力，应考虑换餐厅。如果是在接近用餐时间或到餐厅后提出换餐要求，应视情况而定：若该餐厅有该项服务，导游应协助解决；如果情况复杂，餐厅又没有此项服务，一般不应该接受此类要求，但应向游客做好解释工作；若游客仍坚持换餐，导游可建议其到零点餐厅自己点菜或单独用餐，费用自理并告知原餐费不退。

（三）要求推迟就餐时间

由于游客的生活习惯不同或游客在某旅游地游兴未尽等要求推迟用餐时间，导游人员可与餐厅联系，视餐厅的具体情况处理。一般情况下，导游人员要向旅游团说明餐厅有固定的用餐时间，劝其入乡随俗，过时用餐须另付服务费。若餐厅不提供过时服务，最好按时就餐。

二、游客住宿特殊要求的处理

旅游过程中，饭店是游客临时的家。对于在住房方面的要求，游客是相当重视的，导游人员一定要尽力协助解决，满足游客的要求。

（一）要求调换饭店

团体游客到一地旅游时享受何种星级饭店的住房，在旅游协议书中有明确规定，有的在什么城市下榻于哪家饭店都写得清清楚楚。所以，接待旅行社向旅游团提供的客房低于标准，即使用同星级的饭店替代协议中标明的饭店，游客都会提出异议。

如果接待社未按协议安排饭店或协议中的饭店确实存在卫生、安全等问题而致使游客提出调换饭店，导游应随时与接待社联系，接待社应负责予以调换。如确有困难，按照接待社提出的具体办法妥善解决，并向游客阐述有说服力的理由，提出补偿条件。

（二）游客要求调换房间

根据客人提出的不同理由，有不同的处理方法：

1. 房间不干净。例如有蟑螂、臭虫、老鼠等，游客提出换房间应立即满足，必要时应调换饭店。

2. 客房设施，尤其是房间卫生达不到清洁标准。应立即打扫、消毒，如游客仍不满意，坚持调房，应与饭店有关部门联系予以满足。

3. 房间的朝向、层数不佳。客人要求调换另一朝向或另一楼层的同一标准客房时，若不涉及房间价格并且饭店有空房，可与饭店客房部联系，适当予以满足，或请领队在团队内部进行调整。无法满足时，应做耐心解释，并向游客致歉。

4. 游客要住高于合同标准的房间。如有空房可予以满足，但游客要交付原定饭店退房损失费和房费差价。

（三）要求购买房中物品

如果游客看中客房内的某种摆设或物品，要求购买，导游人员应积极协助，与饭店有关部门联系，满足游客的要求。

三、游客游览特殊要求的处理

在行程中随着环境和兴致的变化，游客可能会提出一些特殊要求，导游人员应针对不同的要求区别处理。

（一）游客要求更换或取消游览项目

凡是计划内的游览项目，导游人员应该不折不扣地按计划进行。若是全团统一提出更换游览项目，则须请示接待社计调部门，请其与组团社联系，同意后方可更换；若是个别游客提出更换游览项目，导游应向游客耐心解释，不能随意更换。

（二）游客要求增加游览项目

在时间允许的情况下，导游人员应请示接待社并积极协助。与接待社有关部门联系，请其报价，将接待社的对外报价报给游客，若游客认可，导游则陪同前往，并将游客交付的费用上交接待社，将收据交给游客。

四、游客自由活动特殊要求的处理

旅游路线的安排中往往有自由活动时间，在集体活动时间内也有游客提出单独活动的要求。导游人员应根据不同情况，妥善处理。

（一）应劝阻游客自由活动的几种情况

1. 如旅游团计划去另一地游览，或旅游团即将离开本地时，导游人员应劝阻游客不要自由活动，特别是需要较长时间的活动，如到热闹的地方购物，以避免误机（车、船）。

2. 如治安不理想、复杂、混乱的地方，导游人员要劝阻游客外出活动，但必须实事求是地说明情况。

3. 不宜让游客自行骑自行车去人生地不熟、车水马龙的街头游玩。

4. 游河（湖）时，游客提出希望划小船或在非游泳区游泳的要求，导游人员不能答应，不能置旅游团于不顾而陪少数人去划船、游泳。

5. 游客要求去不对外开放的地区、机构参观游览，导游人员不得答应此类要求。

（二）允许游客自由活动时导游人员应做的工作

1. 要求全天或某一景点不随团活动

由于游客有可能来旅游城市多次，或已游览过某一景点，不想重复游览，因而不想随团活动，要求不游览某一景点或一天、数天离团自由活动。如果其要求不影响整个旅游团的活动，可以满足并提供必要帮助。

（1）提前说明如果不随团活动，无论时间长短，所有费用不退，增加的各项费用自理。

（2）告诉游客用餐的时间和地点，以便其归队时用餐。

（3）提醒其注意安全，保护好自己的财物。

（4）提醒游客带上饭店卡片（卡片中有中英文饭店名称、地址、电话）备用。

（5）用中英文写张便条，注明客人要去的地点的名称、地址及简短对话，以备不时之需。

（6）必要时将自己的手机号码告诉游客。

2. 到游览点后要求自由活动

到某一游览点后，若有个别游客不想按规定的路线游览而希望自由游览或摄影，若环境许可（人不太多，秩序不乱），可满足其要求。导游人员要提醒其集合的时间和地点及旅游车的车号，必要时留一张字条，上写集合时间、地点和车号以及饭店名称和电话号码，以备不时之需。

3. 自由活动时间或晚间要求单独行动

导游人员应建议不要走得太远，不要携带贵重物品（可寄存在前台），不要去秩序乱的场所，不要太晚回饭店，等等。

4. 少数人要求一起活动

少数人自由活动时，导游人员应与大多数游客在一起，不可置大多数人于不顾，陪少数人单独活动，而且要确保旅游计划的全面贯彻实施。

五、游客中途退团特殊要求的处理

（一）因特殊原因提前离开旅游团

游客或因患病，或因家中出事，或因工作上急需，或因其他特殊原因，要求提前离开旅游团、中止旅游活动，经接待方旅行社与组团社协商后可予以满足，至于未享受的综合服务费，按旅游协议书中的规定，或部分退还，或不予退还。

（二）无特殊原因执意退团

1. 游客无特殊原因，只是某个要求得不到满足而提出提前离团。导游人员要配合领队做说服工作，劝其继续随团旅游；若接待方旅行社确有责任，应设法弥补；若游客提出的是无理要求，要做耐心解释；若劝说无效，游客仍执意要求退团，可满足其要求，但应告知其未享受的综合服务费不予退还。

2. 外国游客不管因何种原因要求提前离开中国，导游人员都要在领导指示下协助游客重订航班、机座，办理分离签证及其他离团手续，所需费用由游客自理。

第五节　旅游常见事故的预防与处理

一、游客走失的预防与处理

（一）游客走失的预防

1. 做好提醒工作。提醒游客记住接待社的名称，旅游车的车号和标志，下榻饭店的名称、电话号码，带上饭店的店徽等。导游尽可能与游客互留手机号码。

团体游览时，导游要提醒游客不要走散；自由活动时，提醒游客不要走得太远；不要回饭店太晚；不要去热闹、拥挤、秩序混乱的地方。

2. 做好各项活动的安排和预报。在出发前或旅游车离开饭店后，导游要向游客预告一天的行程，上、下午游览点和吃中、晚餐餐厅的名称和地址。

到游览点后，在景点示意图前，导游要向游客介绍游览路线，告知旅游车的停车地点，强调集合时间和地点，再次提醒游客记住旅游车的特征和车号。

3. 时刻和游客在一起，经常清点人数。

4. 导游和领队应密切配合。导游和领队要主动负责做好旅游团的断后工作。

5. 导游人员要以高超的导游技巧和丰富的讲解内容吸引游客。

（二）游客走失的处理

只有当游客完全失去联系且在规定时间内没有返回，才能认定为游客走失。其处理办法如下。

1. 游客在旅游景点走失

（1）了解情况，迅速寻找。导游人员应立即向其他游客、景点工作人员了解情况并迅速寻找。导游和领队要密切配合，一般情况下是全陪、领队分头去找，地陪带领其他游客继续游览。

（2）寻求帮助。在经过认真寻找仍然找不到走失者后，应立即向游览地的派出所和管理部门求助，特别是面积大、范围广、地段复杂、进出口多的游览点，因寻找工作难度较大，争取当地有关部门的帮助尤其必要。

（3）与饭店联系。在寻找过程中，导游人员可与饭店前台、楼层服务台联系，请他们注意该游客是否已经回到饭店。

（4）向旅行社报告。如采取了以上措施仍找不到走失的游客，导游应向旅行社及时报告并请求帮助，必要时请示领导，向公安部门报案。

（5）做好善后工作。找到走失的游客后，导游人员要做好善后工作，分析走失的原因。如属导游人员的责任，导游人员应向游客赔礼道歉；如果责任在走失者，导游人员也不应指责或训斥对方，而应对其进行安慰，讲清利害关系，提醒以后注意。

（6）写出事故报告。若发生严重的走失事故，导游人员要写出书面报告，详细记述游客走失经过、寻找经过、走失原因、善后处理情况及游客的反应等。

2. 游客在自由活动时走失

（1）立即报告接待社和公安部门。导游人员在得知游客自己在外出时走失，应立即报告旅行社领导，请求指示和帮助；通过有关部门向公安局辖区派出所报案，并向公安部门提供走失者可辨认的特征，请求帮助寻找。

（2）做好善后工作。找到走失者，导游人员应表示高兴；问清情况，安抚因走失而受惊吓的游客，必要时提出善意的批评，提醒其引以为戒，避免走失事故再次发生。

（3）若游客走失后出现其他情况，应视具体情况作为治安事故或其他事故处理。

二、游客患病的预防与处理

（一）游客患病的预防

游览项目选择有针对性；安排活动日程要留有余地；提醒游客注意饮食卫生；及时报告天气变化，导游人员应提醒游客随着天气的变化及时增减衣服、带雨具等；气候干燥的季节，提醒游客多喝水、多吃水果，尤其是炎热的夏季要注意预防中暑。

（二）游客患一般疾病的处理

经常有游客会在旅游期间感到身体不适或患一般疾病，如感冒、发烧、水土不服、晕车、失眠、便秘、腹泻等，这时导游人员应该注意以下几方面：

1. 劝其及早就医，注意休息，不要强行游览。

2. 关心患病的游客，必要时通知餐厅为其提供送餐服务。

3. 需要时导游人员可陪同患者前往医院就医。应向患者讲清楚，所需费用要自理，提醒其保存诊断证明和收据。

4. 严禁导游人员擅自给患者用药。

（三）游客突患重病的处理

1. 在前往景点途中突然患病

游客在去旅游景点的途中突然患病，导游人员应做到以下几点：

（1）在征得患者、患者亲友或领队同意后，立即将患重病的游客送往就近医院治疗，或拦截其他车辆将其送往医院。必要时，暂时中止旅行，用旅游车将患者直接送往医院。

（2）及时将情况通知接待社有关人员。

（3）一般由全陪、领队、病人亲友同往医院。如无全陪和领队，地陪应立即通知接待社请求帮助。

2. 在参观游览时突然患病

（1）不要搬动患病游客，让其坐下或躺下。

（2）立即拨打电话叫救护车（医疗急救电话：120）。

（3）向景点工作人员或管理部门请求帮助。

（4）及时向接待社领导及有关人员报告。

3. 在饭店突然患病

游客在饭店突患重病，先由饭店医务人员抢救，然后送往医院，并将其情况及时向接待社领导汇报。

4. 在向异地转移途中突患重病

在乘飞机、火车、轮船前往下一站的途中游客突患重病，导游应请求乘务员帮助，在乘客中寻找医务人员；通知下一站旅行社做好抢救的各项准备工作。

5. 处理要点

（1）游客病危，需要送往急救中心或医院抢救时，须由患者家属、领队或患者亲友陪同前往。

（2）如果患者是国际急救组织的投保者，导游人员应提醒其亲属或领队及时与该组织的代理机构联系。

（3）在抢救过程中，需要领队或患者亲友在场，并详细记录患者患病前后的症状及治疗情况，并请接待社领导到现场或与接待社保持联系，随时汇报患者情况。

（4）如果需要做手术，必须征得患者亲属的同意，如果亲属不在，须由领队同意并签字。

（5）若患者病危，但亲属又不在身边时，导游人员应提醒领队及时通知患者亲属。如果患者亲属系外国人士，导游人员要提醒领队通知所在国使馆、领馆。患者亲属到后，导游人员要协助其解决生活方面的问题；若找不到亲属，一切按使馆、领馆的书面意见处理。

（6）有关诊治、抢救或动手术的书面材料，应由主治医生出具证明并签字，要妥善保存。

（7）导游应请求接待社领导派人帮助照顾患者、办理医院的相关事宜，同时安排好旅游团继续按计划活动，不得将全团活动中断。

（8）患者转危为安但仍须继续住院治疗，不能随团继续旅游或出境时，接待社领导和导游人员（主要是导游）要不时去医院探望，帮助患者办理分离签证、延期签证以及出院、回国手续及交通票证等事宜。

（9）患者住院和医疗费用自理。如患者没钱看病，请领队或组团社与境外旅行社、其家人或保险公司联系解决其费用问题。

（10）患者在离团住院期间未享受的综合服务费由中外旅行社之间结算后，按协议规定处理。患者亲属在当地期间的一切费用自理。

三、误机（车、船）事故的预防与处理

误机（车、船）事故是指因故造成旅游团（者）没有按原定航班（车次、船次）离开本站而导致暂时滞留。

（一）误机（车、船）事故的预防

误机（车、船）带来的后果严重，杜绝此类事故的发生关键在预防，导游应做到以下几点：

1. 认真核实机（车、船）票的班次（车次、船次）、日期、时间及在哪个机场（车站、码头）乘机（车、船）等。

2. 如果票据未落实，接团期间应随时与接待社有关人员保持联系。没有行李车的旅游团在拿到票据核实无误后，导游应立即将其交到游客手中。

3. 离开当天不要安排旅游团到地域复杂、偏远的景点参观游览，不要安排自由

活动。

4. 留有充足的时间去机场、车站、码头，要考虑到交通堵塞或突发事件等因素。

5. 保证按规定的时间到达机场、车站或码头。乘国内航班：提前 2 小时到达机场。乘国际航班出境：提前 3 小时到达机场。乘火车或轮船：提前 1 小时到达火车站或码头。

（二）误机（车、船）事故的处理

1. 将成事故的应急措施

旅游团正在去往机场（车站、码头），将成误机（车、船）事故时，导游人员应采取如下应急措施：

与机场取得联系，请求等候，讲明旅游团的名称、人数、现在何处、大约何时能够抵达机场。如取得同意，导游人员要立即组织游客尽快赶到机场，同时向旅行社汇报情况，请求帮助协调。同时还需要向各个有关部门、有关人员（如海关、交通车队、行李员、旅游车司机等）讲清游客误机情况和补救办法，并说明请求协助的事项。

2. 已成事故的处理办法

（1）导游应立即向旅行社领导及有关部门报告并请求协助。

（2）导游和旅行社尽快与机场（车站、码头）联系，争取让游客乘最近班次的交通工具离开本站，或采取包机（车厢、船）或改乘其他交通工具前往下一站。

（3）稳定旅游团（者）的情绪，安排好在当地滞留期间的食宿、游览等事宜。

（4）及时通知下一站，对日程做相应的调整。

（5）向旅游团（者）赔礼道歉。

（6）写出事故报告，查清事故的原因和责任，责任者应承担经济损失并受相应的处分。

四、遗失问题的处理

遗失事故有些是由于游客个人马虎大意造成的，有些是由于相关部门的工作失误造成的。

一旦发生游客财产安全事故，导游人员要做到态度积极、头脑冷静、行动迅速、设法补救。如果有线索，应迅速与有关部门联系查找，把损失降到最低限度；如果查找不到，应迅速向组团社或接待社报告，向有关部门报案，并协助游客根据有关规定办理必要的手续。

（一）钱物丢失

1. 立即向公安局、保安部门或保险公司报案。

2. 及时向接待社领导汇报。

3. 若旅游团行程结束时仍未破案，可根据失主丢失钱物的时间、地点、责任方等具体情况做善后处理。

（二）行李遗失

游客在旅游期间丢失行李，一般是在三个环节上出了差错，即交通运输部门、饭店行李部门和旅行社的行李员。导游人员必须认识到，不论是在哪个环节出现的问题，都是我方的责任，应积极设法负责查找。

1. 仔细分析，查找线索

（1）如果游客在机场领取行李时找不到托运行李，则很有可能是上一站行李交接或机场行李托运过程中出现差错。这时，导游应马上带领失主凭机票和行李牌到机场行李查询处登记办理行李丢失或认领手续，并由失主填写行李丢失登记表。导游立即向接待社领导或有关人员汇报，安排有关人员与机场、上一站接待社、有关航空公司等单位联系，积极寻找。

（2）如果抵达饭店后，游客告知没有拿到行李，问题则可能出现在四个方面：其一，本团游客误拿；其二，饭店行李员送错了房间；其三，旅行社行李员与饭店行李员交接时有误；其四，在往返运送行李途中丢失。

出现这种情况，导游应立即依次采取以下措施：导游与游客、领队一起先在本团内寻找。如果不是以上原因，应立即与饭店行李部取得联系，请其设法查找。如果仍找不到行李，导游应马上向接待社领导或有关部门汇报，请其派人了解旅行社行李员有关情况，设法查找。

2. 做好善后工作

（1）主动关心失主，对因丢失行李给失主带来的诸多不便表示歉意，并积极帮助其解决因行李丢失而带来的生活方面的困难。

（2）随时与有关方面联系，询问查找进展情况。

（3）若行李找回，及时将找回的行李归还失主。若确定行李已丢失，由责任方负责人出面向失主说明情况，并表示歉意。

（4）帮助失主根据有关规定或惯例向有关部门索赔。

（5）事后写出书面报告。写出事故的全过程，包括行李丢失的原因、经过、查找过程、赔偿情况及失主和其他团员的反应。

第六节　旅游安全事故的预防与处理

一、突发公共卫生事件的处理

（一）突发公共卫生事件的含义

突发公共卫生事件是指突然发生，造成或可能造成社会公众健康严重损害的重大传染病疫情、群体性不明原因疾病、重大食物中毒和职业中毒以及其他严重影响公众健康的事件。突发公共卫生事件具有成因多样性、分布差异性、传播广泛性、危害复杂性和治理综合性的特点。根据突发公共卫生事件的性质、危害程度、涉及范围，划分为一般、较大、重大和特别重大四级。

（二）导游的应对措施

带团过程中导游的应对措施主要有：

1. 保持高度的敏感。在导游带团过程中，如出现突发重大公共卫生事件，尤其是类似 2020 年的新型冠状病毒肺炎疫情时，导游首先必须有极高的敏感度，能迅速注意到相关信息并积极采取应对的举措。

2. 积极主动的配合。当导游了解到相关信息后，应在核实信息的真实性后（一般以《人民日报》、央视新闻等官媒报道为准），迅速告知游客，并积极与游客沟通，做好对游客的宣传工作，提醒游客注意健康防护，请游客依法协助、配合、服从政府部门组织开展的防控工作。在出入机场（车站、码头）或景区时配合测量体温，出示健康码，依法接受相关机构有关传染病的调查、样本采集、检测、隔离治疗等预防控制措施，并如实提供有关情况。导游应从自身做起，自觉佩戴口罩、勤洗手，同时帮助游客增强防护意识、掌握防护知识，引导游客自觉佩戴口罩、遵守公共秩序、积极配合防控工作，推进文明旅游。除此之外，导游在景区讲解时应尽量使用耳机式讲解器，以免游客聚集在一起；观景时彼此保持 1 米的距离。在旅游车、火车上，如有足够的空间，导游应尽量安排游客分散就座，减少近距离接触，尽量带游客在人流量较少的地方活动。

3. 耐心细致的关心。在发生重大公共卫生事件时，导游需要更加密切地关注游客的身体状况，发现疑似病症，如发热、干咳、腹泻等，及时联系就近医院，按指导送医；按要求对疑似病人及时采取临时隔离措施，就地停止旅游活动，一旦疑似病人确诊，全团游客包括导游均需要接受隔离观察。

4. 尽力完成带团工作。如果带团游览活动不在疫区中心地区，导游应尽可能在团队做好防护的前提下带团完成旅游活动。如果带团游览活动在疫区中心地区，导游需根据疫情实际情况与旅行社领导随时保持沟通，并直接征询游客意见，尽快带游客离开中心疫区。导游带游客回到客源地后，应告知游客回家后需要切实按照要求居家观察14日，每日向所在单位或者居（村）民委员会报告健康状况，配合做好相关部门对自我健康状况的随访或者电话询问。导游带团过程中如突发疫情，无论身处何地，都应马上完善旅游团队人员和行程资料信息，以便后续旅行社能做好旅游团队跟踪监测工作。

二、治安事故的预防与处理

（一）治安事故的预防

导游人员在接待工作中要时刻提高警惕，采取一切有效的措施防止治安事故的发生。

1. 入住饭店时，导游人员应建议游客将贵重财物存入饭店保险柜，不要随身携带大量现金或将大量现金放在客房内。

2. 提醒游客不要将自己的房号随便告诉陌生人，更不要让陌生人或自称饭店的维修人员随便进入自己的房间；尤其是夜间，决不可贸然开门，以防发生意外；出入房间一定要锁好门。

3. 提醒游客不要与私人兑换外币，并讲清我国关于外汇管制的规定。

4. 每当离开游览车时，导游人员都要提醒游客不要将证件或贵重物品遗留在车内。游客下车后，导游人员要提醒司机关好车窗、锁好车门，尽量不要走远。

5. 在旅游景点活动时，导游人员要始终和游客在一起，随时注意观察周围的环境，发现可疑的人或在人多拥挤的地方，要提醒游客看管好自己的财物，如：不要在公共场合拿出钱包，最好不买小贩的东西（防止物品被小贩偷去）。导游要随时清点人数。

6. 汽车行驶途中，不得停车让非本车人员上车、搭车；若遇不明身份者拦车，导游人员提醒司机不要停车。

（二）治安事故的处理

导游人员在陪同旅游团（者）参观游览的过程中，遇到治安事件的发生，必须挺身而出，全力保护游客的人身安全，决不能置身事外，更不能临阵脱逃，发现不正常情况，立即采取行动。

1. 全力保护游客

遇到歹徒向游客行凶、抢劫，导游人员应做到临危不惧，毫不犹豫地挺身而出，奋力与坏人拼搏，勇敢地保护游客。同时，立即将游客转移到安全地点，力争在群众和公安人员的帮助下缉拿罪犯，追回钱物，但也要防备犯罪分子携带凶器。所以，切不可鲁莽行事，要以游客的安全为重。

2. 迅速抢救

如果有游客受伤，应立即组织抢救，或送伤者去医院。

3. 立即报警

治安事故发生后，导游人员应立即向公安局报警（报警电话：110），如果罪犯已逃脱，导游人员要积极协助公安局破案。要把案件发生的时间、地点、经过、作案人的特征，以及受害人的姓名、性别、国籍、伤势及损失物品的名称、数量、型号、特征等向公安部门报告清楚。

（三）善后事宜

1. 及时向接待社领导报告，情节严重的请求领导前来指挥处理。

2. 安抚游客，准备好必要的证明、资料，处理好受害者的补偿、索赔等各项善后事宜。

3. 写出书面报告，包括案件整个经过以及案件的性质、采取的应急措施和受害者及其他游客的情况等。

三、火灾事故的预防与处理

（一）火灾事故的预防

1. 做好提醒工作

提醒游客不要携带易燃、易爆物品；不乱扔烟头和火种，不要躺在床上吸烟。向游客讲清：在托运行李时应按运输部门有关规定去做，不得将不准作为托运行李运输的物品夹带在行李中。只有这样，才能尽可能地减少火灾。

2. 熟悉饭店的安全出口和转移路线

导游人员带领游客住进饭店后，在介绍饭店内的服务设施时，必须介绍饭店楼层的太平门、安全出口、安全楼梯的位置，并提醒游客进入房间后，看懂房门上贴的安

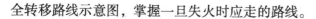

全转移路线示意图，掌握一旦失火时应走的路线。

3. 牢记火警电话

导游人员一定要牢记火警电话（119）；掌握领队和全体游客的房间号码。一旦火情发生，能及时通知游客。

（二）火灾事故的处理

万一发生火灾，导游人员应：首先，报警；其次，迅速通知领队及全团游客；再次，配合工作人员，听从统一指挥，迅速通过安全出口疏散游客；最后，判断火情，引导游客自救。如果情况危急，不能马上离开火灾现场或被困，导游人员应采取的正确做法如下：

1. 千万不能让游客搭乘电梯或慌乱跳楼，尤其是在三层以上的游客，切记不要跳楼。

2. 用湿毛巾捂住口、鼻，身体重心尽量下移，使面部贴近墙壁、墙根或地面。

3. 必须穿过浓烟时，可用水将全身浇湿或披上用水浸湿的衣被，捂住口鼻，贴近地面蹲行或爬行。

4. 若身上着火了，可就地打滚，将火苗压灭，或用厚重衣物压灭火苗。

5. 大火封门无法逃脱时，可用浸湿的衣物、被褥将门封堵塞严，或泼水降温，等待救援。当见到消防队来灭火时，可以摇动色彩鲜艳的衣物，寻求救援。

（三）协助处理善后事宜

游客得救后，导游人员应立即组织抢救受伤者；若有重伤者，应迅速送往医院，有人死亡，按有关规定处理；采取各种措施安定游客的情绪，解决因火灾造成的生活方面的困难，设法使旅游活动继续进行；协助领导处理好善后事宜；写出翔实的书面报告。

四、水灾事故的预防与处理

水灾是指一切与水有关的直接或间接灾害，包括洪水、暴风雨、海啸等。

（一）水灾事故的预防

1. 在游览出发前，导游人员要关心当地的气象情况，每天要收听气象预报，向旅游者报告气象消息。

2. 地震是海啸的"排头兵"，如果有较强的震感，就不要靠近海边、江河的入海口，如果听到有关附近地震的报告，就要做好防范海啸的准备。

3. 在预料到洪水或海啸到来前，导游人员要带领全体旅游者马上离开当地。最简单的方法就是让大家努力往高处撤退。导游人员还要考虑让大家带上食物、衣服和在困难时可以依靠的漂浮物。

（二）水灾事故的处理

1. 在洪水到来时，旅游者如果是在坚固的建筑物里，导游人员可以让大家爬到建筑物的上面，同样别忘了带上求生必需品。要提醒旅游者放弃不必要的东西。

2. 利用固定点。如果旅游者正处于急流中，就要想办法抓住看上去还不会马上被冲走的树、石、桩、建筑物等，先让自己停下来。然后向上，保持头部露出水面。

3. 利用漂浮物。如果有人不懂水性，导游人员就要让其想办法利用一切可以漂浮的东西。如果找不到漂浮物，可以把两个裤腿扎起来并进行充气，暂时用来作为漂浮物。此外，塑料袋、雨衣也能做成临时的漂浮物。如果有了漂浮物，就抱住漂浮物并用脚打水。

4. 游客被急流冲走，导游人员和救援人员要跑向下游，做好必要的准备，待水流把落水者冲下来时实施搭救。等待期间要一直盯住落水者，并随时调整自己的位置，选择最佳点。如果落水者意识清醒，可以向水中抛投漂浮物、绳子等物品。

5. 顺流而下。如果有人被急流冲到宽阔的水域，水流就会逐渐缓慢下来。这个时候导游人员应该让大家想办法上岸。导游人员要告诫旅游者不能在水里横渡，更不能逆流而游，应该顺着水流的方向，斜着向岸上游去。如果有人感到自己体力不支，而离岸又很远，导游人员可以让其采取漂浮的方法：仰面朝天，头尽量不要埋在水里，两臂展开慢慢拍水，努力向岸上游去。

6. 如果旅游者处在一艘马上就要下沉的船上，导游人员应该让全体旅游者提前离船下水，千万不要等到最后。因为船在沉没的最后时刻会形成巨大的旋涡，危险性非常大。当然，下水之前别忘了穿好救生衣，或者找好可以依赖的漂浮物。

五、交通事故的预防与处理

（一）交通事故的预防

1. 司机开车时，导游人员不要与司机聊天，以免分散其注意力。

2. 安排游览日程时，在时间上要留有余地，避免造成司机为抢时间、赶日程而违章超速行驶的情况。不催促司机开快车。

3. 如遇天气不好（下雪、下雨、有雾）、交通堵塞、路况不好，尤其是在狭窄道路、山区行车时，导游人员要主动提醒司机注意安全，谨慎驾驶。

4. 如果天气恶劣，导游对日程安排可适当灵活地加以调整。如遇有道路不安全的情况，可以改变行程。必须把安全放在第一位。

5. 阻止非本车司机开车。提醒司机在工作期间不要饮酒。如遇司机酒后开车，决不能迁就，导游要立即阻止，并向领导汇报，请求改派其他车辆或换司机。

6. 提醒司机经常检查车辆，发现事故的隐患，及时提出更换车辆的建议。

（二）交通事故的处理

1. 立即组织抢救

导游人员应立即组织现场人员迅速抢救受伤的游客，特别是抢救重伤员，进行止血、包扎、上夹板等初步处理。立即打电话叫救护车（医疗急救中心电话：120）或拦车将重伤员送往距出事地点最近的医院抢救。

2. 立即报案，保护好现场

事故发生后，不要在忙乱中破坏现场，要设法保护现场，并尽快通知交通、公安部门（交通事故报警台电话：122）。如果有两名以上导游人员在场，可由一个指挥抢救，一个留下保护现场。如果只有一名导游人员，可请司机或其他熟悉情况的人协助处理，并尽快让游客离开事故车辆，争取尽快派人来现场调查处理。

3. 迅速向接待社报告

导游应迅速向接待社领导和有关人员报告，讲清交通事故的发生过程和游客伤亡情况，请求派人前来帮助和指挥事故的处理，并要求派车把未伤和轻伤的游客接走送至饭店或继续旅游活动。

（三）善后处理

1. 做好安抚工作

事故发生后，交通事故的善后工作将由交运公司和旅行社的领导出面处理。导游人员在积极抢救、安置伤员的同时，做好其他游客的安抚工作，力争按计划继续进行参观游览活动。待事故原因查清后，请旅行社领导出面向全体游客说明事故原因和处理结果。

2. 办理善后事宜

请医院开具诊断和医疗证明书，并请公安局开具交通事故证明书，以便向保险公司索赔。

3. 写出书面报告

交通事故处理结束后，有关部门须出具事故证明、调查结果，导游人员要立即写出书面报告。内容包括：事故的原因和经过；抢救经过和治疗情况；人员伤亡情况和诊断结果；事故责任及对责任者的处理结果；受伤者及其他游客对处理的反应；等等。书面报告力求详细、准确、清楚、实事求是，最好和领队联合报告。

六、食物中毒的预防与处理

（一）食物中毒的预防

为防止食物中毒事故的发生，导游人员应做到以下几点：

1. 应安排游客去卫生有保障的旅游餐厅就餐。

2. 提醒游客不要在小摊上购买食物。

3. 如用餐时发现食物、饮料不卫生或有异味、变质，应立即要求更换，并要求餐厅负责人出面道歉，必要时向旅行社领导汇报。

（二）食物中毒的急救

一旦发现游客出现上吐下泻、腹痛等食物中毒症状，导游人员首先应立即让游客停止食用可疑食物，同时拨打120。在急救车到来之前，可采取以下自救措施：

1. 催吐

对中毒不久而无明显呕吐者，可用手指、筷子等刺激其舌根部催吐，或让中毒者大量饮用温开水并反复自行催吐，以减少毒素的吸收。经过大量温水催吐后，呕吐物已变为较澄清液体时，可适量饮用牛奶以保护胃黏膜。如在呕吐物中发现血性液体，则提示可能出现了消化道或咽部出血，应暂时停止催吐。

2. 保留食物样本

由于确定中毒物质对于治疗来说至关重要，因此，在发生食物中毒后，要保留导致中毒的食物样本，以提供给医院进行检测。如果身边没有食物样本，也可保留患者的呕吐物和排泄物，以方便医生确诊和救治。

3. 应报告旅行社

报告旅行社，请旅行社追究餐厅的责任。

七、骨折事故的处理

（一）骨折症状

骨折，指骨头或骨头的结构完全或部分断裂。一般骨折，伤者的软组织（皮下组织、肌肉、韧带等）损伤疼痛更剧烈，受伤部位肿胀，瘀血明显。四肢骨折，可见受伤部位变形，活动明显受阻。若是开放性骨折，折断的骨骼会暴露在伤口处，而闭合性骨折，则皮肤表面无伤口。

（二）急救处理

1. 判断骨折

首先，要考虑伤者受伤的原因，如果是车祸伤、高处坠落伤等，一般骨折的可能性很大。其次，观看一下伤者的情况，如伤肢出现反常的活动，肿痛明显，则骨折的可能性很大，如骨折端已外露，肯定已骨折。最后，在判断不清是否有骨折的情况下，应按骨折来处理。

2. 止血

受伤者如出血量较大，应以手将出血处的上端压在邻近的骨突或骨干上，或用清洁的纱布、布片压迫止血，再以宽的布带缠绕固定，要适当用力但又不能过紧。不要用电线、铁丝等直径细的物品止血。如有止血带，可用止血带止血，如无止血带，可用布带。上肢出血时，止血带应放在上臂的中上段，不可放在下 1/3 处或肘窝处，以防损伤神经。下肢止血时，止血带宜放在大腿中段，不可放在大腿下 1/3 处、膝部或腿上段。上止血带时，要放置衬垫。上止血带的时间，上肢不超过 1 小时，下肢不超过 1.5 小时。

3. 包扎

对骨折伴有伤口的患者，应立即封闭伤口。最好用清洁、干净的布片、衣物覆盖伤口，再用布带包扎；包扎时，不宜过紧也不宜过松，过紧会导致伤肢缺血坏死，过松则起不到包扎作用，同时也起不到压迫止血的作用。如有骨折端外露，注意不要将骨折端放回原处，应继续保持外露，以免引起深度感染。

4. 上夹板

尽可能保持伤肢固定位置，不要任意牵拉或搬运患者。固定的器材最好用夹板，如无夹板可就地取材，用树枝、书本等固定。在没有合适器材的情况下，可利用自身固定，如上肢可固定在躯体上，下肢可利用对侧固定，手指可与邻指固定。

5. 搬运伤员

单纯的颜面骨折、上肢骨折，在做好临时固定后可搀扶伤员离开现场。膝关节以下的下肢骨折，可背运伤员离开现场。颈椎骨折，可一人双手托住枕部、下颌部，维持颈部伤后位置，另两人分别托起腰部、背部、臀部及下肢移动。胸椎、腰椎骨折，则需要一人托住头颈部，另两人分别于同侧托住胸腰段及臀部，另一人托住双下肢，维持脊柱伤后位置移动。髋部及大腿骨折，需要一人双手托住腰及臀部，伤员用双臂抱住救护者的肩背部，另一人双手托住伤员的双下肢移动。伤员在车上宜平卧，如遇昏迷患者，应将其头偏向一侧，以免呕吐物吸入气管，发生窒息。

峄山基地研学旅行中的伤员急救模拟演练

八、泥石流事故的处理

泥石流多发生于山区，在我国的大多数山区都时有发生，尤其在我国西南山区尤为严重，每年雨季都有泥石流、滑坡等自然灾害发生。泥石流发生的主要原因是暴雨集中、山高、坡陡和植被稀疏等。泥石流发生频率高、破坏性大，对旅游业有较大的影响。遇到泥石流，导游人员要镇定地引导游客逃生。

泥石流发生时，不能在沟底停留，而应迅速向山坡坚固的高地或连片的石坡撤离，抛掉一切重物，跑得越快越好，爬得越高越好；切勿与泥石流同向奔跑，而要向与泥石流流向垂直的方向逃生；到了安全地带，游客应集中在一起等待救援。

九、地震自救方法

地震灾害具有不可抗拒性，发生时造成惨重的人员伤亡和巨大的财产损失，严重危害人的生命健康。一旦发生地震，尽量通过一些措施来减少损害。

（一）现场自救

室内避险应就地躲避：躲在桌、床等结实的家具下；尽量躲在窄小的空间内，如卫生间、厨房或内墙角；可能时，在两次震动之间迅速撤至室外。室外避险切忌乱跑乱挤，不要扎堆，应避开人多的地方；远离高大建筑物、窄小胡同、高压线；注意保护头部，防止砸伤。旅游团在游览时遇到地震，导游人员应迅速引导游客撤离建筑物、假山，集中在空旷开阔地域。

（二）遭灾者的自救

地震时被压在废墟下、神志还清醒的幸存者，最重要的是不能在精神上崩溃，而应争取创造条件脱离险境或保存体力等待救援。例如，若能挣脱开手脚，应立即捂住口鼻，以隔挡呛人的灰尘，避免窒息；设法保存体力，不要乱喊，听到外面有人时再呼救；若能找到水和食物，要按计划使用，尽可能长地维持生命。

【案例展示】

疫情阻击战中的导游英雄

2020年1月中旬，正值春节旅游出行高峰期，突如其来的疫情让人猝不及防，但是导游们并没有被疫情压垮。

国家金牌导游、研学旅行指导师考评员、深圳国旅党总支百事得支部书记、全国第一批"全国优秀导游员"何涛，在疫情中带领她的导游团队穿梭在世界各地的药店和便利店，自费采购医疗用品，推车、扛箱出现在各大机场，她们成为了"最美国际搬运工"。

2020年1月26日到30日，短短4天时间，身处世界不同地方的导游领队（姜云霞、伍妮、王莹、魏翔、陈妍、罗芸、吴秀秀等），从印度、巴厘岛、越南、斯里兰卡、尼泊尔等地带回N95口罩、医用一次性口罩等近80000个。本次用于采买口罩的16000余元人民币的善款是百事得导游领队的自发捐款9178元以及何涛个人捐赠的7000元。

运送回来的大部分抗疫物资是身处海外的导游领队们和部分游客在国外搜寻式地、挨个店地购买的，直到凑够数量为止。前方的导游领队把口罩运送到深圳机场和蛇口邮轮中心，再由何涛带领留守在深圳的导游领队马不停蹄地赶到机场、码头接应医疗物资。

医疗物资顺利运送回国内，为了保证每个口罩都能尽快送到前线医务人员手中，何涛带领留守的领队（蔡伟骏、宋晓奎、伍妮、江瑞、王亮）临时组成一个物资登记分配小组，加班加点地整理和登记从国外"搬运"回来的口罩。

口罩的登记工作不仅需要登记口罩的生产日期，还要区分是否是一次性医用口罩，确认每箱口罩的数量（每箱口罩都是导游领队挨家挨户东拼西凑买来的），最后为了确保捐赠的口罩符合医院的标准，还需要对不同类型的口罩进行拍照和介绍。整理工作一直从清晨8点进行到晚上7点。然后，他们通过各种方式，驱车直接把口罩送往深圳市中医院、深圳市人民医院、罗湖区翠竹街道办翠华社康服务中心等深圳本地的医疗机构，解决了部分医护人员的燃眉之急。

百事得导游领队捐款购买口罩这一公益行动，带动了整个旅游行业，导游们纷纷在海外采购、运送医疗物资回国，此后多家媒体相继采访和报道，将这一正能量传播给社会大众，不仅给予一线医务人员最大的帮助，更为导游领队树立了正能量的社会形象。

何涛作为一名共产党员，带领着她的团队时时冲在最前线。在面对采访时，她一如既往地谦虚："我的力量很小，能让一线医务人员多一份保护，能让导游领队感受到这个行业的希望，就是我最大的心愿。"

（本案例由文化和旅游部何涛金牌导游工作室李亚琳老师编写）

十、蛇咬伤和毒虫蜇伤的处理

（一）被毒蛇咬伤的处理常识

在旅游途中如果不幸有游客被毒蛇咬伤，导游人员应该马上进行紧急处理，处理得越快、越早，效果就越好。

1. 提醒伤者冷静勿动

导游人员要让伤者冷静下来，千万不要走动。被毒蛇咬伤后，如果跑动或有其他剧烈动作，则血液循环加快，蛇毒扩散吸收也同时加快。

2. 给伤者包扎伤口

导游人员应该马上用绳、布带或其他植物纤维在伤口上方超过一个关节处结扎。动作必须快捷，不能结扎得过紧，阻断静脉回流即可，而且每隔15分钟要放松一次，以免组织坏死。然后用手挤压伤口周围，将毒液挤出，等伤口经过清洗、排毒，再经过内服外用有效药物半小时后，方可去除包扎。

3. 帮助伤者冲洗伤口

用清水冲洗伤口的毒液，以减少吸附。有条件的话，用高锰酸钾溶液冲洗伤口，这样效果更好。

4. 扩大伤口排毒

用小刀按毒牙痕的方向切纵横各 1 厘米的十字形口，切开至皮下即可，再设法把毒素吸出或挤出。一直到流出或吸出的血为鲜红色为止，或者局部皮肤由青紫变成正常颜色为止。在不切开伤口的前提下，可努力破坏蛇毒，使其失去毒性。

5. 浸入清水祛毒素

帮助伤者将伤口置于流动的水或井水中，同时清洗伤口。

6. 及时送医院

进行初步处理后，应及时送伤者去医院治疗。

（二）被毒虫蜇伤处理常识

1. 蜂蜇伤

被蜂蜇受伤以后，有的几天后自愈，有的则出现生命危险。被黄蜂蜇伤后，导游人员应该帮助伤者轻轻挑出蜂刺，注意千万不能挤压伤口，以免毒液扩散。因为黄蜂、马蜂、胡蜂的毒为碱性毒液，可以用醋清洗伤口。被其他蜂，如蜜蜂等蜇伤后，导游人员要帮助旅游者先将伤口内的刺挤出来，再用肥皂水清洗。

2. 蜈蚣刺伤

游客在野外、山地旅游或露天扎营过夜时，有可能被蜈蚣刺伤，刺伤后一般有红肿热痛现象，可发生淋巴管炎和淋巴结炎。严重中毒时会出现发烧、恶心、呕吐、眩晕、昏迷。一般来说，出现这种情况对成人无生命危险，但儿童可能中毒死亡。蜈蚣毒性同蝎毒一样是酸性毒液，可用肥皂水或石灰水冲洗中和，然后口服蛇药片，对较轻的蜈蚣刺伤，可用牛鼻上的汗水涂擦伤口，或剪下一撮受伤者的头发烧着后烟熏伤口，均有不错的疗效。

3. 蝎子蜇伤

蝎子伤人会引起伤者局部或者全身的中毒反应，还会出现剧痛、恶心、呕吐、烦躁、腹痛、发烧、气喘，重者可能出现胃出血，甚至昏迷，儿童可能因此而中毒死亡。蝎子伤人的急救方法与毒蛇咬伤的处理方法大致相同。不同之处是由于蝎毒是酸性毒液，冲洗伤口时应该用碱性肥皂水反复冲洗，这样可以中和毒液，然后再把红汞涂在伤口上。如果游客中毒严重，导游人员应该立即送其去医院抢救。

第七节 旅游知识

一、旅游饭店知识

（一）含义

《旅游饭店星级的划分与评定》（GB/T 14308－2010）中对旅游饭店的定义是：以间（套）夜为单位出租客房，以住宿服务为主，并提供商务、会议、休闲、度假等相应服务的住宿设施，按不同习惯可能也被称为宾馆、酒店、旅馆、旅社、宾舍、度假村、俱乐部、大厦、中心等。

（二）类型

按照研学旅行住宿接待标准，研学旅行饭店主要包含学生宿舍、星级饭店、经济型酒店和露营地。

1. 学生宿舍

学生宿舍是研学旅行基地（营地）为学生参加研学旅行活动而设置的学生集体生活、研学旅行、住宿的场所。学生宿舍包括寝室、卫生间、洗浴间、阳台等。

学生宿舍具有以下特点：

（1）不同的基地（营地）有不同规格的学生宿舍，而不同规格的学生宿舍，设置装备也不同。

（2）学生男、女生宿舍区域隔离分开，相对独立。

（3）多人间宿舍一般4人或6人一间，也有8人间宿舍。

（4）学生宿舍床铺为铁架或木制，分上下两层，有的宿舍内为组合式床铺。

（5）学生宿舍一般都带有独立卫生间。

（6）宿舍内配有学习桌、小衣柜、电视、空调等。

2. 星级饭店

星级饭店是由旅游星级饭店评定委员会评定的能够以夜为时间单位向旅游客人提供配有餐饮及相关服务的住宿设施，按不同习惯被称为宾馆、酒店、旅馆、旅社、宾舍、度假村等。通行的旅游饭店的等级共分为五个，即一星级、二星级、三星级、四星级、五星级饭店。

星级饭店具有以下特点：

（1）住宿接待功能齐全，有的档次高。

（2）建筑与装修风格独特。

（3）管理和服务特色鲜明。

（4）严格执行国家标准化服务。

（5）住宿和研学环境舒适安全。

（6）住宿饮食费用高。

（7）学生舒心、家长放心、学校放心。

3. 经济型酒店

经济型酒店又称为有限服务酒店，以大众旅行者和研学旅行学生为主要服务对象，以客房为唯一或核心产品。其价格低廉，环境舒适，性价比高。这是目前最受研学旅行团队欢迎的住宿服务形式。

经济型酒店具有以下特点：

（1）房价适中。研学旅行经济型酒店价格介于星级酒店和学生宿舍之间，适合研学旅行教师和学生的消费能力，深受教师和学生的喜欢。

（2）功能有限。经济型酒店的功能、标准较星级饭店低。一般来说，经济型酒店只提供客房和早餐服务，一些针对研学旅行活动的经济型酒店还提供简单的餐饮服务和会议设施。

（3）服务优质。经济型酒店主要的服务模式为"住宿＋餐饮＋会议"，强调客房设施的舒适性和服务的标准化，突出清洁卫生、舒适方便的特点。

（4）接待能力强大。研学旅行经济型酒店主要的服务对象是研学旅行团队，房间数量多，接待能力强大。研学旅行经济型酒店至少有同时接纳 200 人以上的接待能力，有的高达 1000 人，这是很多星级酒店和宾馆无法比拟的。

（5）地方文化浓厚。经济型酒店是根据当地的自然和人文环境设计建造的，具有浓郁的地方风土人情及文化特色，使学生能够感受到当地特有的自然和文化氛围。

（6）市场定位明确。研学旅行经济型酒店的目标市场主要是研学旅行学生团队，另外还有一般商务人士、工薪阶层、普通自费旅游者等。随着研学旅行行业的快速发展，经济型酒店有巨大的研学旅行消费市场。在研学旅行市场的推动下，研学旅行经济型酒店必将成为媒体和业内人士关注的焦点。

4. 露营地

青少年露营地就是青少年营地（Teenagers Campground），是以在自然界活动为主题，主要为培养青少年参与团队休闲活动的兴趣和技能，促进德、智、体、美、劳全面发展，具有相应服务设施的场所。主要功能是为学生提供户外教育服务。户外教育（Outdoor Education）是在自然环境下，依托必要的辅助设施，学生在专职教师指导下进行学习和训练的教育活动。

完整的露营地构成包括门区、营围、服务中心、户外教育区、军事训练体验区、户外体育区、帐篷露营区、自行车道、特色项目区。

青少年露营地具有以下特点：

（1）露营地选址在远离城市、风景秀美、贴近大自然的区域，给学生以自由、随意、放松的研学旅行、娱乐、休闲体验。

（2）露营地受气候环境的影响较为严重，一般只在特定季节开放。

（3）完整的露营地设施齐全，日常生活所需的住宿、饮食、卫生、休闲、娱乐设施均有设置。

（4）住宿方式灵活，学生根据自己的爱好，可自带露营设施，也可租用露营地的设施。

（5）露营地宿舍服务均按国家《休闲露营地建设与服务规范》（GB/T 31710 – 2015）第 4 部分"青少年营地"的规定要求规范管理，安全有保障。

二、旅游汽车知识

旅游汽车即旅游客运汽车，是为旅游团队（者）在旅游活动中提供地面交通服务、由旅游企业或者有旅游需求的组织或者个人预定的、通常配有专职驾驶员的客运汽车。

（一）旅游汽车比其他普通汽车的优势

1. 设施完备

旅游汽车车厢内有齐全的导游设施、行车设施和服务设施。设备较完备舒适，有较大的窗、门，备有空调设备、冰柜甚至厕所等；座椅靠背可调节后仰，并有导游人员座椅、导游音响等。有的旅游汽车还可将行李放在车底部。旅游客运汽车的设施设备可从高到低划分为五星级、四星级、三星级、二星级、一星级五个等级。

2. 驾驶员服务规范，行车安全

驾驶员有相应车型的合格驾驶证，具备相应车型两年以上的驾驶经历，年龄和身体条件满足工作需要，持有相关部门核发的岗位工作证书。根据驾驶员的服务技能与服务质量，对驾驶员进行星级服务的评定，驾驶员的星级服务从高到低分为五星级、四星级、三星级、二星级、一星级五个等级。驾驶员服务以星级的方式标识于驾驶

工号标牌。

驾驶员身体健康，定期体检，有良好的驾车状态。驾驶员提前熟悉行车路线和路况预报，并根据可能的计划变更制订备选路线方案。驾驶员应坚持安全操作，安全行驶，合理掌握车速，文明礼让，不强行超车。旅游客车在地形复杂、道路崎岖等路况危险的道路上行驶时，服务人员应提醒游客系好安全带、抓紧扶手，做好安全保护措施。旅游客车如进行长途行车，应提前全面检查车况并备足备用胎和其他工具，行车中时刻关注车况，防止发生爆胎等安全事故。

3. 服务人员文明礼貌

旅游汽车服务人员要注重服饰礼仪、个人卫生：面容整洁，发型整齐，美观大方，衣着得体，服装整洁，工牌易识。接待过程中行为得体，举止文雅，精神饱满，精力充沛。注重待客礼仪，姿态端正，热情周到。注意语言文明，谈吐得当，使用敬语谦语，不使用忌语。

4. 人身与财产安全

服务人员在行车中及时提醒游客系好安全带，调好座椅，不要将脑袋、手臂、相机等伸出车外。妥善选择车辆停靠位置，严禁在危险路段或交通法规禁止的地方上下乘客。应提醒乘客随身携带贵重物品，注意看管放在座位上的物品，防止丢失。

（二）购票与乘车

一般情况下，旅游汽车的购票都由旅行社、旅游机构等团体单位凭游客身份证统一购买，游客不需要亲自购票，个人只提供身份证明即可。乘车也是由组织单位带领统一乘车。

三、铁路客运知识

（一）购票

2012年1月1日（乘车日期）起，全国所有旅客列车实行车票实名制，旅客须凭本人有效身份证件或复印件购买车票。同一乘车日期、同一车次，一张有效身份证件只能购买一张实名制车票。旅客可在车站售票处及各售票网点购票，也可以通过中国铁路客户服务中心网站（http：//www.12306.cn）进行网络订票、通过电话购票或者手机购票，然后到车站取报销凭证或购票信息单。

旅客可在各地购买带有席位号的异地票、联程票和往返票。购票前或购票后无法出示有效身份证件原件的，可到车站办理"乘坐旅客列车临时身份证明"。

火车购票行程信息单

身高为 1.2—1.5 米的儿童，应购买儿童票，一名成年人旅客可以免费携带一名身高不足 1.2 米的儿童。如果身高不足 1.2 米的儿童超过一名时，一名儿童免费，其他儿童应购买儿童票，超过 1.5 米的，应购买全价座票。成年人旅客持卧铺车票时，儿童可以与其共用一个卧铺，并按上述规定免费或购票。儿童单独使用一个卧铺时，应另行购买全价卧铺票。目前，在铁路售票窗口购买实名制车票时，儿童票不实行实名制。

（二）乘车

游客必须持购票信息单或者电子车票，以及与票面所载信息相符的有效身份证件原件进站、乘车（免费乘车的儿童及持儿童票的儿童除外）。票、证、人不一致或无法出示有效身份证件的游客，不得进站乘车。

（三）物品

1. 免费携带的物品

每名旅客免费携带物品的重量和体积是：儿童（含免费儿童）10 千克，外交人员 35 千克，其他旅客 20 千克。每件物品外部尺寸长、宽、高之和不超过 160 厘米，杆状物品不超过 200 厘米，但乘坐动车组列车不超过 130 厘米，重量不超过 20 千克。残疾人代步所用的折叠式轮椅不计入上述范围。

2. 不准携带的物品

凡是危险品（如雷管、炸药、鞭炮、汽油、电石、液化气等易燃、易爆和杀伤性剧毒物品），国家限制运输物品，妨碍公共卫生（包括有恶臭等异味）的物品、动物（导盲犬、初生雏 20 只除外）以及损坏或污染车辆的物品都不准带入车内。

四、航空客运知识

（一）购票

2006 年 10 月 16 日，国际上开始实行电子机票，我国从 2008 年 6 月 1 日起停止发售纸质机票。电子机票可在民航售票处、联网计算机或手机上完成订座、出票、作废、退换、改转签等操作。游客购买机票必须凭本人有效身份证件，客票只限票上所列姓名的游客本人使用，不得转让。在线购买成功后，会得到一个电子票号或者出票记录传真，在机场，游客凭有效证件到值机柜台换取乘机凭证。正常票价的客票有效期为一年。特价机票的有效期以承运人的规定为准。

（二）乘机

游客可通过手机、机场柜台或机场"电子客票自助值机"，办理登机手续。国内航班乘机流程：抵达机场确认航站楼——确认航空公司办票柜台——在规定的时限内凭本人有效身份证件在值机柜台领取登机牌、托运行李——凭相关身份证件、登机牌、携带随身物品通过安检——根据登机牌标示的登机口到相应候机区休息、候机——登机。无托运行李乘机流程：至自助值机机柜——通过读卡机读取证件信息——进入自助值机系统——根据系统提示完成换发登机牌手续——取得登机牌——前往安检。航空公司值机柜台停止办理乘机手续的时间：国内航班一般为航班离站时间前 30 分钟，国际航班为前 40 分钟。

（三）行李

1. 随身携带物品

每位游客以 5 千克为限。持头等舱客票的游客，每人可随身携带两件物品；持公务舱或经济舱客票的游客，每人只能随身携带一件物品。随身携带的每件物品的体积均不得超过 20 厘米×40 厘米×55 厘米。超过上述重量、件数或体积限制的随身携带物品，应作为托运行李托运。

2. 免费行李额

每位游客的免费行李额：持成人票或儿童票的头等舱游客为 40 千克，公务舱游客为 30 千克，经济舱游客为 20 千克。持婴儿票的游客，无免费行李额。同行游客的免费行李额可合并计算。构成国际运输的国内航段，每位游客的免费行李额按适用的国际航线免费行李额计算。

3. 超重行李

旅客的超重行李在其所乘飞机载量允许的情况下，应与旅客同机运送。旅客应对超重行李付超重行李费，超重行李费率以每公斤按经济舱票价的 1.5% 计算，金额以元为单位。

4. 不准作为行李运输的物品

游客不得在交运行李或随身携带物品内夹带易燃、易爆、腐蚀、有毒、放射性物品，可聚合物质，磁性物质及其他危险物品，不得携带武器、利器和凶器。

5. 不准在交运行李内夹带的物品

游客不得在交运的行李内夹带重要文件和资料、外交信袋、证券、货币、汇票、贵重物品、易碎易腐物品，手机、手提电脑、数码相机、充电宝以及含锂电池的其他物品。

6. 不准随身携带但可作为行李托运的物品

可用于危害航空安全的菜刀、大剪刀、大水果刀、剃刀等生活用刀；手术刀、屠宰刀、雕刻刀等专用刀具；文艺单位表演用的刀、矛、剑、戟等；斧、凿、锤、锥、加重或有尖头的手杖、铁头登山杖和其他可用来危害航空安全的锐器、钝器。

五、旅游保险知识

目前旅游保险通常有三种，分别是旅行社责任保险、旅游意外保险和交通意外伤害保险。

（一）旅行社责任保险

1. 含义

旅行社责任保险是指旅行社根据保险合同的约定，向保险公司支付保险费，保险公司对旅行社在从事旅游业务经营活动中，致使旅游者人身、财产遭受损害应由旅行社承担的责任，转出承保的保险公司负责赔偿保险金的行为。旅行社责任保险属强制保险。

2. 保险期限

旅行社责任保险的保险期限为一年。

3. 旅行社不承担赔偿责任的情形

（1）在旅游过程中，旅游者由于自身疾病引起的各种损失或损害，旅行社不承担任何赔偿责任。但是在签约时旅游者已经声明且为旅行社接受的需要旅行社照顾的情形，旅行社及其工作人员没有尽到应尽的照顾义务的，仍然应当承担赔偿责任。

（2）由于旅游者个人过错导致的人身伤亡和财物损失，以及由此产生的各种费用支出，旅行社不承担赔偿责任。

（3）旅游者自行终止旅行社安排的旅游行程后，或者没有参加约定的旅游活动而自行活动时，发生的人身、财物损害，旅行社不承担赔偿责任。

（二）旅游意外保险

旅游意外保险的索赔时效以自事故发生之日起 180 日内为限。

（三）交通意外伤害保险

交通意外伤害保险也称为交通工具意外伤害保险。譬如，航空旅客意外伤害保险、铁路意外伤害保险等。交通意外伤害保险属自愿投保的个人意外伤害保险。

（四）旅游保险报案与索赔

1. 及时报案

旅游者发生意外事故后，应及时向投保的保险公司报案。

2. 收集证据

导游人员应提醒当事人收集医院诊断证明、化验单据、意外事故证明等证据。

3. 完善转院手续

旅游者因意外住院后，如需要转回本地医院继续治疗，应事先征得保险公司同意，并要求救治医院出具书面转院报告。

第三章　研学旅行教育教学理论

【本章概况】

本章是关于研学旅行教育教学理论重点章节。首先，阐述了研学旅行教学目标的确立原则和编写依据；其次，对研学旅行教学内容的类别、选择依据和选择方法进行了说明；最后，对常用的研学旅行教学方法和教学方式做了详细的实操性的论述。

第一节　研学旅行教学目标

研学旅行教学目标是在教学设计与开发过程中，研学旅行教学本身要实现的具体要求，它是一定阶段的学生在德、智、体、美、劳等方面所达到的程度。教学目标具有重要的导向性和引领指导价值，既是落实立德树人、培养人才的根本任务，也是对研学旅行教学开发、实施和评价提出的总体性质量要求，引领研学旅行教学开发和实施的方向，是教学内容、教学实施、教学评价的重要参考标准。

一、确立教学目标的基本原则

（一）坚持科学性

紧紧围绕立德树人的根本要求，坚持以人为本，遵循学生身心发展规律与教育规律，将科学的理念和方法贯穿研学旅行全过程，重视理论支撑和实证依据，确保研学旅行过程科学、严谨、规范。

1. 以立德树人为根本任务

国无德不兴，人无德不立，知识能力、创造精神和开放思想只有与崇高的理想相结合，才具有方向性。党的十九大报告指出，要全面贯彻党的教育方针，落实立德树人根本任务，发展素质教育，推进教育公平，培养德智体美劳全面发展的社会主义建设者和接班人。

研学旅行作为一种塑造"人性"的重要途径，以情景性体验为突破口，以实践性操作为关键，以发展个体的德行修养为根本，促进个体道德认知与道德人格的转化。

2. 遵循学生身心发展规律

研学课程设计要结合学生的发展规律，分学段和分层次设计，体现循序渐进性。

研学实践教育课程设计前，通过调研了解学生的兴趣和需要，选择贴合学生生活实际、符合学生兴趣特点的课程资源。主张个体在自然环境中感悟本真生活，在社会的群体交往中寻求自我认同，既满足了个体的基本需要，如外出游玩的生理需要，与其他个体交往而获得的尊重需要、爱的需要等，又在此基础上使个体充分发挥自身潜力，展现了自己的才能。

3. 遵循教育规律和学习规律

研学旅行不同于传统课堂教学的理论灌输和闭门读书的传统教育模式，也不同于夏（冬）令营、春（秋）游等活动，其采用"游学结合"的方式，根据学生的自然成长规律，主张"游中学，学中游"和"学中做，做中学"，将研究性学习和旅行体验有机结合，使教育回归到自然状态，其于真实情景中进行体验的教学方式，正是在遵循青少年天性发展的基础之上，通过激发其"内源性学习力"，为学生树立了健康价值理念、奠定了生活方式的基础。

（二）注重时代性

充分反映新时代经济社会发展对人才培养的新要求，全面体现先进的教育思想和教育理念，确保研学旅行与时俱进且具有前瞻性。

1. 培养新时代创新人才

研学旅行应结合时代特征和青少年的特点和需求，延伸和补充课堂教学，围绕立德树人根本任务，把培育和践行社会主义核心价值观融入教育教学的全过程，将思政小课堂同社会大课堂结合起来，在活动中对学生进行人生目标教育，在学生的心中埋下真善美的种子，培养德智体美劳全面发展的社会主义建设者和接班人。

2. 运用现代教育理论指导研学

遵循教育教学规律、生命发展规律和认知规律开发学生的潜能，促进生命向上发展。研学旅行坚持集体食、宿、学的方式，开展研究性学习与旅行休验相结合的校外教育方式，是中小学人才培养模式的革新。

研学旅行通过教育资源转换的方式将研究性学习和旅行体验有机结合在一起，搭建起"学校—家庭—社会"的学习实践网络，采用合作、发现、探究等学习方式，经过完整的分工合作、提出问题、制订方案、收集信息和分享成果的过程，打破传统意义上的说教教育，重视学生的情感发展与内在感悟，通过"教、观、思、悟"等研学旅行教育新方式，使学生在旅行中的真实情境下自我体验、自我认知、自我建构。

3. 突出时代性和前瞻性

研学旅行突破了以往春秋游多以名胜古迹、烈士陵园为目的地的局限，而是将空间拓展到广阔的社会生活、自然世界，可以是乡村新貌，也可以是科研院所，或者是生产生活场所，这些都是创新校外教育内容的重要途径。

通过贴近时代、贴近生活的主题课程让学生在最直接、最真切的亲身感受和体验中有所收获，跟着研学旅行的路线到现实生活中更能找到真情实感。只有在社会实践中才能体验发展的成果，才能深刻感受中国特色社会主义道路的正确性，激发学生对党、对国家、对民族、对家乡的热爱，对于祖国的理解和认同。而具有新颖性、前瞻性的主题课程则可以开拓学生的思维，激发学生对未知世界的好奇心，让他们对未来充满憧憬，树立远大的理想目标。

譬如，通过参观体验"复兴号"动车组列车的生产流程，了解我国高铁的发展历程和成果；通过"行走家乡""览胜祖国"和"阅读世界"系列研学旅行课程，让学生亲身感受我国改革开放所取得的光辉成就，并教育引导学生学会自觉把"看、听、思、悟"有机结合起来，增强学生的中国特色社会主义道路自信、理论自信、制度自信、文化自信，使他们从小树立起心系祖国、热爱祖国、献身祖国的赤诚之心，坚定跟党走不动摇和长大投身中国特色社会主义建设的理想信念。

（三）强化民族性

研学旅行把培养核心素养植根于中华民族的文化历史土壤中，着重强调中华优秀传统文化的传承与发展，系统落实新时代社会主义核心价值观的基本要求，突出强调社会责任和国家认同，充分体现民族特点，确保立足中国国情，具有中国特色。

1. 传承和发展中华优秀传统文化

研学旅行过程中的文化体验、民俗体验等是让学生了解、认识中华民族优秀文化魅力，传承发展中华民族优秀文化传统的好方式，让学生从小懂得优秀传统文化是当代中国先进文化之"根"，也是我们时代的价值观之"本"，逐步学会科学分析和正确对待中华民族优秀传统文化蕴含的价值理念和道德规范，逐渐提高学生对历史文化艺术的鉴别力，在对历史文化艺术的欣赏中陶冶品质和情操，促进学生对祖国传统文化的热爱。

例如，参观被誉为"中华第一陵"的中华民族始祖轩辕黄帝的黄帝陵时，学生们敬献花篮，虔诚祭拜，因五千年悠久中华文明史而产生出民族自豪感，齐诵毛泽东亲笔题写的大气磅礴的祭文，追忆中华儿女共同抗击外敌侵略的岁月，激发青少年团结

奋进的意识，共圆中华民族伟大复兴的中国梦。

2. 培养社会责任感和国家认同感

中小学生只有在现实生活中才能找到对于祖国真正的理解和认同，只有在社会实践中才能体验社会发展对于青年一代的沉甸甸的责任。学生通过研学旅行，瞻仰革命圣地，考察社会民情，走进博物馆、科技馆，用眼睛去观察、用心灵去感受祖国大好河山的壮丽，体会华夏文明的博大精深，在潜移默化中激发学生对祖国的眷恋之情，这是建立在学生独立思考和理性认知的基础上的爱国情感的升华，从而激发学生对党、对国家、对民族的认同感和责任感。

3. 培养学生发展核心素养

所谓"学生发展核心素养"，主要是指学生应具备的，能够适应终身发展和社会发展需要的必备品格和关键能力。核心素养是关于学生知识、技能、情感、态度、价值观等多方面的综合表现；是每一名学生获得成功生活、适应个人终生发展和社会发展都需要的、不可或缺的共同素养；核心素养发展是一个持续终身的过程，可教可学，最初在家庭和学校中培养，随后在一生中不断完善，从而为学生的未来成长和整体国民素质的全面提高服务。

二、编写教学目标的依据

目前我国学校教学目标设计主要有核心素养目标、综合素质目标、劳动教育目标。

（一）核心素养目标

1. 基本内容

学生发展核心素养主要指学生应具备的，能够适应终身发展和社会发展需要的必备品格和关键能力。

我国学生核心素养以培养"全面发展的人"为核心，其框架由文化基础、自主发展、社会参与三个方面构成，综合表现为人文底蕴、科学精神、学会学习、健康生活、责任担当、实践创新六大素养，具体细化为国家认同等十八个基本要点。

（1）文化基础。文化是人存在的根和魂。文化基础，重在强调能习得人文、科学等各领域的知识和技能，掌握和运用人类优秀智慧成果，涵养内在精神，追求真善美的统一，发展成为有宽厚文化基础、有更高精神追求的人。包括两个素养：①人文底蕴。主要是学生在学习、理解、运用人文领域知识和技能等方面所形成的基本能力、情感态度和价值取向，具体包括人文积淀、人文情怀和审美情趣等基本要点。②科学精神。主要是学生在学习、理解、运用科学知识和技能等方面所形成的价值标准、思维方式和行为表现，具体包括理性思维、批判质疑、勇于探究等基本要点。

（2）自主发展。自主性是人作为主体的根本属性。自主发展，重在强调能有效管理自己的学习和生活，认识和发现自我价值，发掘自身潜力，有效应对复杂多变的环境，成就出彩人生，发展成为有明确人生方向、有生活品质的人。包括：①学会学习。主要是学生在学习意识形成、学习方式方法选择、学习进程评估调控等方面的综合表现，具体包括乐学善学、勤于反思、信息意识等基本要点。②健康生活。主要是学生在认识自我、发展身心、规划人生等方面的综合表现，具体包括珍爱生命、健全人格、自我管理等基本要点。

（3）社会参与。社会性是人的本质属性。社会参与，重在强调能处理好自我与社会的关系，养成现代公民所必须遵守和履行的道德准则和行为规范，增强社会责任感，提升创新精神和实践能力，促进个人价值实现，推动社会发展进步，发展成为有理想信念、敢于担当的人。包括：①责任担当。主要是学生在处理与社会、国家、国际等关系方面所形成的情感态度、价值取向和行为方式，具体包括社会责任、国家认同、国际理解等基本要点。②实践创新。主要是学生在日常活动、问题解决、适应挑战等方面所形成的实践能力、创新意识和行为表现，具体包括劳动意识、问题解决、技术应用等基本要点。

2. 对研学旅行教学目标设计的影响

（1）是教学目标新的理论基础。核心素养的提出成为当前教育领域的一个热门话题，是当今时代发展对教育目标的重新定位，从根本上回答了"立什么德、育什么人"的问题。核心素养是关于学生知识、技能、情感、态度、价值观等多方面要求的综合表现，是每一名学生获得成功生活、适应个人终生发展和社会发展所需要的、不可或缺的共同素养。核心素养框架体系为研学旅行教学目标设计提供了新的理论基础，研学旅行教学目标的设计应当融入核心素养。

（2）促进人的全面发展。核心素养分为文化基础、自主发展、社会参与三个方面，综合表现为人文底蕴、科学精神、学会学习、健康生活、责任担当、实践创新六大素养，具体细化为国家认同、理性思维等十八个基本要点，其核心是培养"全面发展的人"。研学旅行教学很好地契合了核心素养中的六大素养，很好地落实了核心素养，其教学目标设计的出发点是全方位培养学生。

（二）综合素质目标

1. 基本内容

2017 年 9 月教育部颁发《中小学综合实践活动课程指导纲要》（以下简称《纲要》），明确规定了综合实践活动的教学目标总目标，即学生能从个体生活、社会生活及与大自然的接触中获得丰富的实践经验，形成并逐步提升对自然、社会和自我之内在联系的整体认识，具有价值体认、责任担当、问题解决、创意物化等方面的意识和能力。综合实践活动教学在提出总目标的基础上，具体分为价值体认、责任担当、问题解决、创意物化四个方面，并为小学、初中、高中三个学段分别提出学段目标。

2. 对研学旅行教学目标设计的影响

研学旅行作为综合实践活动教学的组成部分，《纲要》对综合实践活动教学目标的规定，是研学旅行教学目标编写的主要依据。主要体现在：

（1）为研学旅行教学目标维度的确定提供了依据。综合实践活动教学目标从价值体认、责任担当、问题解决、创意物化等四个方面进行陈述，这四个维度和研学旅行教学目标有着密切的关系，为其教学目标维度的确定提供了依据。

（2）为研学旅行教学目标的具体陈述提供了参考。综合实践活动教学目标的陈述内容和研学旅行有很多相似之处。例如，《纲要》对小学阶段价值体认方面的目标表述是通过亲历、参与少先队活动、场馆活动和主题教育活动，参观爱国主义教育基地等，获得有积极意义的价值体验。理解并遵守公共空间的基本行为规范，初步形成集体思想、组织观念，培养对中国共产党的朴素感情，为自己是中国人感到自豪。研学旅行教学和综合实践活动教学除了活动方式有差异外，在基本行为规范、集体思想、组织观念、爱党爱国情感等方面都是相通的。因此，综合实践活动教学目标为研学旅行教学目标在内容陈述上提供了参考。

（三）劳动教育目标

1. 基本内容

2020 年 7 月 15 日教育部颁发《大中小学劳动教育指导纲要（试行）》，明确指出劳动教育的总体目标是准确把握社会主义建设者和接班人的劳动精神面貌、劳动价值取向和劳动技能水平的培养要求，全面提高学生劳动素养，使学生树立正确的劳动观念、具有必备的劳动能力、培育积极的劳动精神、养成良好的劳动习惯和品质。

2. 对研学旅行课程目标设计的影响

（1）劳动教育目标是研学旅行活动中劳动教育课程目标设计的基本依据。劳动教育目标四维理论即"树立正确的劳动观念""具有必备的劳动能力""培育积极的劳动精神""养成良好的劳动习惯和品质",这对我国目前的研学旅行劳动教育课程改革必将产生重大影响,是我国各级各类劳动教育课程目标设计最重要的理论依据。

(2)劳动教育目标四维理论是指导研学旅行活动中劳动教育课程目标设计的重要依据。通常情况下,研学旅行活动中劳动教育课程目标可以直接按照四维目标来设计。

(3)劳动教育目标四维理论为研学旅行课程目标的设计指明了方向。劳动教育目标四维理论中的"树立正确的劳动观念""培育积极的劳动精神""养成良好的劳动习惯和品质"三方面是思想品德和政治觉悟目标,"具有必备的劳动能力"是知识技能目标,因此,劳动教育目标最重要的是思想品德和政治觉悟目标。

第二节　研学旅行教学内容

一、教学内容的类别

依据教育部等11个部门联合发布的《关于推进中小学生研学旅行的意见》,研学旅行课程内容划分为地理类、自然类、历史类、科技类、人文类、体验类等六个方面。本部分不进行学段的细分,各学段开展研学旅行时可根据需要选择适宜的课程内容。

(一)地理类

地理类研学旅行内容包括地理位置与地名、地理要素与景观、地理环境、地理标志、人地协调观与地理审美等方面,主要体现地理、科学、艺术等学科在研学旅行中的作用,借助地图、地理信息技术等工具,依托自然和人文地理环境,通过自然考察、实验、社会调查等形式,探究地质地貌、气象水文、土壤植被等自然要素,人口、聚落、经济、文化、社会等人文地理事象,进而发现该区域存在的人地关系问题,并提出相应的解决方案。通过地理类研学旅行课程,使学生认识到理论与实践相结合的重要意义,从中培育学生的综合思维、人地协调观、地理实践力等核心素养。

(二)自然类

自然类研学旅行内容包括自然现象与景观、自然资源与灾害、自然生态、自然规律等方面,主要体现地理、生物、科学、艺术等学科在研学旅行中的作用,借助生态、林草、地质、水利等学科的科学研究方法,依托自然保护区、风景名胜区、地质公园、矿山公园、森林公园、湿地公园、水利风景区、生态旅游区等自然保护地,深入了解自然环境与人类发展的关系,协调人地关系机制,进而宣传保护环境的理念,参与和

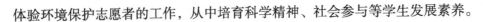

体验环境保护志愿者的工作，从中培育科学精神、社会参与等学生发展素养。

（三）历史类

历史类研学旅行内容主要包括历史遗迹、文物与非物质文化遗产、历史聚落、纪念场所、历史题材艺术、家国情怀等方面，主要体现历史、思想政治、社会、语文、地理等学科在研学旅行中的作用，借助历史考证、社会调研、人文探究、文艺鉴赏等方法，依托历史遗迹、革命遗址、博物馆、纪念馆、文艺展馆等人文遗产，欣赏、体会中华优秀传统文化、哲学智慧、道德伦理、文学艺术特色、传统科技工艺创造、历史名人声誉等内容，引导学生坚定文化自信，传承和弘扬革命传统。

（四）科技类

科技类研学旅行内容主要包括科技发展、科技研发、科技建设、科技伦理等方面，主要体现数学、科学、物理、化学、生物、信息技术等学科在研学旅行中的作用，借助现代人工智能、VR、AR、3D打印等技术，科学探究和实验方法，依托科技馆、科技活动、科研机构、高等院校、国家重大工程、现代产业园区等场所，通过参观、培训、实验等形式，培育学生科学伦理、创新意识、劳动观念等素养。

（五）人文类

人文类研学旅行内容主要包括人文特色、社会发展、人居环境、文化建设等方面，主要体现思想政治、历史、社会、地理等学科在研学旅行中的作用。借助社会科学调查、研究、评价、决策等方法，依托爱国主义教育基地、社会发展展馆、城乡聚落、战略发展项目、社会科学研究机构、高等院校、民族聚居地等社会研学基地，重点感知新中国建立以来，尤其是改革开放以来我国社会发展所取得的成就、国际地位的提升、人民生活水平的提高，探究当前我国转型发展的重大问题与发展战略。培育学生的家国情怀、世界眼光、社会责任感等素养。

（六）体验类

体验类研学旅行内容主要包括体育与拓展运动、劳动与创业、集体生活等方面，主要体现劳动技术、信息技术、体育、艺术等学科在研学旅行中的作用，借助现代生产方法和技术、身心发展理论和方法，依托综合实践活动基地、劳动教育基地、团队拓展基地、国防教育基地、军营、体育训练基地、现代生产企业等场所，通过从事生产劳动、军事训练、团队拓展、职业体验、体育培训等形式，达到身心体验、精神提升和团队协同等目的，培育自我发展、健康生活、勇于拼搏、团队合作等素养。

二、教学内容的选择依据

研学旅行教学内容的选择要做到以下方面：

（一）与教学目标相对应

教学内容应与教学目标的要求相对应，确保教学内容与教学目标的匹配性和一致性是教学设计有效的保障。因此，在确定好教学目标后，教学内容的选择就必须依据教学目标，即有什么教学目标便有什么教学内容，教学目标与教学内容趋于一致，这样整个教学才会趋于完整。如果教学目标是培养学生解决问题的能力，那么教学内容就应给出学生发现问题并解决问题的机会；如果教学目标是让学生了解和体验某种民族文化，那么教学内容就应该具有体现这种民族文化的典型资源，让学生有机会走进这种资源情境，近距离观察体验这种民族文化。

（二）与学生需求相契合

研学旅行教学的设置要以学生身心发展特点和需求为依据，着力促进学生的全面发展，充分发挥研学旅行的特质和优势，以多种方式实现既游又学的教学目标。

教学内容要契合学生的需要，要能够激发学生的学习兴趣，从而使学生在学习过程中得到知识、能力、情感、心理等多方面的满足。学生参加研学旅行活动，其实际获得的满足既可以是物质上的，也可以是技能与思维层面的，还可以是精神层面的。譬如，学生在研学旅行目的地买到了自己心仪已久的物品，他们获得了物质的满足。通过向当地非遗传人学习某种技艺，他们学会了制造某类产品的方法，读懂了非遗的价值，理解了非遗传人的想法，获得了技能和思维的发展。在革命圣地，他们感受到了烈士们为国捐躯、为民请命的高尚品格，默默许下人生的承诺，获得了精神的成长。

（三）与学生基础相匹配

教学内容要与学生的能力基础相匹配。研学旅行教学内容具有学段性特征，同一研学旅行教学资源，在不同学段的教学中内容的呈现应有所区别。教学内容的深度、广度及表现形式都要与学生的学段特点相适应。

（四）与教学时间相一致

教学设计者选择教学内容，要与适量的教学时间相一致。有多少时间就安排多少学习内容；要善用教学时间，明确各部分教学内容的重要性，在时间总数固定的情况下，给予最重要、次重要、一般重要的内容合理的时间配置，同时考虑各部分教学内

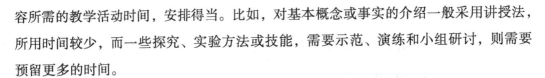

容所需的教学活动时间，安排得当。比如，对基本概念或事实的介绍一般采用讲授法，所用时间较少，而一些探究、实验方法或技能，需要示范、演练和小组研讨，则需要预留更多的时间。

（五）教学内容应多元化

教学内容具有多元性。相应于同一教学目标，研学旅行可以有多元化的教学内容。一般来说，在组织研学旅行时，都会同时提供多条路线的教学供学生选择，而不同路线的教学内容，都要能够实现研学旅行教学的总体目标。

（六）反映最新理论成果

研学旅行教学内容应该与时俱进，反映最新的理论研究与实践成果。首先是科学性。教学内容的选择必须避免错误的知识、概念、原理、事实和方法。其次是前沿性。教学内容必须反映最新的或尖端知识的发展，陈旧的内容应排除在教学内容之外。最后是开放性。教学开发者应将不同的观点或解释呈现出来，不形成独断。在研学旅行领域，很多概念和内容都不局限于一种观点或解释，因此在选择教学内容时，开发者有必要将不同的观点或解释都呈现出来，让学生受到更多的启发，有更多的收获。从这一点来说，教学设计者需要突破自身经验或知识的局限，从其他的人或书籍中获得更多的相关内容，以充实自身。

三、教学内容的选择方法

（一）学生需求法

学生需求法是指在了解学生需求的基础上，根据学生需求，确定与之匹配的教学内容。教学设计者可以通过各种途径和方法对学生进行需求调查研究，并对调查研究中获得的数据进行分析，找到学生集中的需求点，然后根据学生需求确定教学内容。

调查研究的方法包括问卷调查法、访谈法，即通过对学生的问卷调查，统计学生对研学旅行活动的兴趣、爱好等，并制订相关的活动策略，同时还可以结合问卷调查的开展情况，有针对性地走访一些学生，进行更深入细致的调查，掌握更加具体翔实的信息。

这种方法是学生基于自身兴趣，从自然、社会和学生自身生活中选择和确定研究主题和教学内容，在教学中观察、记录和思考，主动获取知识，分析并解决问题的过程。

（二）经验检索法

较深厚的专业经验和一定的社会经验是对研学旅行教学设计者的要求。经验检索法是帮助设计者有效挖掘沉淀多年的专业知识，使其成为文字性知识的一种手段。因此，在实际的研学旅行教学开发过程中，设计者要结合自己的专业经验和知识，将一定的工作方法和技巧内化到教学中。经验检索法分两个步骤：

第一步，使用第一时间闪烁法进行经验检索。这是一种发散性思维逻辑方法，即教学设计者在确定好教学主题或教学内容大纲后，第一时间进行内容填充，快速将自己当下能够想到的所有内容写下来。设计者可以通过这种方式，先将自己已有的经验和素材在每个教学内容大纲下进行大致归类，再依据相关方法对每个教学内容大纲的内容进行补充。

第二步，使用深度搜索挖掘法进行经验检索。在快速写下自己当下能够想到的所有内容后，教学设计者深度思考是否有需要进一步补充的内容，将潜藏在大脑深处的内容挖掘出来。

（三）文献研究法

文献研究法，即通过查阅书籍、学术期刊以及网络资料，了解掌握国家教育主管部门有关研学旅行的相关规定、国内外开展研学旅行的相关经验和成果，为本次研学旅行的教学设置提供理论支撑与做法借鉴。

理论书籍、学术期刊上的理论具有一定的权威性，可以弥补有丰富实践经验的教学设计者在系统理论知识上的不足，因此在教学内容开发时，查阅理论书籍、学术期刊资料等文献至关重要。教学设计者在使用了前面几种方法之后，再查阅理论书籍和学术期刊，就会提升教学内容的高度、深度，增强教学内容的系统性。

（四）经验转化法

教学设计者在教学开发过程中除了运用自己的知识和经验，还可以参考借鉴他人及其他学校以往的研学旅行活动案例进行研究，总结成功经验，汲取失败教训，并将其中成功的经验转化、运用到自己的教学内容设计中。

（五）专家推荐法

教学设计者在教学开发、设计过程中，还可以参考行业资深专家的知识和经验，有效弥补自身知识和经验的不足。在教学设计过程中遇到技术性问题时，设计者可以直接请资深专家进行指导或协助。这既能大幅度提升教学的操作性和有效性，又能将资深专家的知识和经验进行转化与提炼。

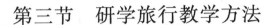

第三节　研学旅行教学方法

一、教学方法的选择

研学旅行教学方法是教师和学生为了实现共同的研学旅行目标，完成共同的研学旅行任务，在研学旅行活动中采用的教学方式、途径和手段的总称。研学旅行教学方法包括教师指导的方法和学生学习的方法两大方面，是教师指导方法与学生学习方法的统一。教师指导方法必须依据学生学习方法，否则便会因缺乏针对性和可行性而不能有效地达到预期的目的。但由于教师在教学活动中处于主导地位，所以在教法与学法中，教法处于主导地位。

研学旅行教学是一种创造性的艺术活动，教师应结合具体实际，恰当地选择和创造性地运用研学旅行教学方法，展示自己的教学艺术，并形成自己的教学风格，来优化教学，完成研学旅行任务。

一般说来，研学旅行教学方法选择的主要依据包括：研学旅行教学目的、任务的要求；研学旅行教学过程、原则和特点；研学旅行课程资源内容和特点；学生的情趣、水平、智能、态度、学风与习惯；研学旅行教学时间长短；教师的思想与业务水平、经验与能力、教学习惯与特长；师与生双边活动的配合、互动的状况与质量；研学旅行基（营）地的物质条件、研学设备、社会条件、自然环境等；研学旅行过程中的突发性事变。

常言道："教学有法，但无定法。"又说："运用之妙，存乎一心。"教学方法的选择与运用，既要讲科学规范、切合实际，又要重机智与创新。

二、常用的教学方法

研学旅行实践中常用的教学方法多姿多彩，我们只介绍几种常见的教学法，譬如跨学科教学法、小组合作法、头脑风暴法、情境体验法、角色扮演法、参观访问法、成果展示法等。

（一）跨学科教学法

1. 内涵

跨学科教学方法是以一个学科为中心，围绕这个中心学科确定课程主题，并运用不同学科的知识，对这个中心题目进行教学设计的教学方法。跨学科教学方法是基于多元智能理论提出的教学方法，美国学者舒梅克认为教学将跨越学科界限，将课程的各个方面组合在一起，建立有意义的联系，从而使学生在广阔的领域中学习。

研学旅行课程强调培养学生综合运用各学科知识解决现实问题的能力，研学旅行课程的内容涉及多个学科。通过运用跨学科教学方法，引导学生综合运用各学科知识，分析和解决现实问题，使学科知识在研学活动中得到延伸、综合、重组与提升，从而提升学生的综合素养。

2. 教学程序

（1）确定课程主题。研学旅行课程的跨学科教学方法，包含着不同层面的学科知识，因此研学指导教师在选择中心学科、确定课程主题时，要立足于各学科课程标准的要求，厘清中心学科与其他学科之间的联系，找到不同学科之间的契合点，并依据不同学生的学段特点和发展需求，确定课程主题。

（2）罗列课程知识点。围绕课程主题，研学旅行教师需要将跨学科教学中涉及的不同学科知识点进行罗列，并针对这些知识点，依据它们的逻辑关系，设计好课程中的问题。例如2020年疫情期间，以"致敬最美逆行者"为课程主题，引导小学生发现、感知疫情期间各行各业涌现出的"榜样"，这样一个课程涉及的学科包括语文、道德与法治、美术和信息技术，学生通过运用相关学科学习中已有的知识和经验完成课程：通过信息技术对相关文献进行搜集和整理；融合道德与法治知识，进行爱国主义道德情感教育；运用语文知识，对收集的文献资料进行文字加工和处理，形成文本；运用美术知识，绘制心中"最美逆行者"的榜样形象。

（3）学生探究问题，教师辅导答疑。学生可以通过小组合作的形式，运用不同学科知识思考解决课程中的问题，实现多学科思维的碰撞，研学指导教师在这个过程中也要善于从不同角度引导学生，并为学生答疑解惑，帮助学生创新思维方式。

（4）学生总结汇报研究成果。学生可以小组为单位，推选代表总结汇报研究成果，分析其中的关联，大家进行讨论交流。例如上述"致敬最美逆行者"课程中，学生在线上提交了作文、手抄报、绘画、黏土和剪纸等各种形式的作品。

（5）评价、反思

研学指导教师对学生的学习成果进行评价时，不仅要从单学科知识掌握运用的角度进行评价，更要从学生核心素养培养的角度对学生进行综合评价，同时要对教学工作进行反思总结。

（二）小组合作法

1. 含义

小组合作法是指学生在研学旅行小组或团队中为了完成共同的任务，有明确责任分工的互助性学习。研学旅行中的小组合作学习法不仅解决了学校班级授课中教师难以面向有差异的众多学生进行教学的不足，更是立足于新的研学旅行教育理念，为每一位学生的全面发展创设了适宜的环境与条件。

2. 要求

（1）学生要全员参加。根据明确的研学旅行目标导向，落实学生的个体学习，让每个学生有较充足的时间，按自己的水平进行自我学习。

（2）学生要主动参与。教师要努力提高学生参与学习合作活动的主动性，要精心设计合作学习的内容，让学生在研学旅行过程中学会自己发问、自己分析与解决问题。学生在合作过程中讨论，才会有所发现、有所创新。

（3）学生要人人有岗位。依据学生能力的大小，引导学生在小组中选择合理的角色，从而促进不同层次的学生在小组合作中都能得到最优发展。

3. 教学流程

（1）首先引导学生选择、确定研学旅行活动主题，制订活动方案（活动目标、活动准备、过程设计）。

（2）按照小组制订的计划开展活动，随时做好活动记录。

（3）活动告一段落时，要及时总结活动的体验，准备小组交流的材料。

（4）在做活动总结时，尽量通过多种形式展示研究成果。

（5）活动结束之后，要求每一位学生对整个活动过程进行反思，以激发学生深层次的触动和感受。

譬如，茉莉花茶文化探究课程中的研学旅行小组合作法就值得参考。

【案例展示】

茉莉花茶文化探究课程片段

【教学过程】

一、成立小组

采用学生自由组合和老师指定相结合的方法，自主分成七个活动小组：1.茉莉花茶历史组；2.茉莉花茶文化组；3.茉莉花茶制作组；4.茉莉花茶种类组；5.茉莉花茶茶具

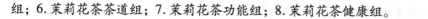

组；6.茉莉花茶茶道组；7.茉莉花茶功能组；8.茉莉花茶健康组。

二、确定任务

（一）分发小组分工表

调查小组成立后，指导教师便分发小组分工表，使学生明白自己在研学旅行中的工作和努力方向。

调查小组名称	
组长	
组员	
研究内容	
活动方法	
实施方案	
活动成果	

（二）小组讨论活动计划

让各小组讨论需要调查探究的方向以及解决方法。经过讨论，各小组制订了自己的活动计划。

1.茉莉花茶历史组

研究内容：茉莉花茶的传说、起源以及影响。

活动方法：茶叶种植基地座谈、上网调查、查资料。

2.茉莉花茶文化组

研究内容：古今有关茉莉花茶的诗词歌赋、文化、音乐、礼仪。

活动方式：观看歌舞剧、调查访问、通过网络了解。

3.茉莉花茶制作组

研究内容：茶坯准备、鲜花处理、窨花拌和、静置窨花（或堆窨）、通花、起花、烘焙并冷却、提花，直至最后匀堆装箱。

活动方法：参观茉莉花茶加工基地、茉莉花种植基地，上网调查，到茶庄访问。

4.茉莉花茶种类组

研究内容：研究茉莉花茶的品种、名称、特点、区别。

活动方法：茶叶市场考察，上网调查，到种植基地、茶庄访问。

5.茉莉花茶茶具组

研究内容：茶杯、茶壶、茶碗、茶盏、茶碟、茶盘等的种类、造型、实用价值、艺术价值。

活动方法：到陶瓷生产基地体验、调查访问、上网查询。

6. 茉莉花茶茶道组：

研究内容：茉莉花茶泡、品的学问以及茶艺术。

活动方法：茶艺室体验、调查访问、上网查询。

7. 茉莉花茶功能组

研究内容：茉莉花茶叶除了饮用之外的其他功用。

活动方法：做实验、调查访问、上网查询。

8. 茉莉花茶健康组

研究内容：研究茉莉花茶与人体健康的关系。

活动方法：中医院走访、调查访问、做实验、上网调查。

三、分工调研

分组并确定任务后，带着各自既定的学习目标和问题，开展分工合作，调查研究。期间，各小组之间相互交流方式方法和调研成果，资源共享。

（本案例由广西壮族自治区横县汶塘茉莉园生态农业开发有限公司雷颖老师编写）

（三）头脑风暴法

1. 含义

头脑风暴法（Brainstorming）的发明者是现代创造学的创始人、美国学者阿历克斯·奥斯本，他于1938年首次提出"头脑风暴法"这一概念。头脑风暴法原指精神病患者头脑中短时间出现的思维紊乱现象，病人会产生大量离奇的想法。奥斯本借用这个概念来比喻思维高度活跃，打破常规的思维方式而产生大量创造性设想的状况，它是一种激发集体智慧产生、提出创新设想的思维方法，具体是指一群人（或小组）围绕一个特定的主题或目标，通过无限制的联想和自由讨论，进行创新或改善，形成新主意，产生新点子，提出新的办法。

2. 特点

在头脑风暴中，每一个人都会就某一具体问题畅所欲言，各抒己见，从而产生尽可能多的观点。头脑风暴的效用在于：较之个体之和，群体参与能够达到更高的创造性协同水平。头脑风暴的特点是让学生敞开思想，使各种设想在相互碰撞中激起脑海的创造性风暴，其可分为直接头脑风暴法和质疑头脑风暴法。前者是在专家群体决策基础上尽可能激发创造性，产生尽可能多的设想的方法；后者则是对前者提出的设想、方案逐一质疑，发现其现实可行性的方法。这是一种集体开发创造性思维的方法。

3. 要求

（1）自由畅谈。参加者不应该受任何条条框框限制，放松思想，让思维自由驰骋。从不同角度、不同层次、不同方位，大胆地展开想象，尽可能地标新立异、与众不同，提出独创性的想法。

（2）延迟评判。头脑风暴，必须坚持当场不对任何设想做出评价的原则，既不能肯定某个设想，又不能否定某个设想，也不能对某个设想发表评论性的意见。一切评价和判断都要延迟到会议结束以后才能进行。这样做一方面是为了防止评判约束学生的积极思维，破坏自由畅谈的有利气氛；另一方面是为了集中精力先开发设想，避免把应该在后阶段做的工作提前进行，影响创造性设想的大量产生。

研学旅行中的头脑风暴会议（作者　卢秉新）

（3）禁止批评。绝对禁止批评是头脑风暴法应该遵循的一个重要原则。参加头脑风暴会议的每个人都不得对别人的设想提出批评意见，因为批评无疑会对创造性思维产生抑制作用。同时，发言人的自我批评也在禁止之列。有些人习惯于用一些自谦之词，这些自我批评性质的说法同样会破坏会场气氛，影响自由畅想。

（4）追求数量。头脑风暴会议的目标是获得尽可能多的设想，追求数量是它的首要任务。参加会议的每个人都要抓紧时间多思考，多提设想。至于设想的质量问题，自可留到会后的设想处理阶段去解决。在某种意义上，设想的质量和数量密切相关，产生的设想越多，其中的创造性设想可能就越多。

4. 教学流程

（1）准备阶段。教师应事先对所议问题进行一定的研究，弄清问题的实质，找到问题的关键，设定解决问题所要达到的目标。同时选定参加会议的学生，一般以 5—10 人为宜，不宜太多。然后将会议的时间、地点、所要解决的问题、可供参考的资料和设想、需要达到的目标等事宜一并提前通知与会学生，让大家做好充分的准备。

（2）导入阶段。这个阶段的目的是创造一种自由、宽松、祥和的氛围，使得大家得以放松，进入一种无拘无束的状态。教师宣布开会后，先说明会议的规则，然后随便谈点有趣的话题或问题，让大家的思维处于轻松和活跃的境界。

（3）明确目标阶段。主持人扼要地介绍有待解决的问题。介绍时须简洁、明确，不可过分周全，否则，过多的信息会限制人的思维，干扰思维创新的想象力。

（4）畅谈阶段。畅谈是头脑风暴法的创意阶段。这个阶段要注意：第一，不要私下交谈，以免分散注意力；第二，不妨碍及评论他人发言，每人只谈自己的想法；第三，发表见解时要简单明了，一次发言只谈一种见解。教师首先要向大家宣布这些规则，随后引导大家自由发言，自由想象，自由发挥，使彼此相互启发，相互补充，真正做到知无不言，言无不尽，畅所欲言，然后将会议发言记录进行整理。

（5）归纳整理阶段。经过讨论后，学生对问题已经有了较深程度的理解。这时，为了使学生对问题的表述能够具有新角度、新思维，教师或小组书记员要记录大家的发言，并对发言记录进行整理。通过对记录的整理和归纳，找出富有创意的见解，以及具有启发性的表述，供下一步畅谈时参考。

（6）筛选阶段。会议结束后，教师应向学生了解大家会后的新想法和新思路，以此补充会议记录。然后将大家的想法整理成若干方案，根据可识别性、创新性、可实施性等标准进行筛选。经过多次反复比较和优中择优，最后确定 1—3 个最佳方案。这些最佳方案往往是多种创意的优势组合，是大家的集体智慧综合作用的结果。

（7）设想处理阶段。头脑风暴法的设想处理通常安排在头脑风暴畅谈会后进行。在此之前，教师或记录员应设法收集学生在会后产生的新设想，以便一并进行评价处理。设想处理的方式有两种：一种是专家评审，可聘请有关专家及畅谈会学生代表若干人（5 人左右为宜）承担这项工作；另一种是二次会议评审，即由头脑风暴畅谈会的参加者共同举行第二次会议，集体进行设想的评价处理工作。

（四）情境体验法

1. 内涵

情境体验教学法最早可以追溯到古希腊时期，苏格拉底通过向学生提问的方式创设问题情境，而不直接给出答案，通过引导学生对自己的回答产生怀疑而使问题得以

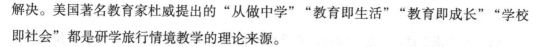

解决。美国著名教育家杜威提出的"从做中学""教育即生活""教育即成长""学校即社会"都是研学旅行情境教学的理论来源。

2. 教学程序

（1）创设情境

研学指导教师要为学生创设教学情境，这个情境可以是真实的情境，也可以是虚拟的情境，其目的在于能够激发学生的情感，引起学生情感体验的共鸣，推动学生的进一步学习。

（2）体验情境

学生通过体验创设的情境，直接或间接感知形象来领悟抽象的知识经验，完成学习任务。例如，进行五四爱国运动情景剧表演，通过相关设备，展现当年的情景，学生置身于热烈的爱国运动情境中，体验当时学生的爱国主义热情，到达育人效果。

（3）反思情境

学生对学习的过程和学习成果进行反思，分析其中的关联，从而在认知上达到顿悟的效果。例如，学生通过进行五四爱国运动情景剧表演，明白了"弱国无外交，中国必须强盛"的道理，新时代青少年必须深刻反思自己的种种不足，励志刻苦学习，肩负使命，精忠报国。

（4）提升情境

通过对情境的反思，研学指导教师引导学生总结学习成果，分享感受，促使学生最终在认知方面发生改变。譬如，学生通过进行五四爱国运动情景剧表演，反思自己在学习中、生活中的种种不足，联系生活和学习实际，努力提高为人民服务的本领，肩负起中华民族伟大复兴使命。

（五）角色扮演法

1. 内涵

角色扮演法，是指研学指导教师在教学中设计某个问题情境，让学生扮演各种角色进入情境中，通过讨论分析，帮助学生观察并探究角色的情感、态度和价值观，培养学生解决问题的方法与技巧，引导学生从不同思维角度出发并最终找到解决问题的方法。角色扮演模式可以使学生处于一种真实的问题情境中，增强其对情境的理解，激发其寻求问题答案的渴望。角色扮演模式的目的就是帮助学生建立在社会上的角色意识，理解社会行为规范，使学生能够从多种视角思考解决问题的方式，增强其人际沟通与社会交往的能力。

2. 教学程序

（1）小组准备活动。这个阶段，研学指导教师可以根据学生的认知水平和知识经验选择一些学生最感兴趣的问题，然后通过描述并分析问题，创设问题性情境，帮助学生感受要扮演角色的情感、态度、价值观和面临的处境等。

（2）选出扮演者。研学指导教师和学生共同分析角色的特点，然后由学生自己选出角色扮演者。学生可以选择个人特质与角色特质相符的角色，从而最大程度地激发学生参与的能动性和积极性，保证角色扮演活动的顺利进行。研学指导教师应该尊重学生的选择，避免打击学生表演的积极性，进而影响教学活动的开展。

（3）安排活动场景。研学指导教师需要根据教学目标和内容准备教学材料和道具。比如布置表演的场景，为学生提供角色扮演活动的流程、每个角色的介绍资料、角色扮演活动的教学评价表。研学指导教师还可以根据角色需要，适当给学生提供服装或道具。

（4）组织观众。观众的积极参与可以加强情境的真实性，有助于学生真实的表现，并产生真实的情感体验。此外，研学指导教师要给观众分配具体的任务，比如配合表演、帮助维持秩序、对表演进行分析评价，等等。总之，要确保让每一个学生参与到角色扮演活动中。

（5）开展表演活动。根据前面的活动安排，角色扮演活动开始。这是实施角色扮演教学模式的主要教学阶段，既是对前面计划安排的检验，又是对后面评价、反思工作的引领。如果课程时间充足，可以重新设计情节，学生进行第二次角色表演活动，用不同的方法表演同一个角色，从而培养学生多角度考虑问题和解决问题的能力。

（6）讨论和评价。研学指导教师组织学生对如何演好角色进行讨论，提出意见和建议，同时研学指导教师要引导观众随着表演者的表演过程思考一些问题，帮助学生不断加深对角色的理解。

（7）分享经验和总结。研学指导教师要引导学生思考情境表演中各种复杂的人际关系及解决问题的办法，把表演情境与生活经验联系起来，鼓励学生将这种方法和规则运用到现实生活中。

【案例展示】

河南省内乡县县衙《巧断铜钱案》情景剧（片段）

演出地点：河南省南阳市内乡县县衙博物馆（河南省首批研学实践教育示范基地）

演出时间：2020 年 11 月 29 日

演出单位：南阳市西峡县城区第一小学五（3）班

指导教师：梁媛媛

学生导演：杨学生

学生演员：全体学生（主要演员或者围观百姓演员）

学生主演：知县（张学生）、牛肉店老板娘李氏（李学生）、衙役王三（王学生）、师爷（赵学生）

道具：汉服、官服、鼓、县衙大堂设施

教学方法：角色扮演法、三疑三探法、情境体验法

教学过程：

一、小组准备活动

研学指导老师提供 3 个适合目标学生的古代经典断案案例《巧断铜钱案》《智断争绢案》《智断牛舌案》，介绍案件各自的时代背景、发生缘由、审理过程以及断案结果，使得即将参与角色扮演的学生们充分了解案情始末，并分组选择感兴趣的案例，每组编写各自的"模拟断案"情景剧脚本。准备相关道具等。

二、选出扮演者

研学指导老师引导各小组研讨、修改剧本，帮助学生们分析剧本中的角色特点，并引导组员，调动所有学生的参与扮演的积极性，最后由学生自行讨论、协商、达成一致，完成组内主角、配角、群演等各类分配角色及组员具体分工。

三、安排活动场景

学生自己安排古装定制，准备钱袋、铜钱、水盆等道具，布置县衙断案场景中的各类大堂设施。指导老师将每位学生的角色介绍、出场顺序、时间、台词、走位等流程标准化，以研学教案形式发放给对应的学生，让其提前预习、排练。

四、组织观众

学生导演组织未参与角色扮演的学生以观众身份即围观断案的普通老百姓共同配合，完成本次情景剧。每位观众都有在"断案"过程维持现场秩序，在"断案"结束后合理发表对案件见解并对演员表现进行点评和建议的权利。

五、开展表演活动

学生们在一片"威武"声中开始表演，呈现《巧断铜钱案》的完整剧情：牛肉店老板娘李氏状告衙役王三到她牛肉店里拿肉、抢钱、砸店、打人。知县传王三上堂，

王三不认罪，反说李氏诬陷官差。李氏和王三厮打，钱袋从王三身上掉下，李氏见是自己的，便和王三争抢。知县见状，命师爷把钱袋里的铜钱放入盛水的盆中，水面泛起油花。知县说："水面漂着油花，说明铜钱沾有油，可见袋子里装的是李氏的卖肉钱。"王三无言以对，便磕头认罪受罚。

六、讨论和评价

小演员们完成"断案"后，以小组为单位，和台下的研学指导老师、未参演的观众展开互动。首先，由观众提出观看感受，选出代表口头陈述；其次，每位观众根据和研学指导老师一起提前设计好的演出评价表逐项打分；再次，研学指导老师给出专业的点评和改进建议；最后，由观众和专业评委共同选评出本场情景剧的最佳演员和最佳表演团队。

七、分享经验和总结

研学指导老师安排班长当主持人，主持人结合讨论和评价的结果，和每位参与情景剧的学生进行再次沟通，给出剧本解读、角色塑造、舞台表现、情感处理、团队协作等多方面、深层次的建议和方法，并引发学生对断案案例本身的思考，将研学课程的收获应用到生活实践中，使其更好地学习和传承中国古代人民的智慧和优秀传统文化，增强民族自信和文化自信。

（本案例由营地百科梁媛媛老师编写）

（六）参观访问法

1. 含义

参观访问法是指研学指导教师通过有计划、有组织地安排学生到有关单位参观访问，以使得学生得到启发，巩固所学的知识和技能的一种教学方法。这种方法的优点是通过典型的现身说法，学生可以迅速接受某一新方法、新事物。参观访问法主要适用于某些无法或不易用理论讲述的研学旅行内容。通过参观，帮助学生了解现实世界的一些真实情况，了解理论与实际之间的差距。

2. 要求

（1）实行小组责任制，明确集合地点、时间、行进路线等。

（2）学生必须确保按计划有序地进行学习活动，同时重视外出的安全以及行为礼貌规范。

（3）按要求做好记录。如写参观记录，重点写参观；写访问记录，则要着重写好问和答。要做到条理清楚，重点内容则要写具体。

（4）参观后进行交流和总结。在参观访问结束后，要组织学生总结活动感受与体会，让学生在成果展示过程中提升学习质量。

3. 教学流程

（1）要明确自己所要采访的对象及范围。

（2）联系参观的地点及有关人员。

（3）根据参观访问主题查阅参观访问对象的相关资料。

（4）教师可协同组织并设计参观访问的路线及人员。

（5）选择并设计参观访问的内容。

（6）要求学生带好记录工具，做好记录。

（7）教师以例证方式进行具体指导，如在描写参观对象时，要写清方位、布局、形状、色彩、构造、特色、功能等，能用数字说明的尽量用数字说明；注意所写内容的科学性、知识性和趣味性；用词要求准确、形象。

（8）参观行程结束后，进行简短的讨论总结，查看是否达到预期目的。

（七）成果展示法

1. 含义

成果展示法就是学生把自己或小组在研学旅行活动中的收获汇集、整理成各种形式的成果（作品），并通过多种方式在班级、年级或学校进行交流、展示和评价。

2. 作用

（1）研学旅行成果展示活动，能够再现研学旅行过程，激发学生自我表现的积极性和自我表达能力，树立学习自信心，激发进一步探究的愿望。

（2）研学旅行成果展示活动能够为学生提供一个相互交流、合作学习的好机会。学生们将参与研学旅行活动的心得与体会以小组汇报的形式向全班甚至全校学生展示、交流，既有机会获取其他学生的建议，同时在汇报过程中深刻体会到小组成员合作的重要性。

（3）教师通过研学旅行成果展示活动能够获取有益的教学反馈信息，了解研学旅行主题活动实施的效果、学生参与活动的状态与程度、学生各方面能力的发展以及以后开展研学旅行主题活动需要注意的问题。所以，研学旅行成果展示对课程目标的落实起着非常重要的导向作用。

（4）研学旅行成果展示活动能提高学生学习的兴趣，发挥他们潜在的智力因素和

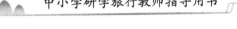

学习能力，弥补学校课堂教学的不足。

3. 要求

（1）成果展示是全体学生共同参与的活动，不是少数优秀学生的表演，教师应尽量给所有的学生提供充分表现的机会。

（2）成果展示不能流于形式、追求热闹，要体现应有的深度。引导学生在展示的过程中，发现自我、欣赏他人，最大限度拓展学生学习的空间，培养学生良好的情感态度与新时代价值观。

成果展示要注意学生的个性差异，教师对每一位学生所展示的成果的特色，在评价时都要充分考虑到。

（3）学生原有的学习基础不同，成果的水平也会有不同。教师应对学生付出的努力程度给予更多的关注，避免为学生的学习作品或成果分等划类。

（4）成果展示内容和形式要由教师和学生共同商议，确保展示活动能够有计划、有顺序地进行。

（5）成果展示引导学生对研学旅行成果进行总结和自我反思，为下一步开展研学旅行活动积累经验。

4. 内容

成果展示的内容就是学生围绕研学目标进行主题探究活动的过程和结果，如学生进行调查研究、走访、统计、收集与整理资料、动手制作、动脑创意等活动过程的记录与分析结果。有成型的成果，如小论文、调查报告、汇报演讲稿、手工作品、自编报刊、图形设计、方案设计，也有在活动过程中产生的初级成果，如观察记录、调查记录、资料摘抄、收集的资料等。

第四节　研学旅行教学方式

研学旅行教学方式是教师在进行研学旅行教学时，为完成研学旅行教学目标而灵活使用的各种形式，如：考察探究、职业体验、劳动教育等。在研学旅行活动实践中，出现的研学旅行教学方式多种多样，我们参考《中小学综合实践活动课程指导纲要》和《大中小学劳动教育指导纲要（试行）》中提到的主要方式，以及研学旅行教学实践中常用的方式及其关键要素，简要地做以下阐述。

一、考察探究

（一）含义

考察探究是学生基于自身兴趣，在教师的指导下，从自然、社会和学生自身生活中选择和确定研究主题，开展研究性学习，在观察、记录和思考中，主动获取知识，分析并解决问题的过程，如野外考察、社会调查、综合实践等。

（二）特点和功能

考察探究注重运用实地观察、访谈、实验等方法获取材料，形成理性思维、批判质疑和勇于探究的精神。

（三）教学流程

考察探究的主要流程包括：明确研学旅行目标；发现并提出问题；提出假设，选择方法，研制工具；获取证据；提出解释或观念；交流、评价探究成果；反思和改进。

二、社会服务

（一）含义

社会服务指学生在教师的指导下，走出教室，参与社会活动，以自己的劳动满足社会组织或他人的需要，如公益活动、志愿服务、勤工俭学等。

（二）特点和功能

社会服务强调学生在满足被服务者需要的过程中，获得自身发展，促进相关知识技能的学习，提升实践能力，成为履职尽责、敢于担当的人。

（三）教学流程

社会服务的主要流程包括：明确研学旅行目标；明确服务对象与需要；制订服务活动计划；开展服务行动；反思服务经历，分享活动经验。

三、设计制作

（一）含义

设计制作指学生运用各种工具、工艺（包括信息技术）进行设计，并动手操作，将自己的创意、方案付诸现实，转化为物品或作品的过程，如动漫制作、编程、陶艺创作等，它注重提高学生的技术意识、工程思维、动手操作能力等。

（二）特点和功能

在课程实施过程中，鼓励学生手脑并用，灵活掌握、融会贯通各类知识和技巧，提高学生的技术操作水平、知识迁移水平，体验工匠精神等。

北流陶瓷小镇的老师在指导学生动手制作陶器

（三）教学流程

设计制作式教学的主要流程包括：明确研学旅行目标；创意设计；选择活动材料或工具；动手制作；交流展示物品或作品，反思与改进。

四、职业体验

（一）含义

职业体验是指学生在教师的指导下，从实际工作岗位上或模拟情境中见习、实习，体认职业角色的过程，如军训、学工、学农等。

（二）特点和功能

职业体验注重让学生获得对职业生活的真切理解，发现自己的专长，培养职业兴趣，形成正确的劳动观念和人生志向，提升生涯规划能力。

（三）教学流程

职业体验教学的主要流程包括：明确研学旅行目标；选择或设计职业情境；实际岗位演练；总结、反思和交流经历过程；概括提炼经验，行动应用。

五、党团队教育活动

（一）含义

党团队教育活动是指由中国共产党、中国共青团、中国少先队组织机构开展的影响学生身心发展的各种有主题、有目的性的教育活动，如红领巾爱心义卖行动、我为团旗添光彩、党旗下的演讲比赛等。

（二）特点和功能

注重对学生进行政治思想品德的教育，培养学生爱国、爱党、爱团、爱少先队组织的理想信念，具有高尚的爱国情怀。

（三）教学流程

党团队教育活动的主要教学流程：明确活动目的；制订活动计划；开展教育活动；活动成果展示；反思与改进。

六、博物馆参观

（一）含义

博物馆参观是指学生在教师的指导下，对专业博物馆进行参观、考察、探究，如军事博物馆参观、海洋博物馆参观、历史博物馆参观等。

（二）特点和功能

注重学生的亲历感悟、实践体验、行动反思，形成理性思维，通过对博物馆的文化展示，使学生了解人类文明、民族历史积淀，获得崇拜感和自豪感，拓展个人视野，培养主动探索和开拓进取的创新精神，培养学生的爱国情怀。

（三）教学流程

博物馆参观的主要教学流程：明确参观主题目标；选择博物馆；参观并听讲解；体验探究；参观后的任务实施、实践体会；分享参观后的成果交流讨论会、知识拓展；回顾、反思与总结。

七、劳动教育

（一）含义

劳动是创造物质财富和精神财富的过程，是人类特有的基本社会实践活动。劳动教育是发挥劳动的育人功能，对学生进行热爱劳动、热爱劳动人民的教育的活动。劳动教育是新时代党对教育的新要求，是中国特色社会主义教育制度的重要内容，是全面发展教育体系的重要组成部分，是大中小学必须开展的教育活动。

（二）特征和理念

1. 特征

劳动教育具有鲜明的思想性，具有突出的社会性，也具有显著的实践性。

劳动教育中的小学四年级学生（作者　卢秉新）

2. **基本理念**

劳动教育强化劳动观念，弘扬劳动精神；强调身心参与，注重手脑并用；继承优良传统，彰显时代特征；发挥主体作用，激发创新创造。

（三）教学流程

明确劳动教育目标；选择活动材料或工具；劳动技术和流程讲解、说明、示范；淬炼操作，学生动手参与劳动；项目实践；反思交流；榜样激励；教育评价。

第四章　备　课

【本章概况】

本章是全书的重点章节之一，重点介绍了研学旅行的备课，是研学旅行课程实施的关键部分。本章从研学旅行备课的基本要求开始，首先介绍了研学旅行过程的基本阶段，重点介绍了研学旅行备课的基本内容、研学旅行课程方案编写的过程，其次阐述了主题课程方案的基本要素和格式，最后对专题课程方案的基本要素和格式做了简要介绍。

第一节　备课的基本要求

我们在开展研学旅行活动之前首先要备课，熟悉研学旅行过程的基本阶段，掌握备课的基本内容和课程方案编写的过程。

一、熟悉研学旅行过程的基本阶段

按照时间进度来划分，研学旅行过程可分为研学旅行前、研学旅行中、研学旅行后三个基本阶段。根据每个阶段的任务来划分，研学旅行过程包括研学旅行前的备课、研学旅行中的上课、研学旅行后的服务等环节。

研学旅行前的备课是研学旅行中上课的前提。为了上好课，指导教师在开展研学旅行前必须做好准备，即备好课，学生也要做好相应的课前准备。为了巩固和发展研学旅行成果，研学旅行后指导教师还要运用其他研学形式为学生提供研学旅行后的服务。研学旅行中的上课是研学旅行过程的中心环节，是实施研学旅行目标的主要手段。为了保证研学旅行有效地运行与改进，还必须对研学旅行过程进行后续的跟踪服务，这样便形成了以研学旅行前的备课为前提，以研学旅行中的上课为中心，以研学旅行后的服务为延续的循序渐进的师生互动的研学旅行过程。

二、掌握备课的基本内容

研学旅行指导教师编制课程方案前要熟悉并掌握下列基本内容，即备课要做到"九备"。

（一）备学生

指导教师要了解、熟悉学生的来源、学生所在年级、学生现有的知识技能储备状况和对研学旅行目的地综合知识掌握程度，以及学生身体状况、家庭状况、习惯特点等方面的内容。

指导教师面对的学生都是一个个鲜活的生命，学生们有着共同的年龄特征，也有着个体间的差异和各自家庭的文化差异。所在年级不同、知识技能掌握程度不同、家庭状况不同、来源城市区域不同、习惯特点不同，所用的教学方法就会有所不同。学生的共性与个性差异都是指导教师进行课程设计必须考虑的因素。如果使用千篇一律的研学讲解法，不能因人而异、因材施教，肯定不能达到预期的研学旅行目的和效果。小学四年级的学生和初中三年级的学生由于所在年级段不同，掌握的知识和心理特点也不相同，如果用同一个研学方法施教，研学旅行肯定是失败的。

（二）备教材

研学旅行使用的教材既包括研学旅行基地（营地）课程教材，也包括中小学现行课程教材。研学旅行课程教材是研学旅行基地（营地）根据学校提出的研学旅行主题，结合自身的研学旅行课程资源和文化特色而编制的研学旅行课程参考教材。

熟悉教材时，指导教师首先要认真钻研研学旅行基地（营地）课程教材和中小学现行课程教材中与本次研学旅行课程有关的内容要点和要求，厘清其中要求学生掌握的基础知识、基本技能和过程方法，找到重点、难点。其次再考虑探究、体验等研学旅行的路线和师生互动的方式；查阅相关书籍资料。最后才处理本次研学旅行课程的任务内容，对如何施教进行比较全面、深入、独到的思考。

（三）备问题

备问题是指研学前研学旅行指导教师要把研学旅行过程中涉及的问题或预料到的问题整理出来，并确定解决问题的办法，在讲课时做到心中有数，有的放矢。之后，提前一周交给学生，让学生分组讨论、准备。需要注意的是，问题的设置要与研学旅行内容相联系，要与教材相联系，让学生们带着问题去讨论学习。这个环节要进行分组准备，培养学生团结合作、担当责任的意识。

（四）备主题

确定研学旅行课程主题是开展研学旅行的第一步，它直接影响研学旅行能否顺利开展以及开展后的课程实施效果。主题要选择研学旅行目的地的地域特色文化，比如，河南开封突出饮食文化，河南洛阳突出古都文化，山东曲阜突出儒家文化，云南西双版纳突出热带雨林自然景观和少数民族风情文化，山东青岛突出海洋文化，湖北宜昌突出长江三峡景观，福建安溪突出茶文化。

（五）备研学旅行目的地

根据中华人民共和国旅游行业标准编号 LB/T019－2013 的《旅游目的地信息分类与描述》，旅游目的地（tourist destination）是指以某一个或一组旅游吸引物为基础，配备足够旅游设施与相关服务，能够吸引一定规模数量的访客，具有一定规模的空间范围和较为明确的管理机构的旅游地域综合体。据此得出，研学旅行目的地（study tourist destination）是指以一个或一组研学旅行吸引物为基础，配备足够研学旅行设施与相关服务，能够吸引一定规模数量的中小学生，具有一定规模的空间范围和较为明确的管理机构的研学旅行地域综合体。

研学旅行目的地包括研学旅行基地、研学旅行营地、研学旅行综合体等研学旅行资源单位。

构成研学旅行目的地的核心内容包括：有独特的研学旅行吸引物；有足够的研学旅行活动空间和规模支持；能提供系统、完备的研学旅行设施和服务；要有当地教育部门的认同、参与，并提供各类支持保障；要有一定的可管理性。

研学旅行指导教师对研学旅行目的地的资源选择是设计方案中不可缺少的环节。指导教师要根据研学旅行课程主题，对研学旅行目的地中的相关资源逐个进行了解、甄别、筛选，选出合适的研学旅行目的地资源。指导教师在选择研学旅行目的地资源时，只有把每个目的地的历史沿革、地理环境、文化脉络、经济发展等知识进行收集整理并有机串联掌握起来，在针对不同学段的学生施教时才能做到得心应手、游刃有余，才能讲得头头是道，津津有味，才能信手拈来，皆成妙趣，才能真正提升研学旅行课程的质量和内涵。就像苏霍姆林斯基所说的："只有当教师的知识视野比学校教学大纲宽广得无可比拟的时候，教师才能成为教育过程真正的能手、艺术家和诗人。"

（六）备背景

研学旅行背景是某研学旅行基地（营地）或者研学旅行目的地等研学旅行资源单位对本次研学旅行活动的发生、发展、变化起重要作用的客观情况。如历史文化背景、政治背景、旅游资源背景、研学旅行基地（营地）背景、食住行情况背景等。有的研学旅行资源单位历史文化底蕴丰厚，旅游资源充足，但是没有研学旅行课程，缺乏适

合学生的饮食和住宿条件，该单位依然不能成为研学旅行目的地。

（七）备研学点

研学点是指研学旅行主题课程体系中某一方面比较突出的专题课程，就是通常理解的小课题、小景点、小实践点、小内容等。类似于中小学教师教学中提到的教学点，也类似于综合实践活动课程中的实践点。其作用是能吸引研学旅行资源周边的视线，从而突出该点的研学旅行资源效果，在整个课程设计中起画龙点睛的作用。研学旅行主题课程由多个研学点组成，既突出各个部分的特色，同时也把整个研学旅行过程串联在一起，这些研学点组成了整个研学旅行课程体系。如果说研学旅行课程体系是一串精美的珍珠项链，那么研学点就是项链上的一粒粒珍珠，正是这些熠熠发光的珍珠，成就了完美华丽的研学旅行课程体系。

（八）备安全

研学旅行要坚持安全第一的原则，研学旅行过程中指导教师备课时要设计出学生安全管理方案，对可能发生的安全事故，提前预测，提前准备，把不安全的节点告知有关单位和人员，做好预防和救助，确保学生安全。

研学旅行安全内容的备课，包括六个方面：研学旅行安全管理工作方案；研学旅行应急预案操作制度；研学旅行产品安全评估制度；研学旅行安全教育培训制度；未成年人监护办法；疫情、地震、火灾、食品卫生、治安事件、设施设备故障等在内的各项突发事件应急预案，定期组织演练方案。

（九）备方式方法

研学旅行方法是指在研学旅行过程中为完成研学旅行任务而采用的方法，包含指导教师的教和学生的学两个方面，具有目的性和双边性的特点。具体包括如何安排每一个研学旅行专题课程的活动，以及如何运用各种方法开展研学旅行教育教学活动。

研学旅行主要的教学方法有：课堂讲授法、问题探究式、训练与实践式、现代信息技术、参观游览法、讲解法等。

教育部颁发的《中小学综合实践活动课程指导纲要》和《大中小学劳动教育指导纲要（试行）》中，提到的主要研学方式有：考察探究、社会服务、设计制作、职业体验、劳动教育、党团队教育活动、博物馆参观等。

三、掌握课程方案编写的过程

老师备课完毕后要及时编写研学旅行课程方案。

（一）编写课程方案

课程方案编写是指导教师经常而主要的工作，编写好研学旅行课程方案是指导教师在研学旅行前的主要任务，是上好研学旅行课程的前提，可以加强研学旅行教学的计划性和针对性，有利于指导教师充分发挥自己的主导作用。研学旅行课程开始前，指导教师首先要遵循教育教学规律，依托旅游资源，结合研学旅行行业特点，对本次研学旅行活动做出全面的考虑和准备，编写好研学旅行课程方案。

（二）编写方案的方式

编写方案按编写主体可分为个人编写和集体编写两种方式。

个人编写是指导教师自己钻研研学旅行课程教材和课程资源来编写研学旅行课程方案的活动。

集体编写是由各方研学旅行教研团队的指导教师共同钻研研学旅行教材和资源，解决研学旅行的重点、难点和研学方法等问题，集体共同编写研学旅行课程方案的活动。

（三）方案编写的过程

研学旅行课程方案编写的过程包括个人编写方案、集体讨论方案、现场完善方案三个过程。

1. 个人编写方案

学校和研学旅行基地（营地）分别组织相关人员围绕主题个人先编写课程方案。个人编写方案包括编写内容、编写教学方式、编写教学方法、编写研学重点难点、编写研学过程、编写研学评价方式方法、编写研学反思、编写人员分工方案、编写安全预案等。

2. 集体讨论方案

学校与基地（营地）课程研发团队对各方提供的个人编写的课程方案，进行深度沟通、研讨，取长补短，确定研学旅行课程方案。集体讨论方案的程序是：指导教师说课——团队评课——指导教师修订方案——指导教师再说课——团队评确定课。

桂林旅游学院研学旅行师资培训班学员集体讨论方案

3. 现场完善方案

到基地（营地）现场按照集体共同研发的课程方案，模拟学生的身份进行全流程体验，查漏补缺，完善课程方案。

研学旅行课程方案编写一般都要经过这三个过程，否则不能直接对学生开展研学旅行教学活动。通过三次方案编写，将学生、学校、基地（营地）等资源完整地衔接起来，使教育教学目标在学生身上充分实现，推动研学旅行课程设计落地。

这里要提醒的是，如果学校委托旅行社或者研学旅行服务机构协助开展研学旅行，课程编写的老师要吸纳旅行社或者研学旅行服务机构的意见，并请他们参与编写课程方案，学校与其签订相应的服务合同。

第二节　编写主题课程方案

一、主题课程方案的含义

研学旅行主题课程方案是研学旅行指导教师（以下简称"指导教师"）根据研学旅行活动所用的研学旅行资源单位教材、学校教科书和学校教学总要求，结合研学旅行学生的具体情况，按照研学旅行目标来编制的整体的研学旅行进度计划。类似于研学旅行实践上的"一日研学行程单""三日研学旅行路线行程"，也类似旅游中的"北京四日游行程单""二日游旅游路线"和中小学教师的"学期教学进度计划"以及"课题（单元）计划"。简言之，研学旅行主题课程是指导教师对某次研学旅行教学的总体规划与准备，是研学旅行活动的前提和依据。

研学旅行主题课程方案在研学旅行开始前编写，编写时要完成以下三个任务：确定本次研学旅行所要实现的研学目的与任务；按照行程时间来安排主题课程的进程，包括研学课时数、研学旅行目的地、研学旅行课程主要内容、研学旅行活动的方式和方法；提出针对本次研学旅行改进教学、提高研学质量的设想与举措；等等。

二、主题课程方案要素

研学旅行主题课程方案包括学校常规要素和研学旅行要素两个方面。

（一）学校常规要素

学校常规要素是指学校常规教学教案中常有的要素，包括课程名称、学校班级、课程设计人、学校代表、带队老师、课时、教学内容、教学方式、教学方法、教学评价、教学反思等。

（二）研学旅行要素

研学旅行要素是指研学旅行涉及的要素，主要包括项目组长、研学旅行目的地、项目具体负责人、师资配置情况、活动经费、安全管理制度及防控措施等。

1. 项目组长

原国家旅游局发布的《研学旅行服务规范》（LB/T 054－2016）第三条规定：研学旅行活动要有主办方、承办方和供应方。其中承办方是与研学旅行活动主办方签订合同，提供教育旅游服务的旅行社。第六条第二款规定：承办方应为研学旅行活动配置一名项目组长，项目组长全程随团活动，负责统筹协调研学旅行各项工作。

因此，研学旅行项目组长是在研学旅行活动中，全程随团活动并负责统筹协调研学旅行各项工作的旅行社专业人员。在研学旅行实践中，研学旅行项目组长一般由旅行社研学旅行项目部经理或者负责研学旅行的副总经理担任。

如果是学校自行开展的研学旅行活动，项目组长就是学校业务负责人或者校长指定的其他业务领导。

2. 研学旅行目的地

在设计主题课程方案时，研学旅行课程中涉及的研学旅行目的地的全部活动地点和资源都要编写到方案里。譬如，"走进山东，探究儒家文化"研学旅行课程，涉及的研学旅行目的地有孔子故里曲阜、孟子故里邹城、齐国都城临淄、儒家文化名山泰山等地。"带着课本去苏沪杭"研学旅行课程，涉及的研学旅行目的地有苏州、杭州、上海等，这些都要编入课程方案。

3. 项目具体负责人

研学旅行项目具体负责人简称项目负责人，是指根据研学旅行项目组长的派遣，负责研学旅行具体项目和内容实施执行的专业人员。研学旅行具体项目负责人包括指导教师、导游、安全员、项目专家等。

（1）指导教师

研学旅行指导教师是指策划、研发或实施研学旅行课程方案，在研学旅行过程中组织和指导中小学生开展各类研究性学习和研学旅行体验活动的专业技术人员。指导教师是保证研学旅行育人质量的关键因素，只有具有专业素养的研学指导教师团队，才能确保研学旅行的育人效果。

（2）导游

导游是指取得导游证，接受旅行社委派，为游客提供向导、讲解及其他服务的人员。在研学旅行过程中，导游只为学生提供研学旅行向导、沿途风光讲解、旅游景区解说以及饮食、住宿、交通、购物、娱乐服务，不参与研学旅行教学活动。

（3）安全员

安全员是研学旅行承办方安排的专门负责学生安全工作的专业人员。研学旅行实践中一般包括安保人员、医务人员、家长志愿者等。安全员的职责任务就是在研学旅行过程中随团开展安全教育、疫情防控工作，以及医疗救护等。根据《研学旅行服务规范》规定，在研学旅行过程中，研学旅行主办方或供应方要按学生人数比例安排相应数量的专职安全员随团参加活动，他们不参与教学，只负责学生的安全工作。

（4）项目专家

项目专家即研学旅行项目专家，是指掌握研学旅行专题课程项目的原理、技术、方法和工具，参与或领导启动、计划、组织、执行和讲解的活动，确保研学旅行项目能在规定的范围、时间、质量与成本等约束条件下完成既定目标的专业技术人员。

研学旅行项目专家在自己的研究领域或者某项目技术方面有独到的专业造诣，他们的专业水平和技能是研学旅行指导教师和学校教师无法替代的。为开展好更专业的研学旅行课程，专业化引领研学旅行，专业的研学旅行课程应该邀请研学旅行项目专家参与实施。

在研学旅行实践中，各个具体项目负责人要岗位清晰，职责分明，各司其职，各负其责，密切配合，团结协作，不得推诿。

猜猜图片中峄山风景区研学基地项目负责人职业角色种类

4. 师资配置情况

研学旅行师资包括参与研学旅行活动的学校代表、带队老师、指导教师、安全员、导游、项目专家和其他工作人员。在实践中，有的把救生人员、医务人员、安保人员、家长志愿者列入其中，安排相应的任务，赋予岗位职责，也可参考设计。

5. 活动经费

活动经费就是举办研学旅行活动所需要的各种开销的费用，包括住宿费、餐费、门票费（半价、免票）、交通费、授课费（研学旅行指导教师费、授课项目专家费）、服务费（研学机构服务费、场地租赁费、旅行社服务费、导游服务费）、保险费、服装费、材料装备费、教材费等。

经费预算要听取旅行社计调和研学旅行机构专业人员的意见，他们更懂专业行情和计算办法。在设计时，有几个细节提请指导教师注意：

（1）住宿费。住宿费设计时注意两点：第一，虽然都是同一个酒店，都是标准间，楼层不同可能房价不同，服务质量也不同。第二，要注意酒店是否含自助早餐。如果酒店房费含自助餐费，预算时就少了一个自助餐费用，相应的成本就降低了。

（2）餐费。研学旅行期间总共有几个正餐、每个正餐每人多少钱、几人一桌、按桌子算账还是按人算账、每桌几个菜、几个荤菜几个素菜、菜名和数量、主食和汤是否免费、早餐什么菜、早餐有没有鸡蛋、早餐价格是多少等，尽量设计出详细菜单。

（3）门票费。要门票的研学旅行资源单位的门票门市价多少钱、学生是否免票、优惠门票是多少、国家规定的学生免费需提供什么手续等，都要一一标明。

（4）交通费。交通费要根据选择的交通方式来确定。交通方式选择要根据《研学旅行服务规范》（LB/T 054 – 2016）的规定来设计。

注意：研学旅行团队用车要使用专业的旅游汽车有限公司合格车辆。专业的旅游汽车公司资质好、手续齐全，且有丰富的长途旅游经验，这是其他汽车公司无法相比的。譬如，有的学校或者教育主管部门从安全和省钱的角度考虑，认为公共汽车最安全，外出开展研学旅行活动时选择公共汽车公司的车辆，其实这样的做法风险、隐患很多，学校对团队旅游用车缺乏专业鉴别能力，往往自找麻烦，把学校自身置入安全的高压线下。譬如，有的公共汽车公司的车辆缺乏齐全的保险和相应旅游营运资质，外出行驶范围都有区域限制，司机也缺乏长途驾驶经验和突发性事件的处理能力，此类车辆不宜作为研学旅行旅游汽车使用，但是学校并不知道，万一出现事故，学校就要承担未尽谨慎选择义务的责任。

6. 安全管理制度及防控措施

安全管理制度及防控措施包括：研学旅行安全管理工作方案；研学旅行应急预案操作制度；研学旅行产品安全评估制度；研学旅行安全教育培训制度；未成年人监护方法；地震、火灾、食品卫生、治安事件、设施设备突发故障等在内的各项突发事件应急预案等。

三、主题课程方案格式

研学旅行主题课程方案编写的格式主要有文字式和表格式两种形式。

（一）文字式

研学旅行主题课程方案（文字式）

【主题课程名称】	【课程设计人】
【设计时间】	【项目组长】
【学校代表】	【学校班级】
【带队老师】	【指导教师】
【导游】	【总课时】
【专题课时】	【研学旅行目的地】
【课程总目标】	【研学旅行课程内容及流程】
【研学旅行方式】	【研学旅行方法】
【项目专家】	【师资配置】
【安全管理制度及防控措施】	【研学评价】
【经费说明】	【研学反思】

（二）表格式

研学旅行主题课程方案（表格式）

课程名称					设计人		设计时间	
项目组长		执行人			学校代表		联系方式	
学校班级		研学人数			带队老师		联系方式	
总课时		研学目的地						
课程总目标								
天数	节次	时间	课程内容及教学过程		方式方法	项目专家	项目具体负责人	
第一天	1							
	2							
	3							
	4							
	5							
	6							
	7							
第二天	1							
	2							
	3							
	4							
	5							
	6							
	7							
师资配置情况								
安全防控措施								
研学旅行评价								
活动经费说明								
研学旅行反思								
备注								

表4-1 研学旅行主题课程方案（表格式）

（三）格式说明

研学旅行课程方案的编写是一种创造性劳动，不同的指导教师有着不同的编写风格，实践中也不可能用统一固定的格式来要求指导教师设计课程，需要每位指导教师发挥自己的聪明才智，做出创造性的研学旅行主题方案设计。但是无论哪种格式或模板，研学旅行主题课程内容中的基本要素都是不能忽视的。

第三节 编写专题课程方案

一、专题课程方案的含义

专题课程是指在实施研学旅行教育教学的过程中，为达到某一专门教学目的或解决某一专门问题而对学生进行的教育课程。如陶器制作、剪纸技术、"我是小交警"体验、荷花盆景制作、"我是新冠肺炎疫情防控宣传员"、自行车维修技术等研学旅行专题。专题课程方案是对研学旅行专题课程目标、研学内容、研学方式的规划和设计，是研学计划、研学教材等诸多方面实施过程的总和，类似于中小学教师的课时计划（教案）。

专题课程和主题课程之间的关系：研学旅行课程包括主题课程和专题课程，主题课程中的研学内容是由众多专题课程构成的，专题课程内容是主题课程内容的基础，所有专题课程共同组成研学旅行主题课程。

二、专题课程方案要素

专题课程方案包括学校常规要素和研学旅行要素两个方面。

（一）学校常规要素

学校常规要素是指学校常规教学课时教案中常有的要素，主要包括：专题课程名称、学校班级、带队老师、设计人、指导教师、专题课时、课程目标、研学内容、研学重点、研学难点、研学教具、研学方法、研学方式、研学过程、研学评价、研学反思等。此处重点阐述课程目标、研学方式和研学过程。

1. 课程目标

（1）综合素质目标。教育部 2017 年发布的《中小学综合实践活动课程指导纲要》指出，中小学综合实践活动课程的总目标包括价值体认、责任担当、问题解决、创意物化等四个方面的意识和能力，它是由三维目标和核心素养目标演变而来的综合素质目标。鉴于研学旅行课程和综合实践活动课程存在许许多多的共同点，我们认为在研学旅行课程目标的设计上，要统筹考虑学校的综合实践活动课程的综合素质目标，研学旅行专题课程目标完全可以包括价值体认、责任担当、问题解决、创意物化等四个方面。参见表 4-2。

课程目标	价值体认	
	责任担当	
	问题解决	
	创意物化	

表4-2 研学旅行专题课程综合素质目标

表格中的具体内容，根据学生学段层级差别，可以直接套用或改编《中小学综合实践活动课程指导纲要》中的学段目标。

【知识拓展】

《中小学综合实践活动课程指导纲要》摘录

二、课程目标

（一）总目标

学生能从个体生活、社会生活及与大自然的接触中获得丰富的实践经验，形成并逐步提升对自然、社会和自我之内在联系的整体认识，具有价值体认、责任担当、问题解决、创意物化等方面的意识和能力。

（二）学段目标

1. 小学阶段具体目标

（1）价值体认：通过亲历、参与少先队活动、场馆活动和主题教育活动，参观爱国主义教育基地等，获得有积极意义的价值体验。理解并遵守公共空间的基本行为规范，初步形成集体思想、组织观念，培养对中国共产党的朴素感情，为自己是中国人感到自豪。

（2）责任担当：围绕日常生活开展服务活动，能处理生活中的基本事务，初步养成自理能力、自立精神、热爱生活的态度，具有积极参与学校和社区生活的意愿。

（3）问题解决：能在教师的引导下，结合学校、家庭生活中的现象，发现并提出自己感兴趣的问题。能将问题转化为研究小课题，体验课题研究的过程与方法，提出自己的想法，形成对问题的初步解释。

（4）创意物化：通过动手操作实践，初步掌握手工设计与制作的基本技能；学会运用信息技术，设计并制作有一定创意的数字作品。运用常见、简单的信息技术解决实际问题，服务于学习和生活。

2. 初中阶段具体目标

（1）价值体认：积极参加班团队活动、场馆体验、红色之旅等，亲历社会实践，加深有积极意义的价值体验。能主动分享体验和感受，与老师、同伴交流思想认识，形成国家认同，热爱中国共产党。通过职业体验活动，发展兴趣专长，形成积极的劳动观念和态度，具有初步的生涯规划意识和能力。

（2）责任担当：观察周围的生活环境，围绕家庭、学校、社区的需要开展服务活动，增强服务意识，养成独立的生活习惯；愿意参与学校服务活动，增强服务学校的行动能力；初步形成探究社区问题的意识，愿意参与社区服务，初步形成对自我、学校、社区负责任的态度和社会公德意识，初步具备法治观念。

（3）问题解决：能关注自然、社会、生活中的现象，深入思考并提出有价值的问题，将问题转化为有价值的研究课题，学会运用科学方法开展研究。能主动运用所学知识理解与解决问题，并做出基于证据的解释，形成基本符合规范的研究报告或其他形式的研究成果。

（4）创意物化：运用一定的操作技能解决生活中的问题，将一定的想法或创意付诸实践，通过设计、制作或装配等，制作和不断改进较为复杂的制品或用品，发展实践创新意识和审美意识，提高创意实现能力。通过信息技术的学习实践，提高利用信息技术进行分析和解决问题的能力以及数字化产品的设计与制作能力。

3. 高中阶段具体目标

（1）价值体认：通过自觉参加班团活动、走访模范人物、研学旅行、职业体验活动，组织社团活动，深化社会规则体验、国家认同、文化自信，初步体悟个人成长与职业世界、社会进步、国家发展和人类命运共同体的关系，增强根据自身兴趣专长进行生涯规划和职业选择的能力，强化对中国共产党的认识和感情，具有中国特色社会主义共同理想和国际视野。

（2）责任担当：关心他人、社区和社会发展，能持续地参与社区服务与社会实践活动，关注社区及社会存在的主要问题，热心参与志愿者活动和公益活动，增强社会责任意识和法治观念，形成主动服务他人、服务社会的情怀，理解并践行社会公德，提高社会服务能力。

（3）问题解决：能对个人感兴趣的领域开展广泛的实践探索，提出具有一定新意和深度的问题，综合运用知识分析问题，用科学方法开展研究，增强解决实际问题的能力。能及时对研究过程及研究结果进行审视、反思并优化调整，建构基于证据的、具有说服力的解释，形成比较规范的研究报告或其他形式的研究成果。

（4）创意物化：积极参与动手操作实践，熟练掌握多种操作技能，综合运用技能解决生活中的复杂问题。增强创意设计、动手操作、技术应用和物化能力。形成在实践操作中学习的意识，提高综合解决问题的能力。

（2）核心素养目标。学生发展核心素养主要指学生应具备的，能够适应终身发展和社会发展需要的必备品格和关键能力。我国学生核心素养以培养"全面发展的人"为核心，其框架由文化基础、自主发展、社会参与三个方面构成，综合表现为人文底蕴、科学精神、学会学习、健康生活、责任担当、实践创新六大素养，具体细化为国家认同等十八个基本要点。

（3）劳动教育目标。教育部 2020 年 7 月 7 日颁发《大中小学劳动教育指导纲要（试行）》，明确指出劳动教育的总体目标。准确把握社会主义建设者和接班人的劳动精神面貌、劳动价值取向和劳动技能水平的培养要求，全面提高学生劳动素养，使学生树立正确的劳动观念，具有必备的劳动能力，培育积极的劳动精神，养成良好的劳动习惯和品质。劳动教育目标如表 4-3 所示。

劳动教育目标	劳动观念	
	劳动能力	
	劳动精神	
	劳动习惯和品质	

表4-3 劳动教育目标

表格中的具体内容，根据学生学段层级差别，可以参照《大中小学劳动教育指导纲要（试行）》中的教育目标和学段要求来编写。

【知识拓展】

《大中小学劳动教育指导纲要（试行）》摘录

（三）学段要求

1. 小学

低年级：以个人生活起居为主要内容，开展劳动教育，注重培养劳动意识和劳动安全意识，使学生懂得人人都要劳动，感知劳动乐趣，爱惜劳动成果。指导学生：（1）完成个人物品整理、清洗，进行简单的家庭清扫和垃圾分类等，树立自己的事情自己做的意识，提高生活自理能力；（2）参与适当的班级集体劳动，主动维护教室内外环境卫生等，培养集体荣誉感；（3）进行简单的手工制作，照顾身边的动植物，关爱生命，热爱自然。

中高年级：以校园劳动和家庭劳动为主要内容开展劳动教育，体会劳动光荣，尊重普通劳动者，初步养成热爱劳动、热爱生活的态度。指导学生：（1）参与家居清洁、收纳整理，制作简单的家常餐等，每年学会1—2项生活技能，增强生活自理能力和勤俭节约意识，培养家庭责任感；（2）参加校园卫生保洁、垃圾分类处理、绿化美化等，适当参加社区环保、公共卫生等力所能及的公益劳动，增强公共服务意识；（3）初步体验种植、养殖、手工制作等简单的生产劳动，初步学会与他人合作劳动，懂得生活用品、食品来之不易，珍惜劳动成果。

2. 初中

兼顾家政学习、校内外生产劳动、服务性劳动，安排劳动教育内容，开展职业启蒙教育，体会劳动创造美好生活，养成认真负责、吃苦耐劳的劳动品质和安全意识，增强公共服务意识和担当精神。让学生：（1）承担一定的家庭日常清洁、烹饪、家居美化等劳动，进一步培养生活自理能力和习惯，增强家庭责任意识；（2）定期开展校园包干区域保洁和美化，以及助残、敬老、扶弱等服务性劳动，初步形成对学校、社区负责任的态度和社会公德意识；（3）适当体验包括金工、木工、电工、陶艺、布艺等项目在内的劳动及传统工艺制作过程，尝试家用器具、家具、电器的简单修理，参与种植、养殖等生产活动，学习相关技术，获得初步的职业体验，形成初步的生涯规划意识。

3. 普通高中

注重围绕丰富职业体验，开展服务性劳动和生产劳动，理解劳动创造价值，接受锻炼，磨炼意志，具有劳动自立意识和主动服务他人、服务社会的情怀。指导学生：（1）持续开展日常生活劳动，增强生活自理能力，固化良好劳动习惯；（2）选择服务性岗位，经历真实的岗位工作过程，获得真切的职业体验，培养职业兴趣；积极参加大型赛事、社区建设、环境保护等公益活动、志愿服务，强化社会责任意识和奉献精神；（3）统筹劳动教育与通用技术课程相关内容，从工业、农业、现代服务业以及中华优秀传统文化特色项目中，自主选择1—2项生产劳动，经历完整的实践过程，提高创意物化能力，养成吃苦耐劳、精益求精的品质，增强生涯规划的意识和能力。

（4）三维目标

三维目标是指对学生进行教育过程中教师应该从全面发展、以人为本的理念出发，达到三个目标，即知识与技能、过程与方法、情感态度与价值观。教师编写教案时应从"知识与技能""过程与方法""情感态度与价值观"三个维度对课程目标进行建构。

2020年教育部印发了《普通高中课程方案和语文等学科课程标准（2017年版2020年修订）》等二十一门课程标准和《中等职业学校数学课程标准》等五门课程标准。这次课程标准的改革和修订，从课程目标来看，主要强调：以习近平新时代中国特色社会主义思想为指导，落实立德树人根本任务，体现了关于德智体美劳全面发展的培养目标要求；凝练了学科核心素养，明确了学生应达成的正确价值观念、必备品格和关键能力；引导教学更加关注育人目的、注重培养学生核心素养、强调提高学生解决问题的能力；增强学生的理想信念和社会责任感，提升科学文化素养、终身学习能力、自主发展能力、沟通合作能力，全面提高学生综合素质，为学生的终身发展奠定坚实基础。

三维目标理论为研学旅行课程目标的维度设计提供了参考。三维目标旨在促进人的全面发展，通常情况下，学校课程目标按照三维目标来设置。同样，研学旅行课程目标设计也应该涵盖三维目标的内容。2020年开始编写的新三维目标要在原来三维目标的基础上，以情感态度与价值观为首要目标，同时强调把立德树人根本任务和核心素养目标相关要素注入情感态度与价值观这一维度目标中。

（5）目标说明

无论是综合素质目标、核心素养目标、劳动教育目标，还是新三维目标，都要以立德树人、培养人才为根本目的，强调让广大中小学生在研学旅行中感受祖国大好河山，感受中华传统美德，感受革命光荣历史，增强对坚定"四个自信"的理解与认同；同时学会动手动脑，学会生存生活，学会做人做事，促进形成正确的世界观、人生观、价值观。要通过学生在研学旅行活动过程中的体验感受、身心、思想和意志品质等方面的发展，落实立德树人根本任务，帮助中小学生了解国情、开阔眼界、增长知识，着力提高他们的社会责任感、创新精神和实践能力，全面提高学生的核心素养。

在教学实践中，三种目标统筹考虑。如果是劳动教育的内容，建议直接套用劳动教育目标。

2. 研学方式

专题课程主要的研学方式有：考察探究、社会服务、设计制作、职业体验、党团队教育活动、博物馆参观、劳动教育等。指导教师的研学方式会直接影响学生的学习方式，甚至影响学生的学习风格和思维模式。因此，在编写专题课程研学方式时，请结合研学旅行专题课程内容和学生实际选择设计适当的研学方式。每种方式的具体含义参见本书第三章第四节。

3. 研学过程

研学过程是指研学旅行教学过程，是研学旅行指导教师在研学旅行活动中授课或学生接受教师授课，学生获得知识、增强技能、提高觉悟、培养核心素养的过程。

研学旅行教学过程按照实施时间可分为：研学旅行前、研学旅行中和研学旅行后三个基本步骤。按照实施步骤和任务，这三个基本步骤可划分为五个基本环节，即研学准备，设置问题；研学导入，提出问题；研学新课，解决问题；研学总结，拓展问题；研学评价，反思问题。这"三步五环"就是研学旅行的基本教学过程。

前面提及的其他要素请参见本教材第五章，此处不再一一赘述。

（二）研学旅行要素

研学旅行要素是指研学旅行过程中涉及的要素，包括研学背景、研学链接、导游、研学旅行地点等。

1. 研学背景

研学旅行背景是指研学旅行资源单位的历史文化背景、政治背景、旅游资源背景、研学旅行基地背景、食住行背景等。我们在编写研学旅行专题课程方案时，要把研学旅行资源单位的这些背景一一介绍出来。无论是研学旅行宣传手册，还是学生的研学旅行教材，以及指导教师的研学旅行课程教案，都少不了研学旅行背景这个重要的组成部分。

2. 研学链接

研学链接是指将研学旅行专题课程内容和中小学现行课程教材中相关联的知识进行链接，在研学旅行实践中俗称"研学链接"。参见下列两个案例。

【案例展示】

研学链接是书本知识和校外研学资源紧密连接的桥

平顶山市的高娟老师在准备针对初三学生的研学旅行课程方案《桥的模型制作》时，首先查阅小学到初中课本中关于桥的文章。她发现从小学一年级到初中三年级，仅人民教育出版社出版的语文课本中就有五篇课文与桥有关；三年级上册的《赵州桥》，描写了距今有一千四百多年的赵州桥；四年级上册的《跨越海峡的生命桥》，描述了台湾人民和大陆人民难以割舍的骨肉亲情；五年级上册的《小桥流水人家》，表达了作者对故乡的思念；八年级上册的《中国石拱桥》和《桥之美》，让读者用眼睛去欣赏、用心灵去感受桥的美。备课时，她把课本知识与研学旅行基地（营地）的知识相联系，用研学旅行基地（营地）知识印证或强化学生的课本知识。研学链接把书本知识和校外研学资源紧密联系起来，成为指导教师备课路上的桥。

（本案例由平顶山市乐奔跑文化传播有限公司研学旅行部高娟老师编写）

始祖山里的课本知识

黄帝故里的罗伟娜老师在帮助研学旅行指导教师们编写八年级学生的研学旅行课程方案《我来始祖山制作野生植物叶脉拓印化石》时，要求指导教师首先查阅初中三年级学生学过的相关课本知识，并把在峰山上的研学旅行课程——《叶脉拓印作品制作》与课本知识联系起来；让指导教师们去查阅相关教材，譬如，人民教育出版社出版的小学二年级语文课本上册的《活化石》、小学六年级科学课本上的《小草和大树》、中学八年级下册生物课本上的《生物的进化》等多处都有关于化石的描述；然后，指导老师要把这些内容和研学旅行课程有机地结合起来，运用到研学旅行教学中。

（本案例由河南大河国际旅行社罗伟娜老师编写）

此处的导游和研学地点等要素，前面主题课程设计已经介绍，不再一一赘述。

三、专题课程方案格式

研学旅行专题课程方案的格式主要有文字式和表格式两种形式。

（一）文字式

文字式研学旅行主题课程方案内容如下：

研学旅行专题课程方案（文字式）

【课程名称】 　　　　　　　　　【设计人】

【设计时间】 　　　　　　　　　【研学地点】

【学校班级】 　　　　　　　　　【学校代表】

【带队老师】 　　　　　　　　　【指导教师】

【导　　游】 　　　　　　　　　【专题课时】

【课程目标】 　　　　　　　　　【研学背景】

【研学链接】 　　　　　　　　　【研学内容】

【研学重点】 　　　　　　　　　【研学难点】

【研学方式】 　　　　　　　　　【研学方法】

【研学工具】

研学过程：

第一步，研学旅行前：研学准备，设置问题。

第二步，研学旅行中：研学导入，提出问题；研学新课，解决问题；研学总结，拓展问题。

第三步，研学旅行后：研学评价，反思问题。

（二）表格式

研学旅行专题课程方案（表格式）

专题课程			研学地点			
学校班级			校方代表		带队老师	
设计人		指导教师		导　游	专题课时	
课程目标						
研学背景						
研学链接						
研学内容						
研学重点						

研学难点	
研学方式	考察探究 社会服务 设计制作 职业体验 团队教育活动 博物馆参观劳动教育（任意选择）
研学方法	课堂讲授法、问题探究式、训练与实践式、现代信息技术（任意选择）
教具准备	师： 生：
研学旅行过程	
研学前	［研学准备，设置问题］
研学中	［研学导入，提出问题］
	［研学新课，解决问题］
	［研学总结，拓展问题］
研学后	［研学评价，反思问题］
研学成果	
研学反思	
备 注	

表4-4 研学旅行专题课程方案（表格式）

（三）格式说明

1. 研学旅行专题课程方案是研学旅行教学预案，不可能包括一切教学要素和环节，有的研学旅行课程方案则需要指导教师随着研学旅行过程的实施，不断地进行调整和修订，而不是简单机械地模仿和复制。只有本着教育化、实践化、生活化的原则，创造性地自主开发、自主设计，才能不断丰富研学旅行专题课程内容。

2. 研学旅行过程的编写方案是一种最基本的、具有普遍性的、常规的研学旅行实施方案模式，更适合考察探究、社会服务、设计制作、职业体验和劳动教育类课程。有的研学旅行活动，如团队教育活动、博物馆参观等，需要和第五章统筹考虑，来确定具体恰当的研学旅行模式，弥补传统校园活动的缺憾和不足，彰显研学旅行独特的育人效果。

【案例展示】

《重走孟母三迁路，养我浩然之气》专题课程方案

专题课程	重走孟母三迁路，养我浩然之气		研学目的地		孟子故宅、孟母三迁祠、子思祠（中庸书院）	
学校班级	山东省济南市山师附小四年级五班		学校代表	王晓玲	带队老师	鲍艳霞 姜超
设计人	李婷	指导师	李婷	导游	杨桢	课时	1课时
课程目标	价值体认	引领学生获得有积极意义的优秀传统文化价值体验；形成集体活动组织观念；了解孟母教子故事发生的时代，探索孟母教子理念传承两千多年的精神文化载体，激发民族自豪感；培养学生"换位思考"的生活习惯、"学贵有恒"的求学精神、"明礼诚信"的品德。				
	责任担当	围绕研学旅行活动，培养学生热爱生活、理解父母和"修身→齐家→治国→平天下"的责任感，勇于从我做起，不断反思、修正自我行为。				
	问题解决	学生能够由孟子成长故事、孟母教子的故事得到启发，探索解决自身亲子矛盾的正确方法；结合研学旅行活动中的古建筑、古树、民风民俗、文物、孟子思想等内容，探究并提出自己对于孟子"浩然之气""大丈夫"的理解，体验探究问题的过程与方法，掌握解决研学问题的综合实践方法。				
	创意物化	通过研学旅行过程中系列综合实践活动，掌握一定数量的关于孟子的成语、名言；理解"浩然之气"的内涵，运用知识储备。讲述中国历史上具有"浩然之气"的仁人志士；能够根据孟母教子故事，结合自己家庭实际，自编自演自己与孟子的两次穿越，领会"家风"对于人生的重要性；能够提取儒家思想中的基本理念，如"三人行，必有我师""天时不如地利，地利不如人和""没有规矩，不成方圆""行有不得者，皆反求诸己"等来解决实际问题，服务于学习和生活。				
研学背景	孟子故宅、孟母三迁祠（2处）、子思祠（中庸书院），是纪念孟母三迁的三处古建筑（群），位于孟子故里邹城市，代表了孟母三迁的三个地点，展示了孟母三迁的路线、过程，以及一系列流传广泛的历史故事、历代对于孟母教子和孟子思想的尊崇。					
研学链接	《国学经典诵读》（三、四年级）校本教材					
研学内容	参观学习三处孟母三迁纪念性建筑（群），发挥学生主体作用，自主探究所到之处所蕴含的母教文化、孟子思想（以浩然之气为主）、家风家教传承、融洽亲子关系的养成等内容。以小组为单位合作探究并实践"讲述中国历史上具有'浩然之气'的仁人志士故事"和演绎"两次穿越"。					
研学重点	由孟子成长的故事、孟母教子的故事得到启发，探索解决自身亲子矛盾的正确方法，勇于从我做起，不断反思、修正自我行为。					
研学难点	理解"浩然之气"的内涵，运用知识储备。合作探究并实践"讲述中国历史上具有'浩然之气'的仁人志士的故事"；能够提取儒家思想中的基本理念来解决实际问题，服务于学习和生活。					
研学方式	考察探究、职业体验、设计制作。					
研学方法	参观游览法、讲解法、问题探究法。					
研学教具	多媒体制作。					

	研学旅行过程
研学前	研学准备，设置问题：提前一周在《研学手册中》设置问题，分组进行资料搜集和文献调查，请班主任在班会中预留15分钟时间，由班长和少先中队长带领同学们自主划分研学小组，一个组负责探究孟母三迁、断机、杀豚不欺子等历史故事的最早版本；一个组负责汇总整理每位同学的"我学到的孟子最核心的思想"；一个组负责搜集整理历史上有"浩然之气"的著名人物，尤其是看自己的家乡在历史上有没有著名人物；一个组负责编写剧本，排练"两个穿越"（自己穿越到战国时代成为孟子，面对母亲的教育怎么做；孟子穿越到自己家成为自己，面对母亲的教育会怎么做）。
研学中	研学导入，提出问题：指导老师介绍总体课程安排，提出第一个预设问题，由该组同学进行回答，和全体同学交流分享，了解孟母教子的故事。提出第二个预设问题，由该组同学进行回答、交流，引导学生掌握孟子思想的几个关键词：性善、浩然之气、规矩、反求诸己、修身齐家治国平天下、仁政、王道。设置新课研究主题：孟子的这些思想和孟母的教育有没有关系。
	研学新课，解决问题：参观凫村孟子故宅（孟子出生地），引导学生自主寻找当年的墓地，并介绍孟母离开这里的原因；前往庙户营孟母三迁祠（二迁处），介绍当年此地的繁华闹市，引导学生探究"杀豚不欺子"故事发生的背景和孟母对孟子的教育方式；前往孟母三迁建筑群，参观子思祠，掌握孟子的师从关系，与孔子、子思一脉相承的思想联系，探究孟母定居于此的原因。在中庸书院课堂内就坐，共同分享交流预设问题三：历史上有哪些"浩然之气"的著名人物。指导师在学生介济南历史上著名人物铁铉时，着重引导学生从勇气、骨气、正气三方面了解浩然之气。学生自主探究这种浩然之气的源头，引导学生理解：孟子以及众多传承至今的仁人志士的良好品格，几乎都是源于受教育；良好的家风家教是双向的——父母的言传身教与子女的配合。
	研学总结，拓展问题。所有同学现场推选一个主持人，主持演出预设问题四"两个穿越"。指导师配合主持人引导学生换位思考，面对父母的教育自己应该怎么做。着重强调任何教育都是双向的，引导学生思考在学习和生活中，以前是否和老师、家长做到了互动？以后应该怎样配合？（记录在手册）
研学后	研学评价，反思问题。思考拓展问题的同时，研学指导师引导学生当堂反思自己在本节课中的行为是否做到了与指导老师的双向互动。进行自我评价和总结（记录在研学手册）。
研学评价	课后通过学生调查问卷、课后面谈、电话回访带队老师和校方代表等方式获得数据。课程目标基本实现，课程强化了学生对探究、考察、实践等学习方法的掌握和提高了学习能力，在认知和情感方面也有较大收获。家长反馈普遍较好，认为孩子收获很大。带队老师反映比较集中的问题是："理解浩然之气的起源和传承"对于10—11岁的学生来说稍显吃力。
研学反思	环节一设置合理且有内在逻辑，但是与学校老师没有当面沟通，研学指导师应提前一周到学校与老师、学生当面沟通。
	环节二与准备环节紧密相连，新课学习环环相扣，但是需要增加一些关于文明旅游、自我管理等辅助内容的教育（规矩意识）。
	环节三与环节四的展示、实践、拓展环环相扣，课堂气氛热烈，重点难点问题突出，但是课堂秩序欠佳，应在演出前就调动学生自我探究"怎样做观众"。难点问题需要做更加深入的研究，以便于10—11岁的青少年能够理解"浩然之气"。
	环节五中当堂评价基本达到了课程目标，后续评价的组织协调需加强，以获得更加全面的数据。

（本案例由山东省邹城市博物馆李婷老师编写）

第五章 上 课

【本章概况】

本章是全书的重点章节，也是研学旅行活动的关键环节，重点介绍了研学旅行的上课。首先，提出了研学旅行上课的"三步五环教学法"；其次，对上课的五个基本环节进行了详细阐述；最后，对研学旅行上课的十个基本要求做了说明。

第一节 上课的基本环节

上课是整个研学旅行工作的中心环节，也是提高研学旅行质量的关键。一堂好的研学旅行课，其结构按照实施时间可分为：研学旅行前、研学旅行中和研学旅行后三个基本步骤。按照教学任务，这三个基本步骤可划分为五个基本环节：研学准备，设置问题；研学导入，提出问题；研学新课，解决问题；研学总结，拓展问题；研学评价，反思问题。这就是研学旅行课的结构。在实践中，我们把这"三个步骤五个环节"的研学旅行教学方法称之为"三步五环教学法"。见表5-1研学旅行三步五环教学法。

三步五环教学法				
步骤	研学段	环节	环节名称	具体内容
第一步	研学前	第一环	研学准备，设置问题	略
第二步	研学中	第二环	研学导入，提出问题	略
		第三环	研学新课，解决问题	略
		第四环	研学总结，拓展问题	略
第三步	研学后	第五环	研学评价，反思问题	略

表5-1 研学旅行三步五环教学法

一、研学准备，设置问题

研学准备就是研学旅行前的准备，是指在研学旅行活动开始前，教师针对有关的研学旅行问题、事宜，提前让学生做好准备，提前为顺利开展研学旅行课程创造条件，达到预期的研学旅行教学效果。

研学准备的内容主要包括：组建研学旅行小组、告知课程目标、布置研学任务、做好研学事务准备。

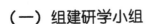

（一）组建研学小组

1. 研学小组的含义

研学旅行学习管理小组，简称研学小组，是指在研学旅行过程中，为开展好研学旅行活动，根据学生的兴趣、爱好和要求，结合研学旅行的具体条件，组成学习管理小组，有目的、有计划、能动性地开展研学旅行活动的学生自我管理基层组织。它小型、分散，便于开展多种多样的研学旅行活动，满足学生不同的兴趣、爱好，发展学生个体才能，使学生得到更多的学习和锻炼的机会，是目前研学旅行活动的主要组织形式。

在研学旅行过程中，依托研学旅行小组引导学生自己去组织、去实践、去探究，培养他们的合作能力和创新精神，既可丰富学生的研学旅行生活，也可为学生提供一个自主发展的时间与空间，还有利于培养学生的审美能力和动手动脑能力，调节学生的学习、生活心态，使其学到的知识得到巩固和加深，为他们掌握社会实践知识提供广阔的智力背景。同时，通过研学小组的自我管理，学生能够在研学旅行活动中提高综合素质和核心素养，能获得许多在校园里学不到的知识、技能，有利于激发学生的学习兴趣、发展个性特长，促进学生身心健康发展。

2. 组建研学小组的方法

（1）组建方式。采用个人自由选择组合和教师指令分配相结合的方式。

（2）组建程序。研学旅行前，负责研学旅行课程设计的教师要提前一周走进学生当中，与将要参加研学旅行的学生见面，指导班主任或者带队老师协助学生组建研学旅行学习管理小组，引导学生在研学旅行中自我管理。

（3）小组结构。将每班分成若干个研学小组，一般每组4—6人，设组长1名、副组长1名，成员若干。成员设安全委员、救助委员、生活委员、纪律委员、学习委员等，保证个个有岗位，人人有职责，事事有人管。教师可以先明确每个小组成员的岗位责任与义务，引导学生自荐、推荐。研学小组成立后，拟定研学小组名称、学习口号，进行全班演讲，表明决心，还可以组织小组成员举行宣誓仪式，增强他们的责任意识和团队意识，发挥小组干部的模范带头作用，培养学生价值体认、责任担当的能力和意识。

（4）纪律要求。在研学旅行活动中，将以小组为单位展开活动，要求全体组员积极参加研学旅行活动，遵守小组纪律，维护小组荣誉。

（二）告知课程目标

1. 告知课程目标的作用

研学旅行教学活动开始前，教师向学生提前告知明确而具体的研学旅行目标，将本次研学旅行的教学意图清楚地传达给学生，有利于教师正确地选择教学方法、妥善地组织教学过程、准确地评价教学结果；有利于学生简洁而清楚地知道将从本次研学旅行过程中学到什么，及时了解自己的学习结果，主动地把握自己的学习过程和方法。

2. 告知课程目标的方法

（1）印发明白纸。教师提前把设计好的研学旅行目标发给学校，征求学校意见，共同修订后再印刷出明白纸，发给学生，告知学生将要进行的研学旅行课程的目的是什么，完成什么任务，让学生提前带着目标和任务去思考、去准备。

（2）多媒体展示。运用学校或者研学旅行基地（营地）的多媒体，把研学旅行目标告知学生。

（3）教师口头传达。教师一开始见到学生时，口头告诉学生本次研学旅行活动的目标，让学生清楚明了。

（4）简易黑板书写。研学旅行过程中教师在临时制作的或者随身携带的简易"小黑板"上写出研学旅行目标并告知学生。

（5）终端设备转发。教师用手机、电脑、平板电脑等设备上的微信、QQ等工具平台，转发研学旅行目标文字材料。

（三）布置研学任务

为了圆满完成研学旅行活动，教师一般要提前给学生布置研学旅行任务，准备研学工具、研学问题、研学资料。这些任务教师都要提前设计出来。

准备工具：准备研学旅行专题课程中使用的工具。如担架制作专题课程中的绳子、竹竿、锯、小刀、剪子等。

准备问题：准备与研学旅行专题课程有关的知识和问题。

准备资料：准备与研学旅行专题课程有关的资料。

（四）做好研学事务准备

在研学旅行过程中，教师不仅承担着研学旅行教学的重任，同时还从事着研学旅行事务的服务工作。参加研学旅行活动的学生是否满意、研学旅行课程方案能否圆满实施，在很大程度上取决于各位教师的研学服务。

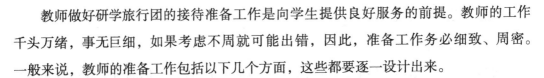

教师做好研学旅行团的接待准备工作是向学生提供良好服务的前提。教师的工作千头万绪，事无巨细，如果考虑不周就可能出错，因此，准备工作务必细致、周密。一般来说，教师的准备工作包括以下几个方面，这些都要逐一设计出来。

1. 熟悉主题课程方案

教师设计专题课程时要熟悉主题课程方案中的学校名称、年级、来自城市、总人数、男女生数量、年龄、风俗习惯、饮食习惯、领队老师姓名及电话号码、路线、用车情况、司机和导游的基本情况、研学内容、研学方法、研学工具、研学地点、研学时间、安全措施、评价方法、研学专家、项目负责人等内容，做到心中有数。

2. 做好专业知识准备

做好有关知识和资料的准备，尤其是计划中所列新开放研学点知识的准备。准备的过程中应注意知识的更新，及时掌握最新信息。掌握基地专有名词术语、词汇；做好当前热门话题、国内外重大新闻以及学生可能感兴趣的话题的准备；做好生源地有关知识的准备；注意在语音、语调、语法和用词等表达方面的选择与准备。

3. 做好研学物质准备

教师设计课程时，要设计出迎接研学旅行团的有关物质准备，包括研学旅行团主题课程方案（接待计划表）、研学旅行服务质量反馈表、研学旅行团名单、研学旅行团费用结算单等。

设计出必带的工作物品。工作物品包括工作证、执业身份标识、研学旅行旗、音响设备、宣传资料、通讯录、研学旅行手册、研学评价表、安全管理手册，以及按研学旅行团人数发放的物品（如研学旅行帽、研学旅行图或其他研学旅行纪念品）等。

同时也要设计出必带的个人物品。个人物品包括名片、手机及充电器、防护用品（雨伞、遮阳帽、润喉片）、常备药物、记事本与工作包等。

4. 做好个人形象准备

教师的自身美不仅关系到个人形象，更关系到目的地和研学旅行企业的形象，为了给学生留下良好的印象，教师在教学前要做好与所从事的职业相符的仪容、仪表方面的准备：面容整洁，不浓妆艳抹；头发要保持清洁、整齐；着装要符合教师的身份，并要方便研学服务工作，整体要求衣着简洁、整齐、大方、自然。

5. 做好心理准备

教师需要具备良好的心理素质，时刻准备面临艰苦复杂的工作，向学生提供热情周到的服务，而且还要充分考虑如何对特殊学生提供服务，以及如何去面对、处理接待过程中可能发生的问题和事故。要冷静、沉着地面对，无怨无悔地继续做好研学服务工作。

二、研学导入，提出问题

"研学导入，提出问题"是三步五环教学法的第二环节，这一环节的主要内容有：组织教学、检查研学前的准备任务。

（一）组织教学

1. 含义

组织教学是指教师通过调整学生情绪状态和维护研学纪律，使学生能跟随教师的研学步骤，有效地实现预定的课程目标的过程。组织教学是保证研学旅行过程中师生活动正常进行的基本条件。组织教学的目的是引导学生对参与研学旅行教学过程做好心理上和物质上的准备，吸引学生的注意并创设一种良好的研学情境或气氛。它不仅是研学授课前的特定阶段，也贯穿于整个教学活动中。

2. 方法

组织教学的方法包括口头语言变化法、态势语言变化法、姓名举例提醒法、研学方法变换法、小组积分激励法、设置问题法、中途休息法等。

3. 要求

研学旅行的组织教学是一项融科学和艺术于一体的富有创造性的工作。要做好这项工作，教师不仅要懂得研学旅行的教育教学规律，掌握一定的研学旅行教育学、心理学知识，还必须关注每一位学生，运用一定的组织艺术，调动学生的有意注意，激发学生的情感，让学生在愉快、轻松的心境中全身心地投入研学旅行活动中。

（二）检查任务

1. 含义

教师在开展研学旅行活动前一般都要提前给学生布置研学旅行的准备任务，在研学旅行活动开始时要对准备的任务落实情况进行检查，这个过程就是检查任务。

2. 方法

检查任务的方法主要有：学校领导检查法、项目组长检查法、问答检查法、报表检查法、学生自我检查法、抽样检查法、交叉检查法、重点检查法。

【案例展示】

《探究殷墟文字》课程方案（片段）

【分组讨论方法步骤】

第一步：学生登上大巴后，教师引导学生成立研学旅行学习小组。

第二步：由各小组组长组织本组学生检查、汇报、讨论研学前布置的任务。

第三步：各位组员在本组内展开研学前准备成果汇报。汇报的内容主要有：课程目标掌握情况、研学工具准备情况、布置问题准备情况、研学资料查找情况以及每一项内容是否正确、符合要求。如果不符合要求，怎样补充解决。

第四步：各组选出代表在全班交流分享。每组两人，组长必须参加交流，再委派一名口才好、表达能力强的同学补充发言。

第五步：其他小组结合自己小组情况对刚刚分享的小组发言进行点评。

第六步：教师对各小组的汇报进行点评、鼓励、启发。

（本案例由河南省金燕国际旅行有限公司研学旅行教研室杜纪伟老师设计）

三、研学新课，解决问题

"研学新课，解决问题"，通俗地讲就是研究学习新的研学旅行课程，解决研学旅行教学目标所涉及的研学内容和问题。这是"三步五环教学法"的第三环节，是研学旅行教学的主要部分，也是整个研学旅行课程教学的中心环节。这一环节的主要内容有传授知识和技能、演练知识和技能、提高学生的核心素养。

研学旅行课程内容博大精深，研学模式百花齐放，研学方法多姿多彩。教师向学生呈现研学旅行课程新内容并引导学生学习的方法、手段是多种多样的。选择和运用何种方式方法，主要应视新课程的内容、任务和学生的特点而定。在引导学生学习新内容时，教师的关键作用在于组织合理的学习活动，调动学生的学习积极性，引导学生的思路并启发他们的思维，使学生处于积极的智力活动状态之中。无论哪种研学模式，无论哪种主题活动，都要掌握以下基本要求。

（一）始终围绕目标教学

研学旅行教学活动全程注重立德树人根本任务，突出核心素质教育导向，让广大中小学生在研学旅行中感受祖国大好河山，感受中华传统美德，感受革命光荣历史，感受改革开放伟大成就，增强对坚定"四个自信"的理解与认同；同时学会动手动脑，学会生存生活，学会做人做事，促进身心健康、体魄强健、意志坚强，促进形成正确的世界观、人生观、价值观，培养他们成为德智体美劳全面发展的社会主义建设者和接班人。

（二）始终分组开展活动

全程始终分组开展活动，引导学生在各自的小组内，尽职尽责，分工合作，培养团结合作意识和责任担当意识。在研学旅行中分组开展活动，利于激发学生的活动兴趣，培养学生的自学能力，提高学生解决问题的能力，锻炼学生的发散思维能力，培养团队合作能力，营造互助合作的氛围。

（三）确保学生全员参加，亲自体验

无论哪种模式的课程，都务必做到让学生人人动手，个个参加，亲自体验，考察探究，确保每个学生都能成功，使他们享受成功的喜悦，享受研学旅行带来的快乐。

（四）发挥先进学生的模范带头作用

整个研学旅行过程，要始终发挥班干部、共青团员、少先队员等先进模范学生的模范带头作用，依靠先进模范学生，引领全体学生全身心投入研学旅行中来。

【案例展示】

《用"三疑三探"法探究习营村非物质文化遗产》研学旅行课程方案（片段）

【研学地点概况】

习营村位于河南省邓州市西北部十林镇，此地北依伏牛山，面迎卧龙岗，左襟湍河，右带朝水，九曲十八弯的堰子河绕村前流向东南汇入湍河，南水北调中线干渠经村东流向京津。这里是邓州习氏的发源地，也是无产阶级革命家习仲勋的祖籍地。2019 年 12 月 31 日，入选第二批"国家森林乡村"名单。2020 年 9 月 9 日，被农业农村部办公厅公布为 2020 年中国美丽休闲乡村。习营村的板头曲、心意六合拳、大调曲、曲剧、舞蹈、越调等非物质文化遗产资源源远流长，研学旅行资源十分丰厚。

【教学要求】

（四）发挥先进学生的模范带头作用

1. 研学前准备阶段

研学活动开始前，由各班班长负责统计班级人数、查看天气情况、记录特殊学生注意事项，配合准备研学物资，如清点手工制作物料、研学手册、营服、旗帜等，收集班级同学对于研学活动存在的疑惑和希望探究的问题，协助指导老师开展非物质文化遗产主题研学动员工作，调动全体学生参与中国传统文化学习的积极性。

2. 研学旅行教学阶段

（1）全员抵达邓州市习营村后，提醒各班团支书清点各班人数，列队、分组，由事先选出的优秀团员代表担任临时研学小组组长，组长带领各组员开展"非遗"文化学习和体验课程。在学习过程中，积极思考，主动探究，反复求证，多次实践，全面帮扶，使整个"非遗"文化主题研学活动可以更顺畅更高效地推进。

（2）安排班级内文艺骨干配合"非遗"传人现场示范教学，展现其音乐、戏曲、武术等方面的特长，更好地鼓舞其他同学学习板头曲、大调曲、越调、武术等内容。

（3）提醒纪律委员、安全员时刻注意对同学们进行安全提示。提醒生活委员关心同学们的生活和情绪。

3. 研学旅行后服务阶段

研学结束后，全体班干部均配合研学指导老师完成研学作品成果展示，帮助在学习过程中存在明显短板的同学查漏补缺、快速跟进，全面提高班级的学习水准和综合能力，尤其是对"三疑三探"这一带着问题去研学、带着质疑去探究的学习方法有更深的理解和更好的应用。

（本案例由河南省西峡县文广旅局王金营老师编写）

（五）运用恰当的方式方法

无论考察探究式、实验操作式、职业体验式、设计制作式、劳动教育式，还是博物馆参观式、团队活动式，研学旅行课程都有研学前、研学中、研学后三个基本步骤，都有五个基本环节。无论教师运用哪个模式开展教学活动，都要结合五个基本环节来设计课程方案，多法并举，统筹使用，完成研学旅行全部目标，提高研学旅行课程教学效果。

（六）研学评价贯穿全程

研学旅行评价不是单纯意义上的为学生打分，而是评价主体、评价对象、评价内容多元化。广义上的研学旅行评价对象多种多样，既包括对研学旅行基地（营地）的评价、研学过程的评价、教师的评价、教学方法的评价、研学资源的评价，也包括对学生的研学态度、研学能力和方法、研学结果等方面进行综合性评价。因此，研学旅行评价要贯穿整个研学旅行过程。

（七）教师角色定位准确

在研学旅行过程中，研学旅行指导教师不是传统意义上的老师，也不是旅游中的导游，而是熟悉研学旅行行业特点和规律的专业技术人员。教师在研学旅行教学过程中，既不能用导游的讲解方式讲解，也不能用班级授课制的"上课"的方式去"教"学生，而是要求教师成为学生研学旅行活动的组织者、参与者和促进者，引导学生主动去探究、去体验。

四、研学总结，拓展问题

"研学总结，拓展问题"是三步五环教学法的第四环节，这一环节的主要内容有：回顾总结本次课程的知识和技能，运用所学的知识和技能拓展解决新的问题，全面提升学生综合素质和核心素养。

（一）回顾总结

1. 含义

所谓回顾总结，就是在完成研学旅行教学任务的最终阶段，教师富有艺术性地对研学旅行课程所学知识和技能、所用方式和方法，以及探究、体验、制作、参观的过程和价值情感的提升进行归纳总结和转化升华的行为方式。通过回顾总结，使之与教学内容融为一体，使整个研学旅行教学过程完整无缺，最终让学生对知识、技能和价值观融会贯通。

2. 要求

回顾总结一般放在教学过程最后，用3—5分钟的时间对研学旅行专题课程做一个简短的，具有系统性、概括性、延伸（扩展）性的总结。

3. 方法

教学过程的回顾总结方法多种多样，有抢答式、卡片式、考察式、日记式、点睛式、悬念式、激励式、呼应式、游戏式、故事式等，其中实践中常用的有趣的方式有抢答式、卡片式、考察式、日记式。

（二）拓展问题

教师要引导学生进一步巩固所学的知识和技能，培养学生运用所学知识、技能独立分析问题和解决问题的能力，并使技能达到熟练程度，拓展解决新的问题，做到举

一反三、触类旁通，提高自己的思想觉悟和实践技能。

【案例展示】

浙江省绍兴山水国旅研学部宋洪波老师设计的《我们一起度过中秋节》研学旅行课程中，中秋节探究教学任务完成以后，引导学生运用过中秋节的研学旅行方法开展元宵节、清明节、端午节民俗调查研究，延续民俗研学旅行活动，再一次把民俗探究研学旅行活动推向高潮。他在执教《茶文化探究》研学旅行课程时，在学生掌握了茶叶的加工技能后，又引导学生用亲手制作的茶叶为亲人泡一杯浓茶，以表达对亲人的敬意；引导学生不定期举行义务送茶活动，让在田间干活的农民、开车口渴的人能及时喝一口芳香四溢的凉茶，体会为人民服务的意义。

五、研学评价，反思问题

"研学评价，反思问题"是三步五环教学法的第五环节，这一环节的内容有研学后评价、研学后服务、研学后反思三部分。

（一）研学后评价

评价最重要的目的和意义就是促进学生发展，让每个学生更好地了解自己的学习状况、自己的优势与不足，明确努力的方向，不断地获得新的发展。

1. 评价的内容

学生评价的内容主要包括：思想觉悟、学习态度、合作精神、探究能力、社会实践能力、人际交往能力、收集信息能力、创新创造能力、设计与操作能力、反思能力等方面。

2. 评价的方法

（1）自我评价法。学生可以根据教师提供的评价表对自己在活动中的表现和收获进行自我评价，给自己划定等级；也可以给自己写描述性的评语，或者以日记、感悟等形式记录个人感受、体验等。从这些评价形式和内容中，教师可以了解到学生在活动中的状态、表现和收获，学生在有意识的自我反思中看到自己的收获，加深对研究课题、与人合作、动手实践等问题的认识和理解。

（2）同学互评法。同学互评法有两种情况，一种是一个小组内的成员一对一地或者多对一地进行评价；另一种是对小组进行评价，可以是本组成员对组内整体的活动情况或者个别同学的表现进行评价，也可以对其他小组和小组成员进行评价。

同学互评法要注意发挥评价的促进发展功能：第一，要让学生在活动过程中注意自我反省，注意记录个人活动情况，学会纠正自己的不足。第二，要对学生进行思想认识上的引导，让学生在评价活动中学会接纳自我，也学会欣赏别人，对他人的评价要客观、具体，既善于发现他人的优点，又能坦诚地提出改进建议，真正地学会帮助他人取得进步。第三，同学互评要处理好小组与个人的关系。要通过对小组成就的总结和评价，进一步树立、培养学生的团队合作精神。

（3）教师评价法。教师是评价主体多元化的理念下相对权威的评价主体之一，但这时教师的评价观念需要转变，应注意以下几个方面：要看到学生评价的重要价值，将学生纳入评价者的行列，引导学生明确学习方向，促进学生之间的交流和理解，分享成功的经验和失败的教训；重视过程，在活动中对活动过程进行评价，兼对活动结果进行评价；注重学生多元的个性化的表现，要允许学生根据个人的兴趣、特点选择自己喜欢和擅长的活动方式及表达方式；尊重评价对象，与学生建立平等对话协商的关系，与学生共同协商、研讨活动评价方案，帮助学生形成自我评价、同学互评和小组评价的项目与指标；要寻找更多的评价资源，把家长、社会机构和社会人士也纳入评价队伍中来，以获得更丰富的评价信息。

（4）家长评价法。在研学旅行活动中，家长往往是最重要的社会教育资源。当家长直接参与学生活动时，可以作为一个局外人对学生活动进行参与式观察，根据教师提供的评价指标和对活动过程的了解，家长能够获得丰富的评价信息，对学生在活动中的真实表现作出评价。

（5）基地（营地）评价法。研学旅行是在校外的研学旅行基地（营地）进行的教育实践活动，学生进入研学旅行基地（营地），需要与基地（营地）工作人员进行交流、交往，这样在研学旅行过程中才能发展学生的实践能力。这方面的评价就可以从学生接触过的研学旅行基地（营地）工作人员那里获得信息。教师可以在开展活动之前就把有关的评价任务向有关人员说明，请他们填写有关表格，在活动结束后收回；也可以在事后通过回访，在与有关社会人员交流中了解学生在活动中的整体表现以及他们的成功与不足之处。

（6）旅行社评价法。旅行社作为研学旅行活动的承办方，在研学旅行活动中担负着重要的服务功能，旅行社的有关人员，譬如导游，始终和学生在一起，随时为师生提供研学旅行中的旅游服务，旅行社人员时刻关注着学生在研学旅行活动中的

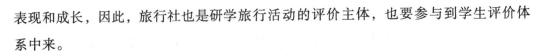

表现和成长，因此，旅行社也是研学旅行活动的评价主体，也要参与到学生评价体系中来。

3. 评价结果呈现方式

不同的教师有着不同的评价结果呈现方式，但是无论哪种呈现方式，都要注意以下原则：

（1）评价结果不能简单地以等级和分数来呈现。

（2）评价结果的呈现需要更多地采用语言描述的方式，或者将分数、等级与语言描述相结合。

（3）评价结果要客观、全面地记录、描述学生在每个活动环节中各项发展指标的表现情况。

（4）研学旅行过程中要及时评价说明学生做得比较好的地方和做得不完善之处，以便于学生明确自己的不足和今后努力的方向。

（5）呈现方式要以鼓励和调动学生的积极性为前提，不能伤害和打击学生的创造性和自尊心。

（二）研学后服务

研学旅行课程结束后，教师的教育服务并未停止，只是改变了教育服务的方式，学生转入了以自学为主的独立学习活动阶段，教师要配合学生完成以自学为主的独立学习活动，并做好研学旅行后的延伸服务。

研学旅行后的教育服务主要有送行服务、善后服务、回头生的宣传三个方面。

1. 送行服务

（1）回顾行程。在去机场（车站、码头）的途中，教师应对研学旅行团在本地的行程，包括食、住、行、游、购、娱等各方面做一个概要性的回顾，目的是加深学生对这次研学旅行经历的体验。讲解内容可视途中距离远近而定。

（2）致欢送辞。在旅游车快到机场（也可在机场、车站、码头）时，教师要致欢送辞，以加深与学生的感情。致欢送辞的语气应真挚，富有感染力。欢送辞的内容主要包括：

①感谢语：对学生及学校、基地、老师、导游、司机的合作表示感谢。

②惜别语：表达友谊和惜别之情。

③征求意见语：诚恳地征询意见和建议。

④致歉语：若研学旅行活动中有不尽如人意之处，可借此机会表示真诚的歉意。

⑤祝愿语：表达美好的祝愿，期待再次相逢。

2. 善后服务

送走研学旅行团后，教师还需要做好学生的善后服务以及所在单位要求的研学旅行结束后的有关工作。这关系到教师的接待工作是否有始有终，也涉及教师对所在单位交付的工作是否圆满完成。主要包括：

（1）处理遗留问题。教师下课后，应认真、妥善地处理好研学旅行团的遗留问题，按有关规定办理学校、老师和学生托办的事宜，必要时请示领导后再办理。

（2）结清账目。教师要按单位的具体要求，在规定的时间内填写清楚有关接待和财务结算表格，连同保留的单据、活动日程表等按规定上交有关人员，并到财务部门结清账目。

（3）提交物品。教师应提交教师日志及研学旅行服务质量评价表，并及时归还单位所借物品。

（4）撰写教学日志。教师应养成每次下课后总结本次研学旅行的良好习惯，认真填写教师日志，实事求是地汇报接团情况，尤其是突发事件。这样既有利于教师业务水平的提高，又有利于单位及时掌握情况，发现不足，以便不断提高研学旅行服务质量。

由于自身原因导致研学旅行中出现问题的，要认真思考，积极调整，总结提高。涉及相关接待单位，如餐厅、饭店、车队等方面的意见，教师应主动说明真实情况，由所在单位有关部门向这些单位转达师生的意见或谢意。涉及一些重要、意见较大的问题时，教师要整理成书面材料，内容要翔实，尽量引用原话，并注明师生的身份，以便旅行社有关部门和相关单位进行交涉。若发生重大事故，应实事求是地写出事故报告，及时向主办单位和承办单位以及协办单位汇报。

3. 做好回头生的宣传

与学校沟通，汇报研学旅行情况，共同制订学生的素质能力培养计划；与家长沟通，汇报学生在研学旅行活动中的表现，协助家长，共同做好学生成长工作；与学生沟通，保持联系，鼓励帮助学生健康成长。

（三）研学后反思

1. 研学反思的含义

研学后的反思就是研学反思，是指教师通过对研学活动进行理性观察与矫正，从而提高自身研学能力的活动，是一种分析研学技能的技术。它是促使教师的研学参与更为主动、专业发展更为积极的一种手段和工具。研学反思是教师专业发展和自我成长的核心因素，是提高教师研学能力和水平的基础，也是提高研学有效性的有力保障。教师深入分析、探讨研学后教学反思问题，对转变教师的研学观念、促进教师专业发展无疑是很有必要的。

2. 研学反思的形式

研学反思的撰写没有固定的格式和内容，教师可以按照自己喜欢的形式和感兴趣的内容进行撰写，自由展示自己的撰写风格和特点。如以下几种撰写形式。

（1）点评式：在教案各栏目相对应的地方，针对实施研学的实际情况，言简意赅地加以批注、评述。

（2）提纲式：较全面地评价研学上的成败得失，经过分析与综合，提纲挈领，一一列出。

（3）专项式：抓住研学过程中最突出的问题进行深入地认识与反思，实事求是地进行分析与总结。

譬如，《"越窑青瓷制作技术"研学反思》就是抓住青瓷制作流程这个突出问题进行的反思。

【案例展示】

"越窑青瓷制作技术"研学反思

学生按照越窑青瓷制作流程方案制作越窑青瓷时，研学旅行指导教师应放手让研学对象利用现有材料充分实验，大胆操作，目的是引导学生利用已经掌握的理化知识自己探索、自己获取知识、深入体会，从而享受成功的喜悦。研学导师不应过多手把手地施教，项目指导教师要做好引导工作。制作陶瓷模种、模具时，引导学生探究：为什么选用石膏为材料？瓷土加水调制成浆，为什么在石膏模里就能凝固成瓷胎？模具制作除了注浆成型外，还要引导学生思考探究没进行实验的拉坯成型、压坯成型、徒手成型等几种方法。

在制作过程中，引导研学对象探究发现越窑青瓷胎土的颜色、质感、柔韧性、厚薄度、可塑性等特点，引导他们与接触过的其他泥土做横向比对，引导研学对象对泥坯的物理成型原理做现场的体验发言，引导他们对青瓷的"呈青原理"进行氧化还原反应的化学方向进行思考。研学旅行指导教师还要鼓励研学对象对越窑青瓷的"灰胎""薄釉""刻划花"三个基本特征作深入了解，把越窑青瓷的"器型端庄持重""釉色类冰类玉""装饰自然灵动"基本要领在制作过程前期融会贯通,从而引导研学对象在后期成品研学项目推进时,有较为深刻的理解力和鉴赏力。

(本案例由浙江省绍兴中青旅研学旅行部盛涛老师、罗洪良老师编写)

(4)随笔式:把研学活动中最典型、最需要探索的研学现象集中起来,对它们进行深入研究、剖析和提炼,教师要反思这点,写出自己的认识、感想和体会。

3. 研学反思的内容

(1)对课程目标的反思。是否体现了立德树人的理念,是否体现了课程目标的要求,是否致力于学生的全面发展和核心素养的提高,是否达到预期的研学效果。要对照研学旅行目标逐一检查、反思、弥补,不能留下遗憾。

(2)对研学内容的反思。研学旅行课程内容是否符合教育教学规律,是否符合研学旅行的基本规律,是否符合学生身心发展的规律,是否符合国家立德树人的宗旨。

(3)对学生情况的反思。学生是否达到了预定目标,是否掌握了预定内容,学生研学旅行积极性、主动性是否得到较好的调动,学生是否有较大的收获,学生的身体状况、情绪状况如何等都要进行反思。

(4)对研学方法的反思。与课堂教学不同,研学旅行活动时间长,内容多样,如果使用某个单一的研学方法,势必会造成学生积极性的丧失,这就要求教师要综合运用各种教学方法,提高学生学习的兴趣,要将探究法、实验法、讲授法、问答法、讨论法、练习法等方法穿插使用,激发学生的学习兴趣,这样才能使学生真正学到知识,提高思想觉悟。

(5)对研学资源的反思。研学旅行资源选择是否恰当,资源和教材能否有效链接,资源是否具有教育功能,是否具有实践性和可操作性,研学旅行资源目的地承载量是否合格,安全、卫生、交通、饮食、住宿服务是否达标,师生能否顺利开展研学旅行活动等,都要进行反思。

(6)对研学过程的反思。教学过程中的步骤环节是否正确,有没有遗漏;方法是否恰当,方式是否合理;有没有突发性事件,若有,处理是否恰当;学生是否全员参加;是否人人动手、亲自参与;是否分组活动;全程是否发挥先进学生的示范带动作用。

(7)对方案执行的反思。改变研学旅行计划的原因是否合理,方法是否有效,采

153

用其他的活动内容和方法是否更有效。学生是否乐意参与研学活动，学生的知识、技能、情感态度是否得到了升华。

（8）对综合服务的反思。研学旅行综合服务包括研学前的准备服务、研学中的事务服务、研学后的事务服务，这都要一一对照方案检查反思。

特别说明的是，教师在写研学反思时，一方面，要及时总结研学活动中的有益经验，尽量使其系统化、理论化，以便更好地指导以后的研学工作；另一方面，针对研学活动中存在的问题，应进行深入的分析，找到恰当的方法，以不断改进自身的研学活动，形成自己独特的研学旅行教育风格。

【案例展示】

"跳竹竿舞，探究竹文化"研学旅行反思

通过这次研学旅行实践活动，我渐渐明确了教师在活动中应扮演的角色。与课堂教学不同的是，研学旅行的开发与实施要以学生的直接经验或体验为基础，将学生的需要、动机和兴趣置于核心地位，充分发挥学生的主动性和积极性，鼓励学生自主选择活动主题，积极开展活动，在活动中发展创新精神和实践能力。研学旅行活动是由师生双方在活动开展过程中逐步建构生成的课程，而非根据预定目标预先设计的课程。教师在活动中切忌大包大揽，应放手让学生在开放的情境中，通过各种探究方式关注自然、社会，发现自我，开发多方面潜能，形成积极的人生态度。但放手给学生不等于不管不问，适时进行指导还是非常有必要的。

浙江省导游协会研学旅行师资班的老师们在练习跳竹竿舞

教师要全过程参与课题，在参与中指导。只有参与了，才能了解学生各方面的动态和他们的研究情况，才能起到良好的指导作用。但千万不要让学生感觉你高高在上，富有权威而不可否定。我们应当坐下来和他们一起研究内容，听他们的计划、他们的意见，再和他们探讨合理性，让学生感觉他们与教师具有同等的权利。

教师不要过多地干预学生的选择，要允许失败，让他们真正地在生活中磨炼。他们经历失败后，我们要及时给予引导，引导学生反思失败的原因，找寻弥补的方法；在具体方法上不做过细的指导，让学生自己设计、创新。

总之，教师既不能"教"研学旅行课，也不能推卸指导的责任，放任学生，而应把自己的有效指导与鼓励学生自主选择、主动实践有机结合起来。

第二节　上课的基本要求

上课是提高研学旅行教学质量的关键。怎样才能上好研学旅行课程？首先要坚持以研学旅行教学理念为指导，遵循研学旅行教学规律，结合研学旅行行业特点，创造性地运用研学旅行教学方法，并注意以下几个基本问题。

一、遵循正确的研学旅行目标

正确的研学旅行目标是正确实施研学旅行课程的前提。研学旅行教学过程是否有正确的目标，是否自觉贯彻和实现了预定的目标，这是衡量研学旅行课程成功或失败的一个主要依据。

在研学旅行教学全过程中，都要以立德树人、培养人才为根本目的，强调让广大中小学生在研学旅行中感受祖国大好河山，感受中华传统美德，感受革命光荣历史，增强对坚定"四个自信"的理解与认同，同时学会动手动脑，学会生存生活，学会做人做事，促进形成正确的世界观、人生观、价值观。要通过学生在研学旅行活动过程中的体验感受，身心、思想和意志品质等方面的发展，落实立德树人根本任务，帮助中小学生了解国情、开阔眼界、增长知识，着力提高他们的社会责任感、创新精神和实践能力，全面提高学生的核心素养。

正确的研学旅行教学目标要切实可行、具体清楚，能够真正对研学活动起到导向作用，促使师生的一切活动都能紧紧围绕实现研学目的而进行。研学旅行课程强调学生综合运用各学科知识，认识、分析和解决现实问题，提升综合素质，着力发展核心素养，特别是社会责任感、创新精神和实践能力，以适应快速变化的社会生活、职业世界和个人自主发展的需要，迎接大数据时代和知识社会的挑战。它不仅应在课程方案中明确，而且应在研学旅行教学过程中落实，使师生的双边活动围绕课程目标进行，成为师生为之奋斗的目标。

二、确保教学过程的思想性与科学性

研学旅行教学过程既有思想性又有科学性，这是正确实施研学旅行课程的基本质量要求。在科学性上，指导教师或者项目专家要准确无误地向学生传授知识，引导他们进行正确操作，及时纠正学生在研学旅行中的种种差错，理论联系实际地引导学生掌握重点和难点，抓好研学旅行的基础知识和基本技能教学。在思想性上，要深入发掘研学旅行资源教材的内在的思想性，师生共同切磋，认真探求真知，让学生深受启迪、震撼或认同，激起学生的思想共鸣，使他们深受教育。这些内容和环节在实施过程中务必体现出来，确保研学旅行教学过程的思想性与科学性。

三、突出学生亲自参与的实践环节

研学旅行是实践性较强的教育教学活动，要突出学生亲自动手参与的环节，要求学生人人参与，亲自实践体验，因此，在研学旅行课程实施时，必须增加实践动手的环节，这样才能改变我国中小学生的传统学习方式，由被动地接受学习转变为主动地自主学习，由机械的记忆性学习转变为探究式的研究性学习，让学生成为研学的主体，真正实现"游中有学"，这样才能将研学旅行的最大作用发挥出来，促进中小学生核心素养的全面发展。

如果脱离了实践性和学生参与互动的环节，那么研学旅行就成了"旅游版"的研学旅行，而不是真正意义上的研学旅行课程。这种研学旅行等同于传统的亲子游、夏令营、冬令营、户外游等，表现为"游大于学""只游不学""重游轻学"。譬如，很多早期的纪念馆、博物馆、旅行社、风景区等单位的研学旅行路线，停留在"走马观花"式地听讲解、游览参观、合影留念等表层活动上，缺乏学生亲自参与的实践环节，学生依然是被动地接受学习、机械地记忆性学习，缺乏主动地自主学习、探究式的研究性学习精神。虽然去了很多地方，开拓了眼界，但是学生所得到的知识依旧只是浅层皮毛，并未深层次理解、掌握及内化为生活能力。这些问题都影响了学生及家长的参与体验，使研学旅行的意义和效果大打折扣。

【案例展示】

"竹简书的制作"教案（片段）

（二）研学旅行过程突出学生亲自参与的实践环节

突出学生亲自参与的实践环节就是力求在竹简书的制作过程中，每个环节都要精心设置一些促使学生亲自参与的研学旅行活动。

1. 技能培养方面

（1）小组合作让学生自主提出问题，自己解决问题。

（2）小组合作讨论提出问题，师生共同解决问题。

（3）学生讨论竹简书的构成，讨论制作竹简书使用的工具。

（4）师生分析竹简书的制作，展示制作方法。

（5）指导师指导学生制作竹简书，学生互助制作竹简书。

2. 习惯培养方面

（1）学会发言。能清楚表达自己的观点，接受他人的意见并改正、补充。

（2）学会倾听。乐于倾听别人的意见，努力掌握别人发言的要点，对别人的发言勇于作出评价。

（3）学会质疑。敢于提出不同的看法，表达个人观点，听不懂时请求对方再讲一次。

（4）学会组织。主持小组学习，能根据他人的观点，做总结性发言。

（5）学会担当。小组成员之间的职责要定期轮换，培养责任意识，体验多种角色，从而进行换位思考，有利于小组合作。

（6）学会参与。机会均等，要求人人参与，对发言多的学生进行次数限制，以便他人也有表达的机会，实现全员参与。

（7）学会点评。设计多方位的激励评价机制，采用学生自评、小组互评、生生互评、师生互评等方式，发挥先进、典型学生的示范效应，引导全体学生全方位地参与研学旅行评价过程。

（本案例由郑州商贸旅游职业学院郭小汇老师编写）

四、调动学生的积极性和主动性

充分调动学生的研学积极性和主动性是实施研学旅行课程的内在动力，是确保研学质量的核心环节。指导教师有饱满的研学热情，学生就能够处于积极主动的状态之中。指导教师要千方百计地引导学生的思路，启发学生的思维，激活学生的智力活动，确保学生在整个研学旅行活动中都能表现出研学热情和活力。

在整个研学旅行过程中，指导教师要注重尊重、爱护学生，民主、平等地对待学生，无论学生的答问或表现多么令人不满意，都要耐心、宽容，也要适当地给予肯定和真诚的鼓励，以调动和保护其积极性。

在研学过程中，要随时关注研学的内容、探讨的方式与深度、运用的方法等是否能激发学生的求知欲、主动性，使研学真正成为师生双向互动的活动。一发现问题就要立即改进，以推动研学活动生气勃勃地向前发展。

指导教师要想方设法让全体同学都参与到既竞争又协作的研学探索中来，让学生真切感到自己才是学习的积极参与者和主人，并为自己的积极参与及多方面收获感到兴奋、幸福，富有成就感。

五、运用恰当的研学旅行方式

研学方式应符合研学旅行资源的特点和学生的特征，并能充分利用现有的研学旅行资源条件，帮助学生顺利地掌握研学旅行课的基本内容，提高思想品德。

研学方式应符合课程计划的设计和课程目标的实施，保证整个课的各个部分进行得有条不紊，一环扣一环，始终能够保持一种良好的研学气氛。

指导教师能够机智地处理各种突发性事件，具有驾驭研学旅行教学的艺术，善于根据实际情况及时调整和修改研学方法，确保研学旅行完美进行。

六、根据实际情况调整课程方案

研学旅行教学情况千变万化，原先制订的课程方案即使很完善，有时也难免与实际情况不符，为此，在课程实施时指导教师必须具有研学旅行教学的灵活应变能力，按照提前编制的课程预案，向有关领导请示汇报后，根据实际情况及时调整和修改，努力完成主要的研学旅行教学任务。

七、及时纠正学生的错误，解开学生的困惑

及时纠正学生的错误，解开学生的困惑，是正确实施研学旅行课程的关键。学生在研学旅行过程中掌握知识、技能，是在解决疑难、纠正差错的过程中一步一步前进

的。学生的疑问与错误只有在教学中暴露出来，并切实加以解决，才能获得正确的新知识、新技能。

在研学旅行过程中，指导教师及时纠正学生的错误，解开学生的困惑，通过向学生提问或让学生模拟讲解、操作、演练、示范、参观等方式，来发现学生在理解和运用知识中存在的问题，并有意引发不同的看法和讨论，然后解决问题。这样，不仅全体学生的知识技能和思想方法普遍得到提升，而且研学氛围紧张热烈，学生的探究情趣高涨，活动结束后还会对研学旅行教学过程不断回味。

八、处理好跨学科之间的关系

研学旅行的跨学科性要求指导教师更新教学观念，加强跨学科知识的研究学习，加深不同学科指导教师之间的合作，提升跨学科课程设计能力和教学能力，打造跨学科指导教师专业团队。积极吸收国内外成熟的跨学科课程设计成果，并进行新的创造、升级。整合不同学科的研学旅行课程内容，进行跨学科教学设计，将不同学科的研学内容有机渗透在研学旅行教学设计中，从而促进研学旅行在跨学科中顺利开展。

譬如，"寻找秦汉文化瑰宝，传承西安中华文脉"主题课程，需要语文教师讲解汉唐诗词歌赋，历史老师指导西安黄帝陵、兵马俑等文化古迹考察，书法教师结合书法教学，对仓颉造字、碑林中重要的书法作品、拓片制作做相关介绍，劳动技术课教师对关中小吃、民俗风情进行介绍，地理老师阐述秦岭地区的地形地貌、黄土高原的风土人情。这些跨学科的工作关系，都需要课程设计者一一落实。

九、处理好与研学旅行团队人员的关系

研学旅行指导教师的教学工作是整个研学旅行工作的灵魂，研学旅行指导教师带团开展研学旅行教学时离不开其他相关研学旅行服务部门和工作人员的协作。研学旅行指导教师要尊重学校代表、带队老师、导游、司机、项目专家、安全员等工作人员，积极向他们学习请教，遇事多与他们商量，支持他们的工作，不要"打个人小算盘"，要建立良好的人际关系，处理好与他们的关系，积极争取他们的支持，同他们及时协调、密切配合，争取协作单位和其他工作人员的帮助，如此方能顺利完成本次研学旅行教育服务。

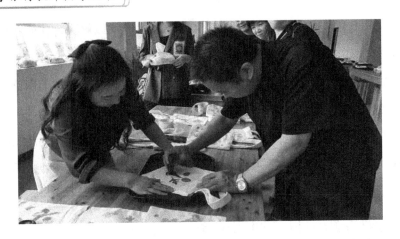

植物敲拓染技术授课专家张艳玲与研学旅行教育专家
共同探讨研学旅行教学法

十、提高研学旅行综合服务质量

研学旅行综合服务质量直接影响研学旅行活动质量，开展研学旅行活动要努力提高研学旅行综合服务质量。积极做好研学前事务准备，全程随时开展研学旅行评价激励活动，时时刻刻开展安全意识教育活动，做好安全事故的预防与处理，把安全和爱心放在心中。引导学生开展文明旅游活动、文明研学旅行活动，正确处理学生个别要求，正确处理研学旅行事故，掌握重大自然灾害救助办法，完善研学旅行后的教育服务。

第六章　研学旅行课程资源开发与利用

【本章概况】

本章介绍了研学旅行课程资源的基本概念、特点和基本类型及其特点，对于研学旅行课程资源的开发与利用分别从基本原则和开发利用策略进行说明。本章内容可以使研学指导教师对实际研学旅行中的课程资源的开发有一个基本了解和认识，并能运用基本原则和开发策略将潜在的课程资源转化为研学旅行课程，加以有效地利用，为研学旅行实践教育活动提供资源保证。

第一节　研学旅行课程资源概述

一、研学旅行课程资源的含义

研学旅行课程资源的概念本身有广义与狭义之分。广义的研学旅行课程资源指有利于实现研学旅行课程目标的各种因素，是富有教育价值的、能够转化为研学旅行课程或服务于研学旅行课程的各种条件的总称。狭义的研学旅行课程资源仅仅指形成研学旅行课程的直接来源。

目前我们提倡的研学旅行课程资源的开发与利用指的是广义的概念，也就是形成研学旅行课程的因素来源和必要而直接的实施条件。从研学旅行课程目标实现的角度看，凡是对之有利的所有因素都应该归于研学旅行课程资源，这其中既包括资源包、参考资料、研学旅行基地（营地）等物质资源，也包括学科专家、教师、指导师、学生、项目专家、导游、讲解员等人力资源。对研学旅行课程资源的开发与利用要全面而科学，使所有的因素都能很好地为研学旅行课程的实施服务，这样才能促进研学旅行课程目标的有效实现。

二、研学旅行课程资源的特点

研学旅行与校内教育一样具有教育性、思想性、基础性和时代性等特点，同时又具有生活性、选择性、综合性和地域性等独特特点。

（一）生活性

生活性是指实践教育活动本身就是发生在现实生活情境中。

研学旅行课程资源来源于自然、社会、生活，校内教育的生活性更多的是依附于结构良好的学科知识，而研学旅行的生活性更多的是来源于实践活动本身及过程。我们常说，实践是检验真理的唯一标准。研学旅行就是实践教育的典范，它可以让新时代中国特色社会主义思想、社会主义核心价值观的基本内容和要求在研学旅行实践活动中得以检验和实施，相较于校内以文本教育为主的学科教育更具有体验性和生成性的特点。

（二）选择性

选择性是指研学实践教育的对象具有灵活的选择余地。

课堂教学更多的是关注国家课程标准的贯彻和落实，体现国家教育意志和时代性发展要求，其教育教学内容也是紧密围绕各学科课程标准来设置；研学旅行课程更为关注个性化发展，为学生的成长提供更大的选择余地和空间，是对学校教育的有机补充和完善，突出表现在课程资源的选择面更宽、更广，直接对接现实生活，直接取材于真实的世界。

不同的地方、不同的学校，甚至不同的学生家庭，都会有不同的研学旅行课程资源。在保证每个学生达到共同基本要求的前提下，充分尊重和考虑不同学生的个性特点和发展需求，遵循教育学、心理学基本原理，结合地域环境差异，可以根据实际需要自由地选择课程资源类型和内容，以满足不同学生的学习需要，达到学生个性化发展的需求。

（三）综合性

综合性是指在研学实践活动中，研学实践教育资源相互之间的内在联系。

学校教育的主要内容依然是以分科学习为主，各学科也都具有独立的学科课程标准，虽然不再强调学科内在知识体系的系统性，但是限于学科教育教学的内在规定性，其跨学科、跨领域的知识呈现、活动设计很受限制。而研学旅行课程资源源于学科内容，同时又依托自然现实、社会情境，关注学科间的联系，整合学科内容，实现跨学科综合学习，增强课程内容与自然环境、社会生活和职业发展的内在联系，实现与学生发展核心素养的有机联系。

研学旅行不是单一学科的实践教育，也不是某几个学科的拼凑，而是立足于学科，着眼于学生发展，综合各种教育教学手段和方式，直面现实生活的教育教学过程。整合性、综合性、跨领域、跨学科是其显著特点。

（四）地域性

地域性就是乡土乡情的另一个说法，一方面是指身边的地域资源，另一方面是指地域之间的差异性。

在开展研学旅行教育实践活动，进行社会主义核心价值观教育之时，要考虑如何有效利用乡土乡情、县域县情、省情国情的地域性特征，对学生进行爱父母、爱家乡、爱祖国的思想政治教育。善于发掘学生身边的教育资源，深入社区，实践探究，开发出学生喜闻乐见的课程资源，让学生从教学资源中获取有益的知识信息，提高学科学习兴趣和学科学习能力。例如，以"爱我家乡"为主题的课程资源可以囊括家乡的历史、家乡的名人、家乡的习俗、家乡的发展等方面，可以涉及"我与自然""我与文化""我与社会""认识自我"等领域。

研学旅行课程资源作为开展研学旅行实践教育活动的基本依托和抓手，除了生活性、选择性、综合性和地域性四个显著特点外，还具有教育性、思想性、时代性和公益性等特点。在实际开发与利用时需要特别注意，不能受学校教育教学的资源思维限制，而应该运用更为开放、创新的思维来对待。

第二节　研学旅行课程资源的类型

研学旅行课程资源，在空间分布上有校内研学旅行课程资源与校外研学旅行课程资源两大类。

一、校内课程资源

（一）概念范畴

凡是在学校范围内开展的研学旅行课程，其资源就是校内研学旅行课程资源，即除了传统教学以外，校本课关联资源、社团课关联资源等均属于校内课程资源。师生本身不同的经历、生活经验、学习方式、教学策略等同样也是最直接的校内研学旅行课程资源。

（二）资源利用

校内课程资源，可以延伸用到校外研学旅行实践教育的具体活动上，尤其是拓展校本课或社团课等除常规教学之外的研学实践领域。以北京大学附属中学为例，该校利用校内资源很好地开展了博物学校本选修课，通过校内校园物候、鸟类调研等课程，

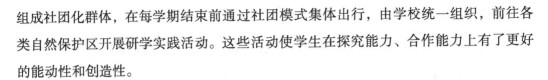

组成社团化群体，在每学期结束前通过社团模式集体出行，由学校统一组织，前往各类自然保护区开展研学实践活动。这些活动使学生在探究能力、合作能力上有了更好的能动性和创造性。

二、校外课程资源

（一）概念范畴

超出学校范围开展的研学旅行活动所需要的课程资源就是校外研学旅行课程资源，它主要包括校外革命传统型、国情教育型、国防科工型、自然生态型、劳动教育型等不同类型的研学旅行课程资源。

（二）资源利用

校外课程资源的利用，包括到校外开发利用课程资源和将校外课程资源引进校内两种。前者包括：借助高校、科研机构的实验室资源，开设科技类实验课程；借助博物馆、科技馆、运动馆等场馆资源开设博物馆类课程；结合企业、行业等资源场所开设参观、考察类活动课程等。后者包括：邀请高校、科研机构的专家到校授课，开展行前研学课程；邀请社会人才（如书法家、艺术家等）到校授课，开设特需课程或特色课程；邀请校外院校、单位、机构到校开展与研学课程相关的主题活动。

在校外资源的利用上，要注重：思想教育的校内外一体化；把校外资源与校内课堂教学内容相衔接；活动资源利用要贴近学生生活；将实践教育融入校外资源利用中；从课堂走进大自然，从书本走进现实世界。

【案例展示】

红旗渠把生硬的岩石变成温暖的研学旅行课程资源

教育部第一批全国中小学生研学实践教育基地——河南省安阳林州市红旗渠，是国家 AAAAA 级旅游景区、全国重点文物保护单位、全国中小学爱国主义教育基地，被誉为"世界第八大奇迹"。20世纪60年代，林县（今林州市）人民在极其艰难的条件下，从太行山山腰修建的引漳入林的人工渠，被称为"人工天河"。

红旗渠作为校外课程资源基地，依靠独特性和不可复制性的优势，把生硬的岩石资源变成了温暖的研学实践课程，结合校内学科教学，开发出一系列学生们喜闻乐见、动手性强的实践课程：引领中小学生穿越时空，亲临探究红旗渠穿越的山头、架设的渡槽、架设的渡桥、开凿的隧洞、挖出的土石和修建的各种建筑物，体验推小推车，走过创业洞，看铁姑娘打钎表演，探究分布全市乡镇的干渠、支渠。学生们在了解干渠建造基本知识的基础上动脑动手，让坚硬的岩石"活"起来，让课本里的知识"走"出来、"动"起来，为孩子们了解"红旗渠精神"提供了不可替代的校外教育场所，让学生真正感受到了劳动教育的无穷魅力，感受到被林州人民称为"生命渠""幸福渠"的红旗渠是林州人民发扬"自力更生，艰苦创业，自强不息，开拓创新，团结协作，无私奉献"精神创造的一大奇迹。红旗渠已不是一项单纯的水利工程，它已成为民族精神的一个象征。"红旗渠精神"是河南人民和林州人民伟大创业精神的真实写照，这种艰苦奋斗的拼搏精神，激励人们战胜各种困难，创造人间奇迹。

（本案例由中国关心下一代工作委员会健康体育发展中心核心素养教育研究院郑州分院王亚娇老师编写）

第三节 课程资源开发与利用的基本原则

研学旅行课程资源应结合学生身心特点、接受能力和实际需要，注重系统性、知识性、科学性和趣味性的挖掘，须因地制宜，呈现地域特色，引导学生走出校园，在与日常生活不同的环境中拓展视野、丰富知识、了解社会、亲近自然、参与体验。在开发和利用过程中，应遵循以下原则。

一、教育性原则

研学旅行课程是综合实践活动课程重要的表现形式之一，其课程资源开发的目的也应围绕立德树人目标，实现学校教育愿景，培养学生适合终身发展的能力，推行素质教育，实现国家的人才培养要求。

课程资源的开发与利用应结合学生身心特点、接受能力和实际需要，注重系统性、知识性、科学性和趣味性，立足对学生综合素质的培养，为学生全面发展服务。以课程标准为依据，结合国家课程目标，找到课标与研学内容的契合点，开发适合学生进行头脑风暴、社会调查、实践体验、合作探究等的资源，使其有利于培养学生的动手实践能力、团队合作能力、交流与表达能力，有利于学生主动思考、培养思维、深化课堂教学内容，培养能够适应社会生存发展的素质和能力，使其符合素质教育的培养要求，充分发挥研学旅行课程资源的教育性优势。

二、地域性原则

研学旅行是学校课堂教育在校外的延伸，是学校教育与校外教育结合的新型教育形式，研学旅行课程资源本身就体现地域差异的典型性，因此在开发与利用时应符合地域性原则。

教育部等11部门印发的《关于推进中小学生研学旅行的意见》指出，学校要根据学段特点和年龄特征，逐步建立以乡土乡情、县情市情、省情国情为主的三级研学旅行活动课程体系。研学旅行课程资源的开发与利用以此为蓝本，选择具有地域特色的典型代表资源，充分发挥地域优势，将课堂延伸到具有典型地方特色的校外课堂中去；立足于地域实际，让学生在具有区域特点的真实情境中开展探究性学习。

三、综合性原则

研学旅行是综合实践课程的重要组成部分，在开发和利用研学旅行课程资源时，应体现其综合性质。

现实生活中，研学旅行课程资源既是跨学科的综合学习场景，又是单学科课程资源的提炼。注重在全场景的学习场域里高效学习，实现知识的有效迁移和内化。研学旅行课程资源的开发和利用，要结合区域环境特点，综合区域内的生物、地理、历史、政治、物理、语文、化学等跨学科的课程资源，丰富研学内容，培养学生的综合素质，同时要注意自然与社会资源的实地整合，充分发掘研学基地的课程资源，培养学生对区域的整体认知，实现综合思维。

四、实践性原则

所谓实践性原则，是指在研学旅行课程资源开发与利用过程中，以学生亲自动手、亲身体验为基本的准则和要求，这是研学旅行课程资源开发和利用的基本原则。

坚持实践性原则，就是要加强对学生实践能力的培养，坚持学生参与研学实践活动的过程及深度，克服传统教学中仅以学习结果作为评价活动标准的做法，让研学旅行课程的内容以体验实践为核心，让学生在不断地实践中发现和感悟。秉承实践性原则，组织学生到真实的场景中通过体验实践开展研究性学习，培养和锻炼学生面对真实生活的素养和能力。

【案例展示】

黄河岸边的民俗文化探究

山东省梁山县贾埫堆农家寨研学旅行实践教育基地，依托黄河岸边独特的鲁西南民俗资源设计的研学旅行课程《黄河岸边的民俗文化探究》，让学生自己分组，到村里查看巷道、胡同、古井、旧屋、老树、茅草屋、碾子、坑塘、纺车、织布机、花轿、剪纸、楹联、斗蟋蟀、斗鸡等研学点，到文化站、民政办、陶艺体验馆、农耕博物馆、村委会等单位，找老乡座谈、找专家学习、找能手体验，多处寻访民俗文化传承人，了解民俗故事，这不仅提高了学生的参与兴趣，而且极大地调动了学生亲身实践、亲自观察的积极性，培养了学生的动手、动脑能力，激发了学生对家乡、对国家的热爱。

（本案例由山东省梁山县贾垌堆农家寨研学旅行实践教育基地宋广坤老师编写）

五、发展性原则

发展性原则是研学旅行课程资源开发与利用的出发点和根本立足点。

研学旅行课程资源开发和利用立足于促进学生的发展，在开发之初即要考虑学生的发展需求和接受能力，利用研学资源来引领学生的发展。研学旅行课程资源的应用过程，就是使学生的自主学习能力、探究能力、问题解决能力、知识综合运用能力、人际交往能力、团队合作能力等多种能力发展提升的过程。

研学旅行实践教育活动过程中，指导教师与学生的个人生活史、教育经历、思想状态等都会不同程度地渗入研学实践过程中，并在这一过程中不断地建构新的认知，生成教育体验，不断地拓展对世界的了解，加深对社会的理解，以及强化内在自我的认知等。

六、安全性原则

安全性原则是研学旅行课程资源开发与利用的根本保障。

安全是确保研学旅行课程顺利实施的关键，教师在学校、家长的允许下带领学生实地进行研学旅行课程的学习，要确保学生的安全。这也是研学旅行课程资源在开发和利用中要遵循的第一要义，涉及安全隐患的课程资源要规避开发与实践应用，遵循安全性的原则，坚持安全第一。

七、公益性原则

教育部等 11 部门印发的《关于推进中小学生研学旅行的意见》指出：研学旅行不得开展以营利为目的的经营性创收，对贫困家庭学生要减免费用。因此，在课程资源开发与利用上，优先选择利用那些能够减免经费、优惠经费的研学旅行资源单位，保障每一个孩子都能有机会参加研学旅行。

第四节　课程资源开发与利用的基本思路和要求

研学旅行课程资源的开发与利用需要转变课程资源观念，强化课程资源意识，挖掘教材等课内研学元素，拓展视野，充分开发与利用社会资源和自然资源，做好资源转化，并积极构建有利于实践教育活动的课程资源的开发与评价体系，为实践教育活动的组织与实施提供资源保障。

一、课程资源开发与利用的基本思路

（一）对已有的课程资源进行有效转化

学生需要什么样的研学旅行？在进行正式的课程开发之前一定要进行需求分析，不是所有的资源都是课程资源，只有真正进入课程，与课程中的人发生实质性联系并有效达成课程目标的资源，才称为课程资源。要做到对症下药，将其有针对性地转化成课程资源，才能收到满意效果。

1. 建设地方课程基地，推动研学旅行资源课程化

各地教育行政部门与文化、旅游等部门密切合作，建立基地准入标准、退出机制和评价体系，根据域情、校情、生情，依托自然和文化遗产资源、红色教育资源和综合实践基地、大型公共设施、知名院校、工矿企业、科研机构等，遴选建设安全、适宜的中小学生研学旅行基地，实现研学旅行课程资源开发利用的育人目标，实现资源课程化建设。

2. 建构学校课程体系，促进研学旅行课程资源主题化

各地中小学校根据学段特点和地域特色，逐步建立小学阶段以乡土乡情为主、初中阶段以县情市情为主、高中阶段以省情国情为主的研学旅行活动课程体系，有针对性地建构自然类、历史类、地理类、科技类、人文类、体验类等多种类型的活动课程，助力渗透学科课程，实现研学旅行课程资源的主题化、系列化。

3. 建立课程资源网络，推动研学旅行课程资源网络化

以建设研学旅行课程资源基地为依托，积极推动各地资源共享和区域合作，建设县域、市域、省域甚至国内国际的示范性研学旅行路线，打造主体化、系列化精品课程资源，逐步形成布局合理、互联互通的研学旅行课程资源网络。

（二）对已有的课程内容进行有效统整

研学旅行课程具备系统性、科学性的特征。因此，在对研学旅行课程资源进行整

合时，应包括四个方面：

1. 国家课程内容与研学旅行课程资源的整合。立足课程标准，挖掘学科素养内容，选择适宜开发的研学旅行课程资源。

2. 学科间整合。基于一定的研学旅行教学现场需要，综合学科内不同知识技能，以形成具有一定内在关系的各个学科目标，实现学科内部的知识技能的联结，从而培养学生的学科综合能力。

3. 跨学科课程整合。立足研学旅行地点实际，围绕交叉学科的基础知识和技能来组织利用课程资源，将各学科的基础知识和技能组成信息块，以此强调跨学科的技能与概念，实现综合学习目标。

4. 超学科主题整合。指的是立足研学旅行资源地特点，超越学科界限进行的课程资源整合。学科知识为学生的学习提供一种资源，让学生和教师共同发现主题、问题、知识和技能，让学生在真实的情境中进行真实性学习。

研学旅行课程是综合实践课的重要组成部分，不仅立足学生学科知识、实践能力的培养，也注重学生综合素质的锻炼，强调对学科内知识的纵深发展以及学科间知识的横向关联，以及与生活经验、个人成长、家国情怀的链接，实现综合素养的提升。

（三）制订科学的研学实践教育评价方案

课程评价是研学旅行课程实施的重要组成部分，是实现研学旅行目标的有效方法和手段，贯穿于研学旅行课程的全过程。

课程评价是影响和制约研学旅行课程实施的主要因素，是课程建设的重要环节和组成部分。研学旅行课程评价是对研学旅行实践的价值判断过程，也是研学旅行课程建设和实践不断完善的动力。研学旅行课程评价有别于传统的学科课程评价，是一种过程评价和质性评价，不是把分数作为主要的评价方式和手段，建议采取发展性评价与终结性评价相结合的方式，开展项目式学习的过程性评估、最终成果的表现性评价以及采用素养维度跟踪监测的方式，避免评价方式单一，制约研学旅行实施的效果。

（四）制订合理的实施方案

研学旅行课程资源在开发和实施过程中，要注意依托体验、实践性的活动设计，促成学生的研究性学习，使学生在实践中探索，在活动中研究。研学旅行课程资源的开发和利用应紧扣研学主题，通过不同形式的活动使学生以不同的方式参与到研学旅行课程中，以促成学生多元智能的发展。在研学旅行课程资源实施过程中，也应该突

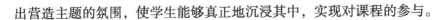

出营造主题的氛围，使学生能够真正地沉浸其中，实现对课程的参与。

二、课程资源开发与利用的基本要求

课程资源的开发与利用是当前基础教育领域普遍关注的热点，也是国家教育现代化的重要组成部分。学校在进行课程资源的开发与利用时，要按照立足学生基本学情、努力提升教师素养、竭力做到师生共建、力争实现区域共享、切实做好安全保障的基本要求开展工作。

（一）立足学生基本学情

学生是研学旅行课程的实施主体，课程资源的开发与利用要基于学生的发展水平、兴趣爱好、生活经验。小学阶段应立足游览、观光、体验的课程实施过程，重视游戏性、艺术性的资源内容，减少讲授，以满足该年龄段学生好玩、喜动的天性。初中阶段的研学旅行课程更多地以理解性内容为主，深挖自然、社会课程资源内涵，同时适当增加竞赛、参与、探索性内容，以满足学生强烈的求知欲和好奇心。高中阶段的研学旅行课程资源应围绕知识的拓展、理论的应用、综合性体验、研究性学习进行开发和利用，辅之以观光、考察、游历等活动。

【案例展示】

北京市陈经纶中学安排学生到间阁放飞蓝天梦，了解世界和中国的航空史和飞机升空的基本原理，零距离感受"歼－6战斗机""轰－5轰炸机"等为保卫祖国立下汗马功劳的战机群。当学生有机会坐进驾驶舱当一名小小飞行员时，自豪感油然而生。此次研学旅行既有对学生层面需求的考虑，又有对社会国家层面需求的考虑。在研学旅行中，学生身心、思想和意志品质等方面都得到了发展，落实了立德树人根本任务，帮助中小学生了解国情、增长知识。在实际操作过程中，学校也可以参考中国学生发展核心素养中指出的一系列学生应具备、能够适应终身发展和社会发展需要的必备品格和关键能力。

（二）努力提升教师素养

研学旅行课程资源的种类、开发程度和利用效果，很大程度上取决于研学旅行指导教师的教育思想和意识行为，教师自身的专业水平决定了研学旅行课程资源的开发与利用的范围和程度。这就要求研学旅行指导教师提高对于课程资源的理解和认识，以及对研学旅行课程实施的组织与评价能力。

强化研学旅行课程资源的开发能力，可以保证课程实施的品质。研学旅行指导教师不仅是课程资源的开发者、利用者，同时也是受益者，丰富多样的课程资源有利于优质课程教学的形成。

转变教师职能，从课程实施者改变为课程开发者，实现研学旅行课程主题的提炼、课程资源的整合，实现专业素养的全面提升，改变守旧的教师观和学生观，实现研学旅行指导教师课程开发能力、活动创设能力和教学实施能力的全面发展。

（三）竭力做到师生共建

研学旅行作为一项集体的综合实践活动课程，在师生共同参与的过程中，因其即时性、发展性的动态特点，使师生共建课程成为可能。因此，可依据研学旅行课程资源的开发和利用的即时需要，充分调动学生的力量，实现课程资源的师生共建。这与之前的校本课程开发单纯依靠教师有所不同，学生完全参与到研学旅行课程的开发过程中，运用学生间的认知差异、思维差异、观念差异，结合研学旅行中遇见的问题，通过头脑风暴、交流辩论等学生活动引发思维碰撞，使学生在激烈的思考与辩驳过程中得出问题的答案，提高学生的研学过程的参与度，使得开发出的课程资源更加符合学情和学习兴趣。

同时，倡导在研学旅行课程开展实施之前，邀请学生参与到课程方案和研学路线的设计中，这不仅能调动学生参与研学旅行课程的积极性，提高学习兴趣，还能通过开发过程增强学生对于相关知识能力的链接、自我评估的认知，实现学习目标的过程诊断。

（四）力争实现区域共享

研学旅行课程需要大量的资源支持，尤其是景区、场馆、基地（营地）的综合实践场所。在课程资源的开发和利用过程中，如果单纯依靠教师个人，任务量和操作难度都很大，而且这样开发出来的课程资源也十分有限。因此，在研学旅行课程资源的开发利用上，需要多方合作，包括校内外机构的合作。选取研学旅行基地建设较完整的地点开展活动，研学旅行指导教师在此基础上挖掘课程资源会更加便利。各地学校需要增进交流，对于研学旅行课程选取较多的精品路线及课程，可以合作建立相关区域研学旅行课程资源库，针对某个板块内容的课程资源开发进行分工协作，实现研学旅行课程资源研发和使用的共建机制，实现校际、区域的课程资源共享。因此，在课程资源开发时应注重跨学科综合、跨学校共享、跨区域协作，取长补短、共建共享，丰富研学旅行课程资源的内涵，获得理想的研学旅行课程实施效果。

（五）切实做好安全保障

有效的安全保障机制是研学旅行活动顺利开展的关键。安全保障机制的建立不仅需要学校和机构的自觉约束，也离不开政府部门的政策监督和约束。政府、学校、机构三方共建，才能为研学旅行课程的正常安全实施保驾护航。研学旅行的安全保障要从研学旅行课程的主题开发、课程资源的利用过程、条件保障、安全预案、风险评估及应对等环节进行全面规划部署，明确责权划分，建立责任追踪制度，做好报备审核，签署家校基地的三方协议，明确责任权利，建立明文规范，确保"防患于未然"。针对研学旅行课程资源开发和利用过程中可能出现的安全事故问题制订针对性的防范和紧急处理措施，避免事故的发生，以法律明文建立起具有法律效力的约束机制。

第七章　研学旅行基地（营地）管理与服务

【本章概况】

本章主要介绍了研学旅行基地（营地）的一些基础知识。第一节主要内容包括基地（营地）的含义、类型、接待服务、交通服务、餐饮服务、住宿服务、信息化服务和安全服务等知识点。第二节对研学旅行基地（营地）在接待前、接待中以及接待后的服务进行了深入阐述。第三节分别从含义、内容、形式、要求、特点、管理等各方面对基地（营地）交通服务、餐饮服务、住宿服务、信息化服务和安全服务进行分析。

第一节　研学旅行基地（营地）概述

一、研学旅行基地（营地）的含义

2018 年 6 月 7 日，教育部办公厅发布了《关于开展"全国中小学生研学实践教育基地（营地）"推荐工作的通知》（教基厅函〔2018〕45 号），文件指出："研学实践教育基地主要指各地各行业现有的，适合中小学生前往开展研究性学习和实践活动的优质资源单位。""研学旅行实践教育营地主要指具有承担一定规模中小学生研学旅行实践教育的活动组织、课程和线路研发、集中接待、协调服务等功能，能够为广大中小学生开展研学旅行实践活动提供集中食宿和交通等服务的单位。"

这里的"研学实践教育基地""研学旅行实践教育营地"，我们称之为"研学旅行基地""研学旅行营地"，联合起来称之为"研学旅行基地（营地）"。研学旅行基地（营地）都具备教育功能，营地还必须具有能一次性集中接待一定规模学生餐饮、住宿的设施功能。

研学旅行基地（营地）作为研学旅行活动开展的载体，具有教育性、实践性、系统性、安全性、公益性等特点。

二、研学旅行基地（营地）的类型

（一）革命传统型

革命传统型研学旅行基地（营地），包括爱国主义教育基地、革命历史类纪念设施遗址等单位，可引导学生了解革命历史，增长革命斗争知识，学习革命斗争精神，培

育新的时代精神。

（二）国情教育型

国情教育型研学旅行基地（营地），包括体现基本国情和改革开放成就的美丽乡村、传统村落、特色小镇、大型知名企业、大型公共设施、重大工程等单位，能够引导学生了解基本国情及中国特色社会主义建设成就，激发学生爱党爱国之情。

（三）国防科工型

国防科工型研学旅行基地（营地），包括国家安全教育基地、国防教育基地、海洋意识教育基地、科技馆、科普教育基地、科技创新基地、高等学校、科研院所等单位，能够引导学生学习科学知识、培养科学兴趣、掌握科学方法、增强科学精神，树立总体国家安全观，树立国家安全意识和国防意识。

（四）传统文化型

传统文化型研学旅行基地（营地）旨在进一步加强青少年对中华传统文化的认同感，积极开展传统文化教育，在诸子百家、琴棋书画、经典文学、民间工艺、民族体育、中华武术、民风民俗、地方戏剧等某个方面独具特色，能够引导学生了解传统文化的丰富表现形式和特点，感受不同时代、地域、民族特色的艺术风格，接触和体验祖国各地的风土人情、民俗风尚，了解中华民族丰富的文化遗产。

（五）自然生态型

自然生态型研学旅行基地（营地）包括自然景区、城镇公园、植物园、动物园、风景名胜区、世界自然遗产地、世界文化遗产地、国家海洋公园、示范性农业基地、生态保护区、野生动物保护基地等，能够引导学生感受祖国大好河山，树立爱护自然、保护生态的意识。

（六）劳动教育型

劳动教育型研学旅行基地（营地）是指能够开展日常生活劳动、生产劳动和服务性劳动的综合实践基地、青少年校外活动场所、职业院校和普通高等学校劳动实践场所，能够作为学农实践基地的土地、山林、草场，能够作为学工实践基地的厂矿企业，以及能够作为服务性劳动基地的城乡社区、福利院、医院、博物馆、科技馆、图书馆等事业单位、社会机构、公共场所。这些地方能够让学生动手实践、出力流汗，接受锻炼、磨炼意志，培养学生正确的劳动价值观和良好的劳动品质。

第二节　研学旅行基地（营地）接待服务

研学旅行基地（营地）除了需要具备开展研学旅行活动所需的资源，还需要满足相应的接待条件，并能够提供明确的研学旅行主题与配套研学旅行课程，才能切实提高研学旅行实践教育接待效果，为研学旅行教育实践活动的优化开展提供坚实的保障。

一、研学旅行接待前的服务

（一）健全机构

研学旅行基地（营地）在研学旅行活动开展前期，要建立健全组织机构，成立专门的研学旅行接待部。接待部设立经理1名、副经理2名、成员若干。接待部合理分工，明确职责，下设前期外联工作小组、准备工作小组、现场接待工作小组、交通应急工作小组、保卫工作小组、医疗工作小组、物资统计工作小组、后勤保障工作小组、摄影和宣传工作小组等接待小组，明确各小组的工作事宜，共同保障研学旅行接待工作的顺利进行。

【案例展示】

铜石岭研学旅行课程体系及其接待服务

广西铜石岭研学旅行实践教育基地为了提升自身的研学旅行接待能力和接待效果，在满足相应接待条件的同时，围绕铜石岭现有的和潜在的生态环境资源、南越铜文明、农业资源，根据不同学段学生的发展特点，设计和开发了小学段《南越古文化·铜鼓最强音》、初中段《探索地质文化·寻踪自然宝藏》、高中段《溯源农耕文化·助力乡村振兴》共14个研学课程体系，明确了研学旅行的主题与配套研学旅行的课程。

广西铜石岭研学旅行实践教育基地设有研学部，下设研学旅行产品研发部、研学旅行接待中心、研学旅行指导师管理部门、研学旅行培训部、客户管理部、客户开发部等6个部门，分别负责研学旅行产品的开发设计，研学旅行各项接待工作以及接待工作的复盘评估，研学旅行指导师派遣管理，组织研学旅行相关接待人员培训，客户的运营、维护与管理。各部门相互协作，贯穿于研学旅行接待服务的整个过程。此外，基地设置了专门的投诉处理部门，配备了流程清晰、渠道畅通的投诉处理机制，确保投诉处理及时、有效、妥善，并将每一次的投诉事件记录于档案，保存完好。

（本案例由国家金牌导游广西联合工作室韦家敏老师编写）

（二）洽谈业务

研学旅行业务洽谈、合同签订工作由外联工作小组负责。基（营）地接受业务，一般有学校投标接单和承办方任务接单两种方式。

1. 投标接单

基地（营地）接到学校招标邀请或得知招标信息之后，结合基地（营地）自身的实际情况积极响应，主动到中小学校投标接受业务，制订投标方案，经过投标之后获得业务。

2. 任务接单

基地（营地）直接接受旅行社等服务承办机构的接待任务，不需要走投标程序。这里要注意以下几点：

首先，基地（营地）在接到研学旅行承办方的任务之后，应先了解接待人数、接待时间，同时进行内部核对，确定可接待的日期和人数，确定无误之后再回复承办方。

其次，初步与承办方确定合作之后，要详细了解学校或承办方的要求，在基地（营地）内部开展协调会议，确定服务接待人员，落实相关细节。

最后，根据承办方所提出的具体要求，落实费用，合理报价。

（三）签订合同

基地（营地）谈成业务后，要及时与学校或研学旅行承办方就研学旅行的接待内容达成共识，准确把握对方需求，进行合同洽谈，合同拟定后，尽快与其签订合同，并对合同做好存档工作，以便尽早开展各项研学旅行准备工作。

（四）制订实施方案

1. 完善接待方案

（1）审核接待方案。①审核课程。审核研学目标、研学内容、组织结构、评价内容。②审核路线规划。审核基地路线规划的合理性、研学目标与课程的吻合度、路线轨迹的科学性等。③审核后勤保障。审核安全保障措施、应急预案、住宿酒店、饭店用餐等。

（2）完善接待流程。接待流程是研学旅行是否顺畅的重要内容，在进行研学旅行活动之前，一定要反复研究接待流程，必要时还可以进行演练。接待流程要考虑好每个环节所需要利用的时间，尽量考虑到各种因素的影响，确保预定的流程能够顺利完成。

2. 修订研学旅行课程

基地（营地）在与学校或研学旅行机构签订合同之后，还需要结合基地（营地）自身的接待人数、接待流程、环境、交通、停车场、教学主题等实际情况，学校办学特色或理念及其特殊要求，对研学旅行课程进行修订和完善，或直接根据研学旅行承办方的要求进行研学旅行课程的修改补充。

3. 编写研学旅行手册

研学旅行手册为学生开展研究性学习提供方向性的指导，是学生开展研学旅行必要的基础性资料。研学旅行手册编写要做到内容全面，包括研学旅行课程目标、内容及课程的实施和评价等，还可以增加安全注意事项和应急措施及电话等信息；设计应图文并茂，新颖有趣，学习任务和课后作业的设置应引导学生深入学习，注意体现出研学旅行的教育功能和特征。具体编写方法可以参考如下条目：

（1）确定研学旅行主题、对象、目的地，分析研学旅行手册的设计风格和内容呈现的方式，形成设计框架。

（2）列出研学旅行活动大纲，包括活动目的地介绍、出行准备、行程安排、行程地图、研学旅行目标、研学旅行活动注意事项、研学旅行保障等内容。

（3）依据大纲，对具体的内容进行补充完善和细化，并做好封面和封底的设计，以达到提炼研学旅行课程内容、亮点的效果。

（4）研学旅行手册的打印和装订工作。采用彩色印制，增加手册的美观度，封面及封底应该选用 200 克左右的铜版纸，增加手册的耐磨性。内页选择既不反光又不轻薄的普通双胶纸即可。

（五）开展实施方案培训

1. 培训对象

参加研学项目的所有工作人员，包括导游、研学旅行指导师、研学旅行安全员、后勤保障等工作人员都要进行培训。

2. 培训目的

组织本项目的培训，要求各部门负责人明确项目责任，明确分工、岗位职责、负责事项及需达到的服务标准；传达本次研学旅行的背景、内容、时间、地点、服务要求等，让参与研学旅行的工作人员明白本次研学旅行的宗旨；明确工作完成的时间节点，确保圆满完成研学旅行的各项任务；明确研学旅行工作各环节的主要负责人。

3. 培训形式

培训以讲解形式为主。讲解培训的形式可以是单独培训，也可以是集中培训。

4. 培训内容

培训的内容包括本次研学活动的背景、实施方案、应急预案、研学课程、服务流程、人员分工、岗位职责、安全管理细则等，重点梳理活动的流程，分析整个研学活动的行车路线图和地理分布图，熟悉每个教学场景的位置及其周围设施，重点掌握卫生间的分布情况，强化团队意识，尽快进入接待状态。

（六）检查落实

1. 教具落实

研学旅行教具包括指导教师的物品工具和学生的物品工具。

落实工作主要包括：落实研学旅行指导师的研学旅行指导师证、扩音器、研学旅行手册、旗杆、旗帜、教学材料等。此外，还应落实学生的物品清单，如：研学旅行手册、研学旅行营服、研学旅行营帽、充足的饮用水、防晒衣、遮阳伞、课程教具等。

2. 确认工作

首先，研学旅行活动开始前，应多次与研学旅行活动承办方确认所需接待的对象、研学旅行主题、时长（一日或多日）和日期、用餐方式、用餐人数和菜单等，并请承办方确认接待及研学旅行课程方案。

其次，签订合同后，接待前一日，确定具体的接待人数和到达、离开时间，人员配置方案、用餐方式和时间、车辆数量和停放位置等相关信息。

最后，接待当日，学生出行前，应主动联系承办方，根据当日接待人数的变化情况，及时作出调整，准备变化情况说明书，请学校或研学旅行服务机构负责人签字。

3. 信息沟通

基地（营地）在接待前要做好信息沟通工作，方便基地（营地）接待人员全员知晓并做好信息监督工作，以便研学旅行工作能够有序开展。信息沟通的内容包括研学旅行接待对象和人数、基地（营地）的课程信息（课程资料、课程安排、师资力量等）、研学旅行出行清单（生活用品、学习资料、注意事项等）、研学旅行用餐菜单、应急避难路线、应急投诉电话等。

二、研学旅行接待中的服务

（一）迎接团队

掌握研学旅行团队的车辆信息以及到达时间，安排基地（营地）相关工作人员到基地（营地）正门迎接研学旅行团队，接待负责人，向研学旅行团队致欢迎辞。

（二）引导授课

研学旅行基地（营地）应依照接待前与学校或研学旅行组织机构达成的研学旅行课程协议，按照原课程计划和安排，安排基地（营地）专业授课人员，到基地（营地）指定的研学旅行活动场所进行授课，并开展相应的研学旅行活动。其他工作人员以及安全员陪同。

（三）欢送团队

活动结束后，欢送研学旅行团队，向研学旅行团致欢送辞，护送研学旅行团至基地（营地）门口。

三、研学旅行接待后的服务

（一）研学旅行接待反馈处理

为使基地（营地）能迅速、高效收集并处理反馈信息，进一步提升基地（营地）接待满意度，基地（营地）应设置专职部门分别负责接待信息的收集与反馈工作，质量信息（包括投诉抱怨）反馈的接收登记、分析、处理及存档工作，针对研学旅行课程、研学旅行指导师、研学旅行活动场地等的投诉抱怨处理工作。

（二）研学旅行接待总结反思

对各部门收集统计的接待反馈信息进行深入的分析研究，包括接待能力（交通、餐饮、住宿、人员）、研学旅行课程实施情况、研学旅行指导师的技能服务、研学旅行活动场地等。总结和反思基地（营地）接待的不足之处，各大部门合力及时提出整改措施，制订整改计划和方案，将整改工作落实到各部门，有计划、有组织、科学地进行修正工作。

第三节　研学旅行基地（营地）配套服务

一、研学旅行基地（营地）的交通服务

研学旅行基地（营地）的交通服务是基地（营地）研学旅行活动顺利开展不可缺少的物质基础，广义上来说是指基地（营地）向学生提供的某一研学旅行点到另一研学旅行点的空间位移的各种交通服务，具体指道路、工具、站点、引导等方面的服务。基地（营地）的交通服务分为外部交通服务和内部交通服务。

（一）研学旅行基地（营地）内部交通

内部交通指基地（营地）向学生团队提供的在基地（营地）内部空间位移的各种交通服务，也是学生开展研学旅行活动、了解研学旅行资源的有效途径。

1. 陆上交通服务

研学旅行基地（营地）的陆上交通服务主要由基地（营地）主干道交通服务和游步道交通服务组成。基地（营地）主干道主要指公路，主要用于研学旅行点之间的学生运输和供应运输。基地（营地）游步道是基地（营地）里各个研学旅行点之间的步行连接道路，具有组织景物、构成景色、引导游览、集散人员的作用。主干道应有配套设施，如基地（营地）车辆站牌、交通标识，地形复杂处应设置警示牌和引导牌。

2. 水上交通服务

基地（营地）内部水上交通服务工具主要有游轮、游艇、帆船、快艇、气垫船、竹筏、机帆船、牛羊皮筏子等。研学旅行活动有可能接触水上项目，会引起学生的好奇感、新鲜感。因此，水上交通服务务必注意水上交通安全管理与服务。

3. 空中交通服务

基地（营地）内的空中交通服务的主要交通工具有缆车、直升机、山顶索道等，空中交通服务务必注意交通工具安全使用方法和空中交通管理与服务。

4. 特种交通服务

特种交通服务是指带有研学、娱乐、体育、辅助幼病残学生和特种欣赏意义的研学旅行交通服务，其交通工具主要有索道、电梯、滑竿、缆车等。有的特种交通工具成为世上独一无二的研学旅行项目，吸引了无数中外学生。在设置这些交通工具时，应注意对基地（营地）环境和整体研学点的保护。

（二）研学旅行基地（营地）外部交通

在选择交通工具时，首要考虑的就是安全因素，其次是合理性、舒适性等因素，在对比多种因素之后进行综合考虑，择优选取。没有绝对安全的交通工具，各类交通工具都会存在一定的风险，这就要求路线设计人员要提前了解交通供应方的相关情况，提前考察交通工具的使用情况，评估安全风险。

（三）研学旅行基地（营地）交通服务的要求

研学旅行基地（营地）的交通设施是基地（营地）正常运行、学生实现空间位移的基本保障，也是研学旅行活动顺利完成的必要条件。因此，基地（营地）的交通服务必须符合以下要求：

1. 活动安全性

学生离开校园，务必充分考虑研学旅行交通服务过程中的安全性。如：道路的安全性、交通工具的安全性以及途经区域的安全性等。

2. 进出畅通性

进出畅通性是指基地（营地）同外面交通联系的通畅性和便利程度，即不仅要方便学生进入，而且要保证研学旅行结束后学生能顺利离开。《旅游景区质量等级的划分与评定》对旅游景区交通的可进入性要求为：与外部交通枢纽（机场、车站、码头）和高速公路出口的交通距离较近；与依托城镇的交通距离较近；有良好的抵达景区的公共交通服务；通景交通线路等级较高，设施完善，沿线环境优美；公路（航道）沿线具有完善的交通标识。《研学旅行基地（营地）设施与服务规范》（T/CATS002 - 2019）规定研学旅行基地（营地）的交通要求：应有县级以上的直达公路，站牌指示醒目；内部交通应安全通畅；交通工具设施完好、整洁。

3. 运行准时性

基地（营地）交通服务带有严密的连贯性，任何一个环节的延误和滞留都会对房费、餐费和交通费等问题产生影响，最终有可能产生一系列的经济责任。对于国际学生，还可能诱发一定的涉外事件，如入境的外国学生不能按时出境，从而影响上学等。

4. 服务节奏性

基地（营地）的客流量在时间上具有较大的变化性。一般来说，进入和离开基地（营地）的客流量在每天的不同时段、周末和非周末，以及研学旅行的淡、旺季都各有特点。这就要求基地（营地）的管理者与服务人员要协调客流高峰带来的压力，注意研学旅行点的空间分布，合理安排研学旅行节奏，丰富学生的研学旅行体验。

5. 方式多样性

研学旅行基地（营地）的交通方式具有多样性的特点，即使同一种交通方式也会有差异。不同的基地（营地）对研学旅行交通方式的选择也不同，这就要求基地（营地）应该合理布局和优化组合研学旅行交通方式，增加学生对研学旅行交通的选择性。

6. 服务层次性

研学旅行团队具有多层次性的特点，不同性别、不同年龄、不同学校、不同生源地、不同研学旅行目的、不同经济条件、不同支付能力的学生对于基地（营地）交通方式及其价格的要求也不尽相同。因此，基地（营地）的管理者和服务人员对不同层

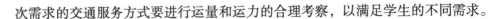

次需求的交通服务方式要进行运量和运力的合理考察，以满足学生的不同需求。

二、研学旅行基地（营地）的餐饮服务

（一）研学旅行基地（营地）餐饮服务的形式

餐饮服务是满足学生团队需求的基础性项目，它不仅要满足学生对餐饮产品和服务的需求，还反映了基地（营地）的发展状况，影响着基地（营地）的形象。研学旅行基地（营地）餐饮服务有以下几种形式。

1. 学生食堂

学生食堂是基地（营地）专门为参加研学旅行活动的学生、教师和相关工作人员提供就餐服务的场地，是设置在基地（营地）管理范围内的餐饮场所，统称为学生食堂。

学生食堂具有以下特点：

（1）集体用餐规模较大。学生食堂一般能保证200人以上同时用餐，国家级研学旅行基地（营地）能保证1000人以上同时用餐。

（2）管理制度规范。学生食堂管理必须经过国家餐饮卫生主管部门监督和经营认证。食堂管理者、相关工作人员须符合《学校食堂与学生集体用餐卫生管理规定》和《学生集体用餐卫生监督办法》规定。

（3）注重营养需求。以保证学生生长发育为目的，学生食堂根据营养要求而配制营养膳食餐品，根据安全、营养、多样、经济、实惠的要求制定菜单。

（4）提供课间餐食。学生食堂为补充学生研学旅行课间需要而提供糕点、小零食、牛奶、豆奶、饮料等食品。

（5）注重卫生服务。学生食堂的经营场所、内外环境、卫生设施、工艺流程、生产用水、工作人员的个人卫生、生产用具以及消杀、贮存、运输等环节必须符合《中华人民共和国食品安全法》的有关规定。

（6）谨防安全事故。事先要求餐厅不能上开水，应改为温水，供学生自助饮用，以免发生烫伤的事故。

（7）在制定菜单时，可适当安排当地特色的美食给学生品尝，但是菜单上应忌有辛热食物、煎炸食物、刺激性强的调味品，比如辣椒、咖喱粉、胡椒粉、鲜辣粉等。

（8）特殊饮食要求。鱼类等不方便低龄孩子食用的食物被明令禁止出现在菜单上。为防止气道梗阻，菜单上尽量减少花生米、豌豆等颗粒食物，吩咐餐厅将食物切成

细块。

2. 文化体验餐厅

研学旅行文化体验餐厅是研学旅行和饮食文化发展相结合的产物，具有鲜明的地域、历史、文化等人文特色，学生可以在餐厅采用考察探究、设计制作、职业体验等相关方式参与到餐厅的管理和服务中。

3. 餐饮点

餐饮点是基地（营地）内规模较小的中餐点、西餐点、果汁店、冷饮店、茶室、小吃店、便利店等辅助餐饮服务设施。

（二）研学旅行基地（营地）餐饮服务的流程

1. 服务员餐前准备

（1）个人准备：参加餐前分工布置，按规定身着工作服，佩戴工作牌，仪容整齐，化妆得体。

（2）餐前准备：要求员工在规定的时间内参加开班前会议，清楚自己的岗位和各项工作任务。

（3）工作准备：检查所用的餐具、电器设备设施等和需要使用的物品是否备齐。发现问题及时告知，做好适当备餐工作。

（4）卫生准备：要检查桌面卫生物品的摆放情况，桌椅的整齐度，托盘抹布的准备情况，备用物品（纸巾、牙签、胡椒盐盅、面包碟、餐垫、餐具、烧烤夹）的补充情况，做好餐厅的卫生（包括自助餐台、服务段、地板及地毯、吧台等）并随时观察是否有研学团队进入餐厅。

2. 接待员点餐服务

（1）迎接用餐代表提前点餐。接待主动，态度热情，面带微笑，语言富有亲和力。

（2）介绍菜点。对每天餐厅所出的每一道菜肴的做法和原材料充分了解掌握，便于回答客人，让客人感觉到餐厅的专业水平。

（3）接听订餐电话时，态度和蔼，语言清晰准确，最后务必重复确认。

（4）菜单签字确认，转交主管。提前安排好座位，分发桌号，等候研学旅行团队到来。

3. 服务员餐中服务

（1）迎接学生，主动问好，微笑相迎，做好引导。

（2）迎接团队负责人，与其对接团队到来的顺序，做到心中有数。

（3）观察班级牌，主动询问带队老师如何分组安排就坐，确认就餐人数，快速、安全引领学生分区域就坐。

（4）围桌用餐。按顺序上菜，避免出现先到后上、后到先上的现象发生。一般在20分钟内将菜上齐，如遇加工时间长的菜肴，提前通知学生大致等候时间。上菜遵守操作程序，使用干净托盘，掌握上菜的节奏与时间。使用托盘上菜，姿态要轻稳，无碰撞、打翻、溢出现象发生。菜品上桌摆放整齐，清晰报出菜品的名称。铁板类食品上桌，示意学生用餐巾遮挡。菜肴、饮料上齐后告知带队老师，并预祝用餐愉快。

（5）自助用餐。负责自助餐开档、收档的器皿，服务用勺等的摆放及收集（冰淇淋勺和蛋糕铲最好单独清洗存放）。开餐前及时根据食物的摆放位置摆放学生餐具（如盘子、味碟等），要求摆放合理，方便学生取食物。

（6）餐间服务要热情周到。学生用餐过程中，服务人员应当在学生用餐时做好巡查工作，照顾好每一位就餐学生，确保餐饮服务质量，尤其要注意学生的安全用餐服务工作。上菜、撤盘遵守操作程序，需要学生用手食用的食品，要同时准备干净的一次性手套。根据学生进餐需要，撤换骨碟，整理台面。上菜、撤盘准确及时，待客服务周详细致。

（7）学生用餐结束，提醒有关教师人员结账，并协助迅速办理。账单送呈客人代表面前，账目清楚，核对准确，客人代表付款当面结清。客人代表挂账，签字手续要完善，并表示感谢。

（8）用餐完毕后学生起立，适当引导，礼貌送别。

4. 服务员餐后服务

（1）学生走后应先将椅子归位，并检查是否有遗留的物品，如果有，应及时上报当班领班或大堂副经理。

（2）检查餐具是否有丢失或破损，尽量在学生团队离开前检查。

（3）餐厅整理，做好卫生清洁，关闭门窗，切断电源。

（4）做好工作日志，反馈服务技能，提升管理服务水平。

（三）研学旅行基地（营地）餐饮服务的要求

1. 餐厅位置合理

合理的餐厅位置能够吸引更多的学生前来用餐，而舒适的就餐环境更能提高就餐者的用餐情绪。因此，要注意基地（营地）餐厅的选址与环境的设计。如果餐厅距离研学旅行点太远，很难为研学旅行团队提供好的用餐服务。

2. 环境清洁卫生

学生对就餐场所的环境、餐具和食品的卫生状况非常敏感，普遍都希望用餐环境干净整洁、空气清新，餐具用品经过严格的消毒，餐饮产品新鲜、卫生，这样才能产生安全感和舒适感。基地（营地）餐厅卫生须符合《饭馆（餐厅）卫生标准》（GB16153 - 1996）的要求，基地（营地）饮用水执行《生活饮用水卫生标准》（GB5749 - 2006）的相关规定，食品安全有保障，用餐环境与设施整洁舒适、管理规范，用餐秩序良好。

3. 产品明码标价

研学旅行基地（营地）的餐厅在提供餐饮服务时，应当在保证餐饮产品质量的前提下，制定合理的价格。各类餐饮食品做到明码标价，学生用餐结束之后，要出具相应的服务票证，做到不欺客、不宰客，客观公平，价位合理，让学生明明白白，放心消费。

4. 服务快速及时

学生在基地（营地）参加研学旅行活动消耗了大量的体力和能量，会产生强烈的饥饿感。此时，如果餐厅上菜时间过长，会使学生难以忍受。因此，基地（营地）在提供餐饮服务时，尽可能做到学生进入餐厅就有工作人员主动上前为其安排座位，及时斟上茶水，菜品快速上桌；或者采用自助快餐方式，为学生提供快速的就餐服务。

5. 尊重关爱学生

研学旅行基地（营地）要提供优质高效的餐饮服务，餐饮服务人员要以友好、真诚的态度接待学生，为学生着想，使他们有宾至如归的感觉。要关注学生用餐的相关环节，如微笑迎送、引领入座、送餐递茶、尊重饮食习惯，等等。

6. 注重特色文化

学生在基地（营地）就餐不仅是填饱肚子，他们对高品质的地方特色食品、特色小吃也十分感兴趣，所以在基地（营地）餐饮经营中，还要进行饮食文化的创新，以特色化吸引学生，体现特色饮食文化的教育功能。

7. 管理服务规范

基地（营地）餐饮服务的主要服务对象是学生，与社会其他餐饮企业相比，服务更加规范，管理更加严格。

餐厅微小气候、空气质量、通风等卫生标准，餐厅内外卫生，要求执行《饭馆（餐厅）卫生标准》（GB16153 - 1996）的规定。

饮食、饮具消毒卫生执行《食品安全国家标准消毒餐（饮）具》（GB14934 – 2016）的规定。

饮用水执行《生活饮用水卫生标准》（GB5749 – 2006）的规定。

菜品质量，餐饮服务的基本原则、基本要求、基本程序、管理制度，符合《旅游餐馆设施与服务等级划分》（GB/T26361 – 2010）的要求。

污水排放符合《污水综合排放标准》（GB8978 – 2017）的规定。

（四）研学旅行基地（营地）餐饮服务质量管理

根据餐饮服务的三个阶段——准备阶段、执行阶段和结束阶段，餐饮服务质量的控制可以按照时间顺序相应地分为预先控制、现场控制和反馈控制。

1. 预先控制

餐饮服务质量的预先控制（第一阶段）。

所谓预先控制，就是为使服务结果达到预定的目标，在开餐前所做的一切管理上的努力。预先控制的主要内容包括人力资源的预先控制、物质资源的预先控制、卫生质量的预先控制与事故的预先控制。

（1）人力资源的预先控制。基地（营地）餐厅应根据自身的特点灵活安排人员班次，保证开餐时有足够的人力调配。所有员工须提前进入各自岗位，姿势端正得体，站在最有利于服务的位置上。

（2）物质资源的预先控制。开餐前，必须按规格摆好餐台，准备好餐车、托盘及工作车小物件等。另外，还必须备足相当数量的"翻台"用品，如一次性餐具、桌布、餐纸、调料等物品。

（3）卫生质量的预先控制。开餐前半小时，对餐厅的环境卫生从地面、墙面、柱面、天花板、灯具、通风口到餐具、餐台、台布、台料、餐椅、餐台摆设等都要仔细检查一遍，发现不符合要求的地方，要迅速安排返工。

（4）事故的预先控制。开餐前，餐厅主管必须与厨师长以及研学旅行团队负责人联系，核对所接到的客情预报与用餐通知单是否一致，以免因信息的传递失误而引起事故。另外，还要确保当日的菜肴能满足团队用餐。

2. 现场控制

餐饮服务质量的现场控制（第二阶段）。

所谓现场控制，是指监督现场正在进行的餐饮服务，使其程序化、规范化，并迅速妥善地处理意外事件。这是餐饮管理者的主要职责之一。餐饮部经理也应将现场控制作为管理工作的重要内容，餐饮服务质量现场控制的主要内容包括服务程序的控制、上菜时机的控制、意外事件的控制及开餐期间的人员调配。

（1）服务程序的控制。开餐期间，餐厅主管应始终站在第一线，通过亲身观察、判断，监督、指挥服务员按标准程序服务，发现偏差及时纠正。

（2）上菜时机的控制。要根据学生用餐的速度、菜肴的烹制时间等，掌握好上菜时机，做到恰到好处。餐厅主管要时常注意并提醒服务员掌握上菜时间，尤其是面对大型研学旅行团队，须严格把控上菜时间。

（3）意外事件的控制。基地（营地）餐饮服务是与学生面对面直接交往，极容易引起意外事故，如学生争抢、学生烫伤、餐具摔坏、水壶碰倒等意外情况。开餐前要提醒用餐注意事项，提醒学生注意避让上菜服务员；用餐时要时刻注意学生的就餐情况，发生意外状况第一时间进行有效处理并妥善安置；餐后要提醒学生拿好随身物品。

（4）开餐期间的人员调配。餐厅主管应根据学生人数变化，对服务员进行二次分工调配。如果某一个区域的学生突然来得太多，应该从其他服务区域抽调人力来支援，待情况正常后再将其调回原服务区域。

3. 反馈控制

餐饮服务质量的反馈控制（第三阶段）。

所谓反馈控制，就是通过质量信息的反馈，找出服务工作在准备阶段和执行阶段的不足，采取措施，加强预先控制和现场控制，提高服务质量，使宾客更加满意。

质量信息反馈由内部系统和外部系统构成。信息反馈的外部系统，是指来自就餐学生的反馈信息。为了及时获取学生的意见，在用餐后可主动征求其意见。学生通过研学旅行指导师、家长等反馈回来的负面意见，属于强反馈，应予以高度重视，切实保证以后不再发生类似的服务质量问题。建立和健全两个信息反馈系统，餐厅服务质量才能不断提高，从而更好地满足研学旅行团队的需求。

【案例展示】

优质的餐饮服务

福建省三明市示范性综合实践基地设置了专门的研学旅行餐厅，餐厅环境整洁优美，地板干净卫生，空调通风良好，空气清新，可容纳1200多人同时用餐。

餐厅秉承"以人为本，和谐服务"的理念和宗旨，配备专业的管理和服务团队，完善管理制度和规范操作流程，为广大师生提供优质的服务。餐厅高度重视食堂卫生管理工作，做到环境干净整洁，餐桌摆放整齐，餐具由专人洗涤保管，消毒彻底，有序摆放，取用方便，用餐场地规范消毒。

餐厅严格把握食品原料的"采购关，验收关，保管关"，保证食品安全卫生，确保可追溯食品原料的全程。食品的加工和存放，生熟、荤素分开，确保师生吃得放心、安心、安全。厨师认真钻研业务，提高烹饪技术，增加花色品种，注重饭菜营养均衡，切实让学生吃好、吃饱。工作人员服务态度和蔼，服务热情周到，让每个师生在这里都有家的感觉。餐厅注重开发特色菜肴，强调旅游区饮食的独特性，让学生流连忘返。

实践基地的餐厅也是一个开展课程的教室，孩子们在此能学会服务他人和服务团体。用餐时，孩子必须达到教官要求的无声用餐，有序地将椅子摆放好，就座，帮同学打饭，并落实光盘行动，养成文明就餐的习惯。每个孩子都要在食堂做一日值日生，轮流负责食堂餐厅的卫生，帮助食堂教师给同学们打饭，收、洗碗盘，等等。

"感谢天给我们阳光、雨露和风，感谢土地给万物营养……"朗朗赞颂声是孩子们每次吃饭前的必修课。感恩是一种美好的感情，孩子们通过感恩，感谢大自然的馈赠，让自己对内心与身边的人、事、物，有更深的了解，能更用心地去体会生活中的美好。

（本案例由福建省三明市综合实践学校巫常清老师编写）

三、研学旅行基地（营地）的住宿服务

研学旅行基地（营地）住宿设施包含学生宿舍、星级饭店、经济型酒店和露营地。研学旅行中的住宿服务对象是集体性、大规模性参加研学旅行活动的师生，住宿服务不但考验组织方和接待方的默契度、管理能力、组织能力、配合能力，而且要重点保障师生的安全。因此，住宿服务务必达到以下基本要求：

（一）整洁卫生

1. 客房干净卫生是学生最基本的要求。客房服务人员应做到客房内外设施清洁整齐，使学生产生信赖感、舒服感、安全感，能够放心使用。

2. 清理客房要在学生不在房间时进行。即使是空房间也要及时清理，以便随时迎接学生。

3. 房间要适时通风除湿，避免床单、被褥、地毯和浴巾潮湿，产生霉味，保持客房舒适的住宿条件。

（二）安全可靠

1. 人身安全。安全因素是学生选择住宿酒店首先考虑的问题。服务人员在没有得到学生允许的情况下，不要擅自进入学生房间；不要随意接听学生的房间电话；不要让陌生人进入房间，避免人身意外伤害事故的发生；服务人员进入房间时不要东张西望；客房服务尽量不要干扰学生的生活。

2. 财产安全。不要随意翻动学生的物品，不得随意丢弃学生的物品；及时做好提醒和告知服务，防丢失、防盗窃，保证学生的财产安全。

（三）安静温馨

客房环境的宁静，会给人舒服、高雅的感觉，劳累的学生进入房间就需要安静轻松的服务，要注意以下环节：

1. 选配的设备要低碳环保、低噪无噪；做好隔音措施，阻隔噪声的传入和传导；张贴"请勿喧哗"等温馨提示标志。

2. 和善地提醒大声说笑的学生，引导学生自我克制，放轻脚步，小声说笑。

3. 服务人员须做到"三轻"，即走路轻、说话轻、操作轻。

4. 真诚热情。热情的话语能消除学生的陌生感，缩短学生与服务人员之间情感上的距离，使学生真正有"宾至如归"的感觉。

5. 微笑服务。服务员要以真诚的笑容向学生提供服务。微笑会让学生感觉亲切，学生会把服务人员当成自己的家人。

6. 尊重人格。学生心灵脆弱，心灵极易受到伤害。一旦发生侮辱学生人格的情况，各种服务将难以弥补。

7. 服务周到。服务员热情周到的服务，会建立起彼此信赖的桥梁，会取得学生对住宿服务工作的配合、支持，有利于服务员顺利完成日常的服务工作，也有利于基地（营地）建立良好信誉。

四、研学旅行基地（营地）信息化服务

研学旅行基地（营地）的信息化是指以云计算、安全防范技术、信息基础技术、物联网等现代信息技术为依托，在基地（营地）内构建起自动办公系统、监控系统、信息门户网站、电子门票系统、电子导游系统、资源管理系统等，将信息技术与基地（营地）的管理、保护、发展、服务等工作紧密联系，既给研学旅行团队提供了随时随地的便捷服务，又促进了基地（营地）管理水平和管理效率的提高。

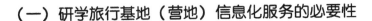

（一）研学旅行基地（营地）信息化服务的必要性

1. 适应时代发展的需要

基地（营地）的信息化是时代的要求，只有好好把握住这个机会，才能在这个行业中保持竞争力，才会对研学旅行团队产生吸引力，提高基地（营地）的口碑，树立良好形象。

2. 符合研学旅行团队个性化的需求

在基地（营地）内进行研学旅行活动时，研学旅行指导师需对基地（营地）的游览路线、公众服务等有所了解。只有在基地（营地）内构建信息化平台，才能满足研学旅行团队的需求，提高自身的吸引力。

3. 提高研学旅行基地（营地）内的管理水平和决策能力

通过构建信息化的平台，可以做到及时共享研学旅行团队的实时信息，可以使各个部门之间进行协助和联动，根据现场信息及时调整工作策略，提高突发事件的应对能力，维持基地（营地）秩序。

（二）研学旅行基地（营地）信息化系统的内容

研学旅行基地（营地）信息化系统的内容通常包括以下六个方面：

1. 电子门票

不同于传统的纸质门票，电子门票采用条形码、IC 卡等新介质，采用计算机、验票机等智能设备取代人工检票，既能节省人力，又可以减少人为失误导致的漏票、逃票，同时实现对客流量等信息的收集与管理。

2. 电子导游服务系统

电子导游服务系统是通过电子导游设备为研学旅行师生介绍基地（营地）情况，通常有多国语言供选择，因此，一部电子导游讲解器可以满足不同国家、不同语言的研学旅行师生的需求，相较于人工导游，其效率和方便性都具有绝对的优势。

3. 多媒体信息终端系统

多媒体信息终端系统是常见的触摸屏查询系统，研学旅行师生只需要点击相应的选项，就可以方便快捷地获得所需信息。

4. 研学旅行电子商务网站

研学旅行电子商务网站能够实现基地（营地）门票信息、餐饮、酒店、研学旅行路线等一条龙的查询和预订。

5. 保安监控与调度指挥系统

该系统是借助计算机与监控软件，以摄像头为介质，在大屏幕对现场情况进行实时显示，在发生紧急事件的情况下，能及时发现、指挥以及疏散人群，最大程度保障研学旅行师生的生命财产安全。

6. 计算机网络系统

计算机网络系统是信息化平台的中枢传输系统，以光缆为介质，相关的操作系统进行支持，建立起一个稳定、高效的网络平台。

五、研学旅行基地（营地）的安全服务

（一）研学旅行基地（营地）安全服务的理念

研学旅行安全服务是研学旅行主办方和承办方为了保障研学旅行安全而采取的一整套服务行为的综合性服务活动。研学旅行安全服务要做到：

1. 坚持安全第一

研学旅行安全第一，没有安全就没有一切。安全问题关系学生身心健康、生命安全，是关系到学生家庭幸福的根本问题。这就要求基地（营地）在研学旅行工作中将安全第一的理念贯彻整个工作的始终。

2. 坚持制度为先

完善的安全管理体系是研学旅行基地（营地）确保研学旅行安全的可靠保证。研学旅行基地（营地）要制订覆盖全面、责任明确、措施具体、方法科学、程序规范的研学旅行安全管理体系。

3. 坚持预防为主

制定一切安全管理制度和安全措施的根本目的都是为了防止不安全事件的发生。研学旅行基地（营地）的安全工作必须坚持预防为主的原则，路线选择和课程设计要充分考虑各种不安全因素，要针对各类可能存在的安全问题制订有效的应急预案。

（二）研学旅行基地（营地）安全服务的内容

要针对研学旅行基地（营地）建立科学、规范、严谨的工作流程，基地（营地）的工作人员要根据各自的岗位职责，严格按照工作流程实施教学管理工作，重要的安全职责要有履职信息记录，确保责任到人，工作有痕。

1. 建立研学旅行基地（营地）安全管理制度

（1）安全管理岗位责任制度。第一，组织制订、审核安全管理制度。审核基地（营地）的课程方案、课程实施方案，审核研学旅行基地（营地）安全保障方案、综合应急预案和专项应急预案。第二，落实研学旅行课程实施过程的安全报告制度，每日听取安全报告，并及时指导研学旅行指导师团队的工作。第三，发生安全事故时执行安全预案，调度指挥应急处置。第四，对违规行为进行处置，对造成重大损失的行为进行责任追究。

（2）安全监控机制。要建立研学旅行基地（营地）的风险监控机制，要进行严密细致的风险监测和科学有效的风险管控与处置，切实降低研学旅行风险程度和安全事故损失。

（3）风险保障机制。按照规定与学校或研学旅行机构签订研学旅行课程实施安全责任书，明确双方的安全责任。按照招标公告要求和委托协议，为每位参加研学旅行的师生投保旅游人身意外伤害保险，依照法律规定实施风险转移，确保各方的合法权益。

2. 设立研学旅行基地（营地）安全标志

研学旅行基地（营地）安全标志是由安全色、几何图形或文字、图形符号构成的，用以标示特定安全信息的标记，其作用是引起人们对不安全因素的注意，预防发生事故。其中，消防安全标志是用以表达与消防有关的安全信息的标志，由安全色、边框、以图像为主的图形符号或方案构成。它对于火灾防救具有重要的指示作用。

　　禁止标志　　　　　警告标志　　　　　指令标志　　　　　　指示标志

3. 完善研学旅行基地（营地）安全评价体系

（1）研学旅行安全行前评价。在基地（营地）研学旅行行前阶段和研学旅行活动开展前，要根据基地（营地）资源的具体情况、相关环境和设施，识别学生在学习活动中潜在的危险，预测发生事故的可能性及其严重程度，提出科学、合理、可行的安全措施建议，要做好充分的安全评价，得出安全评价结论。根据评价结论进行整改，进行路线规划和行程规划，研制安全防范措施、安全注意事项和安全应急预案。

（2）研学旅行安全行中评价。行中安全评价的实质就是风险监控的过程，针对行前安全评价中所识别出的风险条件，与行中的实际风险状况进行监控比对，及时掌握风险条件的变化，分析预测发生事故或造成危害的可能性、紧迫性及其严重程度，做出即时性安全评价结论，并根据评价结论进行风险处置。

（3）研学旅行安全行后评价。在研学旅行行中课程结束后，结合行中课程所记录的相关信息，对整个研学旅行基地（营地）做出全面评价。行后评价需要对课程设计、课程实施的安全方案设计和安全管理措施的实施情况进行全面总结，对安全风险识别、监控、风险处置等的有效性进行评价，并给出安全管理措施实施情况的评价结论。

（4）研学旅行专项安全评价。研学旅行专项安全评价是针对某一项活动或场所，以及某一课程内容在设计或实施中的安全要素进行的安全评价，查找其存在的危险因素，确定其程度，并提出合理可行的安全应对措施及建议。研学旅行基地（营地）的专项安全评价一般包括课程路线勘察安全评价、课程设计安全评价、应急预案评价、课程实施安全规范评价等。

（三）研学旅行基地（营地）安全服务的做法

1. 构建"四位一体"的研学"安全链"

（1）要构建家庭、学校、研学机构、研学目的地"四位一体"的联合管控机制，实施安全管理工作的紧密衔接和无缝对接。

（2）建立畅通的信息沟通渠道，实现安全信息在研学目的地与服务机构、服务机构与学校家庭、学校家庭与学生之间精准无误的传达。

（3）根据具体的研学旅行的要求，签订针对性强的安全责任书。明确学校、研学机构、汽服公司、餐饮酒店服务企业的安全工作职责和安全工作要求，做到责权明晰，全面、详尽、准确。通过"四位一体"联动机制，链接研学旅行的"平安锁"。

2. 构筑专业过硬的研学"安全屏"

（1）配备基本的研学旅行指导师、安全员、辅导员等人员，有条件的须配备从事青少年疾病防控工作或户外救护经验丰富的医师、青少年心理学辅导老师、驾驶经验丰富的驾驶员、从事过酒店管理或餐饮服务的人员、带团研学旅行经验丰富的导游等，这些人员可聘为研学旅行的专职或兼职老师。

（2）要对研学旅行的从业人员进行岗前、行前、行后的安全培训。选派能力强、经验足的领队人员制定详细、切实有效的安全防范预警措施。用专业的服务队伍，以严谨周密的工作部署，构筑研学旅行的"安全屏"。

3. 制定人防技防制度，垒砌研学"防火墙"

研学旅行是一个人多、环节多、内容多的动态服务工作，可实施"人防＋技防"的防控体系，确保研学旅行全员、全过程、全方位的安全防控。

（1）实施研学旅行的单位除了配备安全辅导员外，还要配备随团研学旅行指导师、导游、医生等。

（2）要充分利用车载电视和 GPS、微信、监控设备、直播平台、学生电子手表、定位手机或手环等先进的科技产品，为研学旅行安全服务。

（3）基地（营地）应编制研学旅行的安全手册、各种安全责任书、各类安全应急预案、各种活动的安全操作程序，签署保险等，并要根据具体的群体和活动内容不断地进行动态修改。

4. 安全课程及评价，延伸研学"服务链"

（1）针对不同学龄的学生特点及研学旅行内容，创造性开发安全体验类课程。例如，通过简笔画讲授的方式，绘制有关旅行财产安全的知识；可将乘车安全课程设置在客车上，引导学生观察车辆所配备的灭火器、安全带、安全锤、安全门、安全窗等安全器材，让学生认识安全带的作用、佩戴方法和设计原理，现场模拟紧急情况下安全器材的使用方法等实际场景，将安全教育渗透到研学旅行活动中。

（2）可根据不同学龄段的学生特点，以游戏渗透式、故事导入式、情景表演式、活动体验式、案例剖析式等多种方式开展安全教育，如围绕"安全带＝生命带"等安全主题开展学生喜闻乐见的活动，寓教于乐，让学生们通过不同的活动，认识安全的重要性，感悟生命的珍贵。

（3）研学实施单位需要建立安全评价体系，对研学行前做好安全隐患排查，行中做好安全过程监控，行后做好安全回顾总结，经常性开展安全"回头看"。结合自身的实际情况，总结全国先进地域研学旅行安全管理的先进经验，总结提炼成自己的安全管理工作举措。

【案例展示】

峄山风景区研学实践教育基地的安全防控体系

山东省峄山风景区研学实践教育基地是山东省教育厅认定的省级研学实践教育基

地。基地为了保障研学旅行安全，采取"人防＋技防"的防控体系，确保研学旅行全员、全过程、全方位的安全防控。首先，基地建立了畅通的信息沟通渠道，实现安全信息在基地与研学机构、服务机构与学校家庭、学校家庭与学生之间精准无误的传达，并签订针对性强的安全责任书，明确学校、研学机构、汽服公司、餐饮住宿服务的安全工作职责和安全工作要求，使研学旅行工作在实施前得到多方认可，达成多方共识。

其次，在研学活动重要场所、基地室内外均安装有录像监控设备，为研学活动的开展实施全天候、全方位的录像监控，并保留影像资料15天以上。基地免费提供覆盖全基地的无线网络，以保证基地内通信畅通。基地建立了一整套完善的旅游标识系统，包括导游全景图、导览图、公共设施指示牌、景点解说牌、植物科普解说牌、路径指示牌、停车场指示牌、温馨提示牌、安全警示牌等。基地安保人员24小时值班，随时巡查园区和教学区域，注意防火、防盗、防爆。积极维护学校人员、财产、设施的安全，发现不安全隐患及时向基地领导报告并及时疏散人群。时刻注意来基地参加实践活动的带队领导、老师、学生的人身安全，并对基地的景区景点的注意事项和危险行为进行宣导。

最后，基地内设置有医务室，并配备了基地医生、AED设备和应急救护箱，能够及时开展研学救护服务，为学生的研学旅行安全提供保障。基地针对季节发病情况，做好定期卫生检查宣传工作。在流行病发生或流传期间及时做好预防消毒工作。及时做好学生伤害事故及小疾病的处理工作，必要时负责送医院治疗，并填好处理情况登记表。及时采购药品，妥善保管好药物，经常检查，避免变质失效。协助其他部门的工作，按时完成上级卫生部门下达的工作任务，履行学生安全管理职责。

（本案例由山东省峄山风景区研学实践教育基地王志强老师编写）

【案例展示】

研学旅行营地一般性维护检查一览表

营会名称		检查日期	
如果符合要求，请在该项处打钩或标注相应的工作单编号			
基础设施	餐饮加工	游泳池	通信设备
供水系统	加工区布局	围栏	办公家具

续表

水井套管		电/火炉		围墙		检查人： 日期：	
井盖		冷藏柜		水池墙面			
泉水保护		冷冻柜		池底			
滤水器		搅拌机		溢水槽			
水泵		烤箱		排水系统		项目活动区	
水泵电机		洗碗机		更衣室		滨水区	
氯化器		杀菌处理		淋浴		码头	
过滤装置		水池		马桶		浮板	
控制系统		桌面/台面		过滤装置		游艇码头	
水管		碗碟		氯气消毒设备		救生员瞭望塔	
储水池		碗碟存放		清洁设备		沙滩	
阀门		厨具				护栏	
冬季管道泄水		储藏室		检查人： 日期：		跳水板	
		换气装置				船	
卫生		照明设备				橹	
下水道		垃圾桶		土地管理		皮划艇	
化粪池				湖泊/池塘		船桨	
渗水井		检查人： 日期：		淤泥控制		帆船	
废品处理场				水草		救生设备	
垃圾处理				水坝		个人漂浮装置	
隔油池		维护		泄洪道			
		卡车		闸门		郊游/户外生存训练	
电		拖拉机				绳子	
电线		拖拉机设备		资源保护		斧子	
电线间隔		拖车		侵蚀防治		锯	
电话		电动工具		野生动物管理		指南针	
电话线		手动工具		溪流管理		烹饪设备	
电线杆/线托		零配件		森林管理		铁锹	
		应急设备		景观		帐篷	
天然气/石油		消防设备		小路		背包	
天然气管道		灭火器		土壤保护			
储油/储气池		营会标识		有害植物		其他项目活动区域	

续表

调节设备		易燃物/危险品		资源保护设备		射箭场	
检查人： 日期：		材料安全性数据表 基本维护记录 基础设施图 机械设备使用记录		公共区域 野餐区 分界墙/边界栅栏		射箭设备 射击场 步枪/手枪 渔具	
道路/停车场		车辆使用记录		草地		绳索项目	
路面		烟雾探测器				绳索项目设备	
水渠		一氧化碳探测器					
排水系统		自动喷水灭火系统					
桥				检查人： 日期：		检查人： 日期：	
涵洞/道路下的排水管							
辅路		检查人： 日期：		办公室			
大门				电脑			
路障				打印机、复印机			
检查人： 日期：				电话系统			
				传真机			

［本表格由营地百科（江苏）教育咨询有限公司邵显涛老师设计］

第八章　研学旅行保障机制

【本章概况】

为保证研学旅行的顺利开展，必须建立起一套完整的研学旅行保障机制。本章重点阐述了研学旅行保障机制中的组织协调机制、安全保障机制、资金筹措机制、监督机制和评价机制。通过本章的学习，把老师、学校和教育主管部门从研学旅行的高压线下释放出来，全社会齐抓共管。

第一节　研学旅行组织协调机制

一、研学旅行组织协调机制的含义

研学旅行组织协调机制是研学旅行系统内部不同的子系统之间相互协调、相互促进所形成的一种行为模式及机理。在这个系统内部，社会各个相对独立而又彼此相关的单位，通过相互顺应，遵守相同的行为规范，从而达到团结一致，形成一个均衡的研学旅行体系。

二、研学旅行组织协调机制的措施

根据教育部等11部门印发的《关于推进中小学生研学旅行的意见》（以下简称《意见》）和教育部发布的《关于做好全国中小学研学旅行实验区工作的通知》之规定，要加强研学旅行统筹协调，探索建立研学旅行协同配合机制。

（一）加强党政统一领导

在各级党委统一领导下，各级政府要把研学旅行摆上重要议事日程，出台相关政策措施，切实解决研学旅行实施过程中的重大问题，做好督促落实。省级政府要加强研学旅行工作的统筹协调，明确市地级、县级政府及有关部门加强研学旅行的职责，推动建立全面实施研学旅行的长效机制。

（二）成立组织协调小组

各级教育行政部门和学校要与当地党委、政府、发改、公安、财政、交通、文旅、卫生、市场监管、应急、防疫、保监和共青团等相关部门进行沟通协调，成立由党委

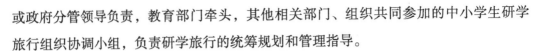

或政府分管领导负责，教育部门牵头，其他相关部门、组织共同参加的中小学生研学旅行组织协调小组，负责研学旅行的统筹规划和管理指导。

（三）明确组织协调小组职责

各级政府、各有关部门要统一思想，明确职责，结合本地实际情况制订具体工作推进方案，将职责层层分解落实到相关部门和单位，定期检查工作推进情况，及时协调解决研学旅行发展过程中的重大问题，确保各项工作有序推进，加强督查督办，狠抓落实各项工作，形成常态化、高效率的社会组织协作机制，切实将好事办好。

（四）教育主管部门牵头负责

各级教育主管部门要带头全面贯彻落实《意见》的规定，把研学旅行作为今后一段时期内的重点工作来抓。

1. 细化顶层设计

依据《意见》，研究制定大中小学研学旅行指导纲要，细化研学旅行目标、内容、途径、方式、评价等，加强对地方和学校实施研学旅行的具体指导和专业支持。

2. 加强制度保障

着力推动将研学旅行纳入教育教学体系和人才培养体系中，从课程建设、资源配备、人力保障、管理考核等方面，构建研学旅行长效机制，形成家庭、学校和社会协同实施机制。

3. 强化组织领导

在党委统一领导下，各级教育行政部门要明确实施机构和人员职责，并积极争取各部门的配合、支持，推动落实好各项改革措施，把研学旅行的目标任务落到实处。

（五）学校承担主体职责

学校要发挥在研学旅行中的主导作用，要切实承担研学旅行主体责任。

1. 建立健全实施机构

各地中小学要建立健全实施机构，制定实施方案，探索制订中小学生研学旅行工作规程，做到活动有方案、行前有准备、应急有预案，明确活动目的与计划内容、活动管理形式和人员配备、时间安排、出行路线、收费标准、注意事项等。

2. 落实主要任务

（1）开齐开足研学旅行课程，统筹安排研学旅行活动时间。

（2）结合学段特点和所在地区实际，规划好研学旅行课程内容，注重立德树人、培养人才的目标，提升学习技能，提高学生思想品德觉悟。

（3）组织实施好研学旅行周，有序安排学生的研学旅行集体活动。

（4）加强对研学旅行的研究，不断改进研学旅行方法和组织形式，注重激发学生内在需要和动力，提高教育效果。

3. 明确各方责任权利

为保证研学旅行的顺利开展及保障各方权益，学校在开展研学旅行的过程中要注意明确学校、家长、学生及相关协同机构的责任权利，以规范的管理、清晰的责任分工，确保研学旅行顺利开展。

（六）社会各界支持配合

要充分发挥社会各界在研学旅行中的支持作用。利用社会各方面资源，为研学旅行提供必要的保障。各级政府部门要积极协调和引导企业公司、工厂农场等组织履行社会责任，开放研学旅行实践场所，支持学校组织学生参加力所能及的研学旅行活动、参与新型服务性体验性活动，让学生经历研学旅行过程。鼓励高新企业为学生体验现代科技条件下研学旅行实践新形态、新方式提供支持。工会、共青团、妇联等群团组织以及各类公益基金会、社会福利组织要组织动员相关力量、搭建活动平台，共同支持学生深入城乡社区、福利院和公共场所等参加研学旅行志愿服务，开展公益活动，参与社区治理。

社会各行各业是一个有机联系的整体，共同服务于人民群众的生产生活。研学旅行是一种教育活动，它的特殊性在于：第一，它服务的对象主要是未成年人，是受社会保护的对象。第二，它是行走的课程、校外的课程，必然提出更多的社会性要求。第三，它既要满足学生的生活需求、学习需求，也会提出相关的研学旅行要求和服务要求。总之，成年人旅行主要是成年人自己寻找社会支持，出现了问题自己找相关部门解决，而未成年人旅行需要社会主动支持，出了问题需要各部门主动解决问题，而不是等问题上门。从这个角度看，各部门的协调是主动承担的协调、超前意识下的协调、事后积极应对的协调，而不是事后诸葛，更不是事后推诿。

（七）家庭发挥基础作用

家长是孩子的第一任老师，家庭是实施研学旅行的重要场所。家庭要发挥在研学旅行中的基础作用，注重抓住衣食住行等日常生活中的研学旅行实践教育机会，做好以下几个方面的教育。

1. 鼓励孩子自觉参与、自己动手，随时随地、坚持不懈地进行家务劳动体验、探究，掌握日常生活中洗衣、做饭等必要的家务劳动体验技能。

2. 鼓励社区、妇联、家委会等组织开展学生研学旅行生活、生存技能展示活动。

3. 鼓励孩子利用节假日参加各种考察探究、社会劳动、社会服务等研学旅行体验活动。

4. 家庭要树立科学考察、体验探究、崇尚劳动的良好家风，家长要通过日常生活的言传身教、潜移默化，让孩子养成从小热爱研学、热爱劳动的好习惯。

第二节　研学旅行安全保障机制

一、研学旅行安全保障机制主体

研学旅行安全保障机制主体不仅仅是学校和教育行政部门，还包括旅游部门、交通部门、市场监管部门、住宿餐饮部门、医疗及救助部门、保险监管机构、公安部门和家长等。

（一）教育部门

1. 行政管理

教育行政管理部门是指国家各级政府对教育事业进行组织领导和管理的机构或部门。

根据教育部等 11 部门印发的《关于推进中小学生研学旅行的意见》，教育行政部门负责督促学校落实安全责任，审核学校报送的活动方案（含保单信息）和应急预案，加强对中小学生校外研学旅行的安全主题教育，并要求家长协助填写安全须知告知书并署名。协同旅游、交通、公安、市场监管等有关部门共同研究制定研学旅行活动的出行标准，建立安全审查制度，切实落实安全责任和安全举措，做到逐层落实，责任到人。

2. 学校

学校是教育者有计划、有组织地对学生进行系统的教育活动的组织机构。国家提倡开展研学旅行活动的学校主要分为三种：小学、初中、高中（含职业高中、中专）。开展劳动教育的学校包括国家各级各类高等院校。

根据《研学旅行服务规范》（LB/T054－2016）规定，学校作为研学旅行的主办方，应为研学旅行安全提供下列保障和要求。

（1）学校应具备法人资质。学校要把研学旅行过程中可能出现的安全风险都提前考虑到，做好预判，并提前制定相应的预防和应对方案。

（2）学校应对研学旅行服务项目提出明确要求，特别是安全保障项目要清楚明了。

（3）学校应有明确的安全防控措施、教育培训计划。

（4）学校应与承办方签订委托合同，载明安全义务和责任，并按照合同约定履行义务。学校与委托开展研学旅行的企业或机构签订安全责任书，明确各方安全责任。

（5）学校应至少派出一人作为主办方代表，负责督导研学旅行活动按计划开展。

（6）学校应按每20位学生配置一名带队老师的标准安排带队老师，并要求带队老师全程带领学生参与研学旅行各项活动。

（7）学校要做好行前安全教育工作。

（8）负责确认出行师生购买意外险，必须投保校方责任险。

（9）与家长签订研学旅行安全责任书，明确学校、家长、学生的责任和权利等。

（10）提前对住宿营地进行实地考察。

（二）旅游部门

1. 行政管理

旅游行政管理部门在研学旅行中要做到以下几点：

（1）负责审核开展研学旅行的企业或机构的准入条件和服务标准。在准许企业或机构参与研学旅行时严把安全关，把安全作为一项硬指标，在服务标准中明确安全事项，在研学旅行指导师行业培训中强化安全教育。

（2）建立健全当地研学旅行安全预警和应急体系，制定相关地方研学旅行法规，逐步做到让研学旅行有法可依。

（3）督查旅行社和基（营）地等单位在研学旅行内容设计、研学旅行指导师配备、安全设施与防护等方面抓好安全防范工作。

2. 旅行社

旅行社作为研学旅行活动的承办方，为保证研学旅行安全，应符合下列条件和要求：

（1）应为依法注册的旅行社。

（2）符合 LB/T 004 和 LB/T 008 的要求，宜具有 AA 及以上等级，并符合 GB/T 31380 的要求。

（3）连续三年内无重大质量投诉、不良诚信记录、经济纠纷及重大安全责任事故。

（4）应设立研学旅行的部门或专职人员，宜有承接100人以上中小学生旅游团队的经验。

（5）应与供应方即研学旅行基（营）地签订旅游服务合同，按照合同约定履行安全保障义务。

（6）旅行社应成立安全管理领导小组，实行分级管理，职责到岗，责任到人。组长作为安全责任第一人，由旅行社的法人担任，全面管理研学旅行教育课程过程中的安全工作，贯彻和监督各安全部门工作进度及落实情况。

（7）应至少为每个研学旅行团队配置一名安全员，安全员在研学旅行过程中随团开展安全教育和防控工作。

3. 研学旅行基（营）地

研学旅行基（营）地为保证研学旅行安全，应符合下列条件和要求：

（1）应具备法人资质。

（2）应具备相应经营资质和服务能力。

（3）应与承办方签订旅游服务合同，按照合同约定履行义务。

（4）应具备适宜的医疗及救助资源，确定周边的医疗及救助资源状况，并与之建立必要的联动机制。若发生学生生病或受伤情况，应及时送往专业医疗机构救治，妥善保管就诊医疗记录，应将就诊医疗记录复印并转交家长或带队老师。

（5）研学实践教育基地（营地）自身的医疗救护人员应具备相应的能力。宜聘请具有职业资格的医护人员随团提供医疗及救助服务。

（6）应根据自身情况和研学实践课程的实施区域，积极与一定范围内的交通、医疗卫生、治安、消防、气象、救援等相关组织建立合作与协作关系，必要时，进行报备，以提供研学实践服务的安全保障。

（7）应具有传染病疫情防控能力，保障研学旅行师生身体健康安全。

（三）交通部门

1. 行政管理

交通行政部门负责督促有关运输企业检查学生出行的车、船等交通工具。

公安交通管理部门依法查处运送学生车辆的交通违法行为。

（1）交通部门督查研学旅行交通标识管理与服务，做到让限速、桥梁弯道、事故多发、滑坡落石等标识醒目清楚，基地周边的道路标志标识设施完善，研学旅行目的地道路环境安全畅通，确保车辆安全通行。

（2）负责监督交通工具。研学旅行所选择的交通工具必须证件齐全，状况良好。

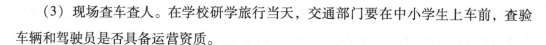

（3）现场查车查人。在学校研学旅行当天，交通部门要在中小学生上车前，查验车辆和驾驶员是否具备运营资质。

2. 交通服务

（1）应按照以下要求选择交通方式：

①单次路程在400km以上的，不宜选择汽车，应优先选择铁路、航空等交通方式；

②选择水运交通方式的，水运交通工具应符合GB/T 16890的要求，不宜选择木船、划艇、快艇；

③选择汽车客运交通方式的，行驶道路不宜低于省级公路等级，驾驶人连续驾车不得超过2h，停车休息时间不得少于20min。

（2）应提前告知学生及家长相关交通信息，以便其掌握乘坐交通工具的类型、时间、地点以及需准备的有关证件。

（3）宜提前与相应交通部门取得工作联系，组织绿色通道或开辟专门的候乘区域。

（4）应加强交通服务环节的安全防范，向学生宣讲交通安全知识和紧急疏散要求，组织学生安全有序乘坐交通工具。

（5）应在承运全程随机开展安全巡查工作，并在学生上、下交通工具时清点人数，防范出现滞留或走失。

（6）遭遇恶劣天气时，应认真研判安全风险，及时调整研学旅行行程和交通方式。

（7）客运单位与学校必须签订租车合同，约定好车牌号、驾驶员、路线、安全责任等条款，车辆必须投保险。

（8）研学旅行用车必须提供空调旅游车，保证车辆性能良好。

（9）司机具有有效驾驶证件，有高度的安全意识，举止有礼。司机不应由于工作过度而疲劳驾驶，影响行车安全。

（四）住宿部门

1. 行政管理

公安、卫生防疫、市场监管等部门加强对研学旅行涉及的住宿、餐饮等公共经营场所的安全监督，依法查处住宿违法行为。

2. 住宿服务机构

研学旅行住宿服务机构包括酒店、宾馆、民宿、饭店、宿舍等企业单位，为保证研学旅行安全，住宿机构应符合下列条件和要求。

（1）应以安全、卫生和舒适为基本要求。

住宿设施做到：①应便于集中管理；②应方便承运汽车安全进出、停靠；③应健全的公共信息导向标识，并符合 GB/T 10001 的要求；④应有安全逃生通道。

（2）应提前将住宿营地相关信息告知学生和家长，以便做好相关准备工作。

（3）应详细告知学生入住注意事项，宣讲住宿安全知识，带领学生熟悉逃生通道。

（4）应在学生入住后及时进行首次查房，帮助学生熟悉房间设施，解决相关问题。

（5）宜安排男、女学生分区（片）住宿，女生片区管理员应为女性。

（6）应制定住宿安全管理制度，开展巡查、夜查工作。

（7）选择在露营地住宿时还应达到以下要求：①露营地应符合 GB/T 31710 的要求；②应在实地考察的基础上，对露营地进行安全评估，并充分评价露营接待条件、周边环境和可能发生的自然灾害对学生造成的影响；③应制定露营安全防控专项措施，加强值班、巡查和夜查工作。

（五）餐饮服务部门

1. 行政管理

公安、卫生防疫、市场监管等部门加强对研学旅行涉及的住宿、餐饮等公共经营场所的安全监督，依法查处餐饮违法行为。

2. 餐饮机构

（1）研学旅行餐饮服务机构必须具备相应资质，卫生检疫合格、安全设施达标。

（2）餐饮服务符合国家餐饮服务行业标准。

（3）餐饮服务应以食品卫生安全为前提，做好食品卫生安全。

（4）应提前制定就餐座次表，组织学生有序进餐。

（5）应督促餐饮服务提供方按照有关规定，做好食品留样工作。

（6）应在学生用餐时做好巡查工作，确保餐饮服务质量。

（六）保监部门

保险监督管理部门是指由国家政府设立的专门对保险市场的各类经营主体、保险经营活动进行监督和管理的机构。保险监督管理机构负责指导保险行业提供并优化校方责任险、旅行社责任险等相关产品。

保险监督管理机构在研学旅行服务工作上要建立健全研学旅行安全预警和应急体系，建立包括旅行意外保险、研学专项保险在内的安全和应急综合保障体系。加大社会与商业保险的投保力度，将校外学生组织集体活动的风险进行合理分散或转移，建议采取强制性的意外保险制度，鼓励保险公司开发和提供专门针对中小学生研学旅行的保险品种，并对投保费用实施优惠措施。受委托开展研学旅行的企业或机构必须投保研学旅行安全相关责任保险，并为参加人员投保意外险。

保险公司要提醒学校和旅行社，为每一位研学旅行师生提供全程的旅游保险，含旅行社责任险和人身意外伤害险，并积极办理有关手续，做好安全教育和理赔工作。

保险公司要以保险机制为核心建立多元化损害赔偿机制，要求各单位不得推诿塞责，积极通过协商、调解、诉讼等方式化解纠纷，学校或者承办方、供应方确有责任的，要依法、及时进行损害赔偿，避免事态扩大，形成公正、便捷的处置机制。

（七）公安部门

公安监管部门要加强对研学旅行涉及的住宿、餐饮、治安等公共经营场所的安全监督，依法查处运送学生车辆的交通违法行为。公安消防部门做好地震、水灾、火灾等救助工作。

（八）家长

研学旅行中家长要配合学校做好行前学生安全教育工作，与学校签订安全责任书，有条件的可以担任家长志愿者随团活动，协助做好学生的安全保护和救助工作。

二、研学旅行安全保障措施

（一）基本原则

教育部等 11 部门印发的《关于推进中小学生研学旅行的意见》指出：研学旅行要坚持安全第一，建立安全保障机制，明确安全保障责任，落实安全保障措施，确保学生安全，做到"活动有方案，行前有备案，应急有预案"。

（二）保障措施

1. 开展安全教育

（1）学生安全教育。

研学旅行的主要对象是中小学生，这一群体的安全意识还不强，生活知识较为缺乏，盲目性和随意性较大；很多学生心理素质较差，遇到困难或危险不能冷静处理，往往紧张而不知所措；处于叛逆期的学生甚至还会故意表现出与安全要求相悖的行为。

学校的安全教育是增强学生安全意识、提高安全能力的主要途径，学校应以防患于未然的姿态加大安全教育的力度与强度。学校应从纪律和知识两方面入手，既从纪律层面做好安全的管理，又从知识层面提供应对安全问题的意识和策略，加强培养学生的安全防范意识、应急处理能力、防范能力，重视学生心理健康教育，提高心理承受能力。学生安全教育要求如下：

①应对参加研学旅行活动的学生进行多种形式的安全教育；

②应提供安全防控教育知识读本；

③应召开行前说明会，对学生进行行前安全教育；

④应在研学旅行过程中对学生进行安全知识教育，根据行程安排及具体情况及时进行安全提示与警示，强化学生安全防范意识。

（2）安全管理人员安全教育。

各单位对参与研学旅行的安全管理人员，应制订安全管理人员安全教育和安全培训专项工作计划，定期对参与研学旅行活动的安全管理人员进行培训。培训内容包括：安全管理人员的安全管理工作制度、安全管理人员的工作职责与要求、安全管理人员应急处置规范与流程、安全管理人员安全技术技能培训等。

承办方和主办方应根据各项安全管理制度的要求，明确安全管理责任人员及其工作职责，在研学旅行活动过程中安排安全管理人员随团开展安全管理工作。

2. 制定安全管理制度

研学旅行主办方、承办方及供应方应针对研学旅行活动，分别制定安全管理制度，构建完善有效的安全防控机制。研学旅行安全管理制度体系包括但不限于以下内容：

（1）研学旅行安全管理工作方案；

（2）研学旅行应急预案及操作手册；

（3）研学旅行产品安全评估制度；

（4）研学旅行安全教育培训制度。

3. 制订安全应急预案

主办方、承办方及供应方应制订和完善包括地震、火灾、水灾、传染病疫情、食品卫生、治安事件、设施设备突发故障等在内的各项突发事件应急预案，并定期组织演练。

研学旅行应急预案要包括下列内容：突发交通事故、食物中毒、学生走失、恶劣天气、自然灾害、学生晕车、学生受伤、学生患病、学生死亡、突发火灾、突发水灾、泥石流、突发学生纠纷、突发性传染疾病流行、证件丢失、物品遗失、治安事故、研学设施设备突发故障、不可抗力事故等处理办法。规定突发事件的处理救助流程，履行事故报告制度。

安全应急预案的内容要渗透到研学的每一个环节、每一个细节，具体任务落实到每一个步骤、每一个地点、每一个人员，这是保证研学旅行安全的重要措施。

4. 检查安全保障设施

检查安全保障设施，突出"预防为先"的理念，落实安全标准，健全安全管理制度，完善安全风险排查和防范机制，落实安全责任，加强安全教育，从源头上预防和消除安全风险。

各单位要加强对师生团队服务人员的研学旅行安全教育，强化研学旅行风险意识，建立健全安全教育与管理并重的研学旅行安全保障体系。科学评估研学旅行实践活动的安全风险，认真排查安全保障设施，清除学生研学旅行实践中的各种隐患特别是辐射、疾病传染等，在基（营）地场所设施选择、材料选用、工具设备和防护用品使用、活动流程等方面制定安全、科学的操作规范，强化对研学旅行过程每个岗位的管理，明确各方责任，防患于未然。制订研学旅行实践活动风险防控预案，完善应急与事故处理机制。一旦发生事故，要求案发单位要科学、规范处理，及时救助，保障受伤害方权益，给予相应援助，避免产生纠纷。

5. 避开安全隐患

学校要与有资质、信誉好的委托企业或机构签订协议书，明确委托企业或机构承担学生研学旅行的安全责任。旅游企业组织和操作研学旅行产品应该坚持安全优先的原则，防止过度降低成本，使用劣质的要素、产品等不良现象，要做好研学旅行产品的安全风险评估，强化日常风险预防。路线设计上，尽量不要选择没有开发的景点，以免因安全设施不到位而出现意外；也应适度避开人流量大的景区或走人流量大的马路，以免因拥挤推搡而发生事故。如涉及跨省等长线旅程，尽量减少学校与目的地省份之间的换乘次数，不建议采用长途大巴送至目的地省份。晚上要住宿的行程，须关注酒店环境，做好学生晚上查寝工作。在研学旅行的实施过程中，也可能碰到前期预设中没想到的安全问题，组织人员必须时刻观察，发现问题及时解决。

6. 建立安全保障队伍

开展研学旅行，学校、旅行社、研学旅行基地（营地）应根据各自工作职责配备一定比例的学校领导、带队教师、项目组长、安全员、医护人员、保安、导游等，也可吸收少数家长作为志愿者，负责学生活动管理和安全保障，最终形成科学合理的研学旅行安全保障体系。

7. 完善应急设施，做好应急服务

研学旅行基（营）地应急服务设施要做好以下几个方面：

（1）做好监测预警。自然灾害方面，重点发展气象灾害、地震灾害、地质灾害、海洋灾害、森林火灾、洪涝灾害等监测预警设备；事故灾难方面，重点发展火灾、危险化学品安全、交通基础设施安全、防洪工程安全、环境应急、核与辐射事故等监测预警设备；公共卫生方面，重点发展食品药品安全、生产生活用水安全，流行性疾病、传染病等监测预警设备。

（2）预防防护。个体防护方面，重点发展研学旅行应急救援人员防护产品；设备设施防护方面，重点发展火灾防护、山洪地质灾害防止、视频人脸检索以及多通道视频监控、搜救和自动监测报警系统等重要基础设施风险识别和防御等产品。

（3）处置救援。现场保障方面，重点发展应急通信、移动单兵智能终端、应急指挥调度系统、无人机、应急电源、移动式应急照明系统、安全饮水设备等产品；生命救护方面，重点发展生命搜寻救助、医疗应急救治等产品；抢险救灾方面，重点发展智能化高机动应急救援系列装备、全地形应急救灾设备、防汛抢险救援设施设备、消防车、消防机器人、应急机动舟桥、特种飞机、多功能船舶、轨道交通救援、危险化学品事故应急等产品。

（4）应急服务。重点发展紧急医疗救援、交通救援、航空救援、巨灾保险、安检全通道设备检测、灾害现场信息快速获取、应急模拟演练、灾害及应急辅助决策情景构建、风险及应急能力评估、隐患排查、应急体验与宣教培训及各类应急产品租售等服务。

总之，各地区要建立党委、政府负责，社会协同，有关部门共同参与的研学旅行安全保障机制。建立政府、学校、家庭、社会共同参与的研学旅行教育风险分散机制，保障研学旅行实践教育正常开展。

第三节 研学旅行资金筹措机制

中小学生的研学旅行是一种公益性活动，国家要求不得开展以营利为目的的经营性创收，但是研学旅行基（营）地的运营和服务又需要可持续的经费保障，所以，如何处理好研学旅行的公益性和基（营）地的可持续高品质发展，保障研学旅行所需资金，是需要破解的一个发展困境。

一、研学旅行资金筹措含义

研学旅行资金筹措是指通过各种渠道和采用不同方式及时、适量地筹集开展研学旅行活动必需的资金的行为，通过筹措资金，保障研学旅行活动顺利开展。

二、研学旅行资金筹措机制措施

研学旅行是一种教育活动，这种教育活动，需要大量的资金投入。保证资金的投入，要健全经费筹措机制，采取多种形式、多种渠道筹措中小学生研学旅行经费。

（一）建立多元化经费筹措机制

为确保研学旅行顺利进行，应积极探索建立政府、学校、社会、家庭共同承担的多元化经费筹措机制。

1. 政府

政府要加大财政投入，统筹中央补助资金和自有财力，采取购买服务、项目补贴、定向资助、以奖代补等多种形式筹措资金，加快建设研学旅行教育基地，加强研学旅行教育设施标准化建设，建立研学旅行教育器材、耗材补充机制。

政府应建立研学旅行联席会议制度。制定相关政策，要求拥有国家资源的博物馆、基地（营地）、自然景区、工厂、铁路交通等单位负起相应的社会责任和义务，对参与研学旅行的学校少收费、低收费，甚至不收费。对于参与研学旅行的民营资本，在研学费用的收取上应该少收费、低收费，国家在税收政策上予以减免，降低研学旅行成本。

2. 交通

交通部门应对中小学生研学旅行公路和水路出行严格执行儿童票价优惠政策，铁路部门可根据研学旅行需求，在能力许可范围内积极安排好运力。

3. 文旅

文化和旅游部门要对中小学生研学旅行实施减免场馆、景区、景点门票政策，提供优质旅游服务。要对中小学生研学旅行实施景区、景点、场馆门票减免政策，爱国主义教育场馆（区、点）门票要按照规定费用全免，其他场馆（区、点）门票优惠价格原则上要低于社会旅游团队价格和单个学生门票价格，同时提供优质服务。利用公共资源建设的景区、基地要对研学旅行团队实行减免门票政策。

4. 保险

保险监督管理机构应同教育行政部门一起推动将研学旅行纳入校方责任险范围，鼓励保险企业开发有针对性的产品，对投保费用实施优惠措施。

5. 财政

财政部门适当加强研学旅行教育的投入，解决研学旅行中的住宿、交通、饮食、门票等在内的费用，这些费用对于有些地方、有些家庭来说还是难以承担的，因此，国家财政部可以适当、适时、适地加强对教育的投入，以免研学旅行因费用问题出现质量"缩水"，同时也要避免出现某些学生因家庭贫困而失去研学旅行的机会。

6. 家庭

学生家庭承担一定学生的研学旅行经费，使学生珍惜研学旅行的机会，获得更大的实效。

7. 学校

学校教育经费由政府财政负担，学校按照规定统筹安排一定比例的公用经费用于开展研学旅行教育。对贫困家庭的学生要减免费用，保障每一个孩子都能有机会参加研学旅行。

8. 教育行政

地方教育行政部门根据研学旅行活动基本需求，研究制定所需收费项目及标准和贫困学生参加研学旅行活动所需经费补助项目及标准，对参加研学旅行的学生给予费用补贴。

（二）鼓励多种资金形式支持研学旅行

除了积极探索建立政府、学校、社会、家庭共同承担的多元化经费筹措机制以外，我们鼓励通过社会捐赠、公益性活动等形式支持开展研学旅行。

1. 地方政府引导社会捐赠，调动社会各方捐赠积极性，支持开展研学旅行。

2. 学校要加强与社会公益机构的联系，弥补学校社会性资源不足问题，为学校开展研学提供新的契机，为学生参与研学旅行创造机会。

3. 对于贫困家庭学生的研学旅行经费，可以利用福利彩票基金专项资金，补贴经济欠发达地区开展研学旅行的资金需求。

（1）进一步争取加大政府财政投入，采取购买服务、项目补贴、定向资助、以奖代补等多种形式，支持社会资源机构开展研学实践活动，加强研学旅行基地（营地）建设、减免相关景点和场馆费用、严格执行学生交通优惠政策等降低研学旅行成本的措施。始终坚持公益性原则，同等条件下，优先到公益性基地开展研学旅行等，以便让更多的农村学校学生有机会走出校园，到更宽广的世界开拓视野、增长见识。

（2）加大对边远农村地区学生和家庭经济困难学生的资助，引导研学旅行承办机构为建卡贫困家庭学生减免费用或提供适当补助，鼓励通过社会捐赠、公益性活动等形式，保障每一个孩子都能有机会参加研学旅行。

（三）加强投融资政策的扶持

健全多元化投融资机制，鼓励金融资本、民间资本、风险投资等投向研学旅行产业，引导金融机构提供更多灵活便利的金融产品，鼓励政府性融资担保、再担保机构积极为研学旅行基（营）地企业融资增信，鼓励金融机构认可的担保公司担保增信。鼓励各类产业投资基金、国有投融资平台采取股权投资形式，支持研学旅行基（营）地企业发展，鼓励金融机构对重大研学旅行产业项目加大信贷支持力度。

（四）加强资金筹措人才队伍建设

支持有条件的高等院校开设金融管理（研学旅行方向）专业，鼓励研学旅行企（事）业与学校、科研、培训、协会等机构联合培养高层次、急需紧缺的研学旅行金融管理人才。完善相关配套支持政策，引进金融管理专业人才到研学旅行机构创业发展。支持研学旅行基地建设，积极开展金融管理规划、风险评估等方面的高级技术培训教育。依托各类资源打造复合型综合性研学旅行资金筹措人才队伍，不断提升研学旅行金融管理能力。

第四节　研学旅行监督评价机制

研学旅行监督评价机制包括监督机制和评价机制两个方面。

一、研学旅行监督机制

（一）研学旅行监督机制的含义

研学旅行监督机制是指研学旅行监督系统内部及各构成要素相互作用的关系及其运行方式。研学旅行监督是政府督查等职能部门的职责。督查既要保证研学旅行工作的执行效度，更要保证研学旅行教育方向的正确性。

研学旅行监督主体包括所有促成研学旅行教育的单位，譬如，教育、共青团、发改、公安、财政、交通、市场监管、卫生、防疫、文化旅游、保监、学校、研学旅行服务机构等单位和领域，具有多头性。

（二）研学旅行监督机制的意义

除了教育系统以外，其他部门虽然不直接关涉研学旅行的质量，但一定会间接地、或多或少地影响研学旅行的执行水平，如果不加以监督评价，放任自流，研学旅行的整体效果会打折扣；或者各部门各自出一套监督评价方案而不考虑最终学生产出的效果，最终因为不具备一致性而缺乏可参考性。因此，还需要党委政府组织，由教育部门牵头，其他部门协同，共同开发基于研学旅行服务领域的总监督制度和体系，各单位各子系统在执行过程中，在保证"安全"和"顺利"的情况下，可以因地制宜、根据各单位具体情况制定相应的实施办法。

（三）研学旅行监督机制的内容

研学旅行监督机制包括督查制度、问责制度、追究制度、复命制度、体系建设五个方面。

1. 督查制度

研学旅行督查制度的建设是对督查事项的跟踪监督，明确各部门工作职责，增强对研学旅行规章制度的执行力。对地方各级政府和有关部门保障研学旅行教育情况以及学校组织实施研学旅行教育情况进行督导，督导结果向社会公开，同时作为衡量区域教育质量和水平的重要指标，作为对被督导部门和学校及其主要负责人考核奖惩的依据。

2. 问责制度

研学旅行问责制度是指对不履行或不正确、不及时、无效地履行规定的研学旅行职责，导致研学旅行工作延误、效率低下的行为；或因主观努力不够，工作能力与所负责任不相适应，导致研学旅行工作效率低、研学旅行质量差、任务完不成，影响全局工作安排的，应采取取消当年评优评先资格、诫勉谈话、通报批评、书面检查、公开道歉、劝其引咎辞职等方式，对部门或单位领导予以问责，以达到惩戒的目的，提高研学旅行执行力。

3. 追究制度

研学旅行监督要建立环环相扣的责任追究制，对不同层次单位、岗位的研学旅行相关工作人员，制定出精细的责罚条例，实行严格的责任追究制度。对过错较轻的，给予训诫、责令检查、通报批评或调离岗位处理；对犯严重或者特别严重过错的，给予警告、记过、记大过、降级、撤职、开除等行政处分或党纪处分；对直接关系学生生命财产安全和利益的重大责任事故的有关责任人，要严厉追查，依法依纪严惩。

4. 复命制度

对上级主管领导所安排的任何研学旅行工作，不管完成与否，被安排单位和个人都要在规定时间内向安排人复命，保证研学旅行事事有落实、件件有回音。当执行人在执行开始后发现有困难或阻力，无法按时完成的，必须在规定的时间内通过公开、正当的程序向主管领导反映，否则就没有任何理由不完成工作和任务。完成任务后，应即时复命。这是保障执行指令、加强执行力、提高工作效率的重要手段。

5. 体系建设

研学旅行绩效考核是提高研学旅行执行力的有效途径。研学旅行绩效考核体系建设应该围绕研学旅行的整体规划建立，要设计一套研学旅行关键绩效指标，既有明确的目标导向，又有对研学旅行关键业务的考核，可以最大限度地调动人力资源，体现出简洁、实效、操作性强的特点。同时，还可以实施晋升晋级、薪酬激励、授权激励，充分调动研学旅行单位和人员的积极性，增强研学旅行责任心，提高研学旅行执行力。

（四）研学旅行监督机制的管理措施

1. 加强研学旅行督导检查和质量评估

把研学旅行教育纳入教育督导体系，完善督导办法。研学旅行教育督导结果向社会公开，并作为被督导部门主要负责人考核奖惩的依据。探索建立研学旅行教育质量监测制度，推动研学旅行教育过程的反馈和改进。

2. 建立研学旅行监督机制

建立一整套研学旅行监督工作绩效评价机制，使研学旅行的监督工作由单纯的事后问责救助监督向程序性与实质性监督相融合的方向迈进，切实提高研学旅行监督工作的成效，充分发挥好研学旅行应有的作用。

3. 规范研学旅行监督程序

研学旅行是一种校外活动，安全问题是首要问题，因此研学旅行活动强调程序性。无论方案的定制、路线的选择、交通工具的使用，还是研学目的地的选取、教学过程的实施，都要遵守一定的程序。研学旅行监督工作更离不开规范严格的程序，但程序更应该为内容服务。因此，研学旅行监督机构应根据相关法律法规和制度原则，按照监督内容的特点，对监督程序做科学调整，灵活运用。

4. 落实研学旅行监督意见

监督意见的形成是研学旅行监督工作的阶段性成果，但不是监督工作的最终成效。接受并落实监督意见，是研学旅行监督工作绩效评价的关键环节。高质量的监督意见还需要研学旅行实施部门高效率地整改落实，只有监督主体和监督客体的共同配合、共同努力，才能取得研学旅行监督工作应有的成效。

5. 建立完善研学旅行监督成效公众测评制

及时向社会公布监督过程、监督结果，建立和完善监督成效公众测评制。定期通过报纸、电视、网络等公开平台，把研学旅行监督工作置于全社会的监督之下。

二、研学旅行评价机制

（一）研学旅行评价机制的含义

研学旅行教育评价是指在落实中小学生研学旅行工作目标的指导下，依据立德树人、培养人才的目的，通过使用一定的技术手段和方法，对所实施的研学旅行教育活动、教育过程和教育结果进行科学判定，从而不断自我完善和为研学旅行教育活动决策提供依据的过程。

研学旅行教育评价是一个过程，以对评价对象的状态和效果进行价值判断为核心，以科学的评价方法、技术为手段，最终目的在于不断完善评价对象的行为，提高研学旅行教育质量，为研学旅行教育决策服务，为促进学生的全面发展服务。

研学旅行评价机制与监督机制是一对共同体，两者相辅相成，缺一不可。研学旅行监督是前提，是研学旅行评价机制的基础，如果缺乏对研学旅行的监督，便不可能有研学旅行评价。

（二）研学旅行评价机制的意义

教育评价是综合实践育人的有效途径，在实施研学旅行教育中起导向和质量监督的作用，为教育管理部门、学校和研学旅行教育服务机构开展研学旅行工作提供指导意见，是提高开展研学旅行活动水平的重要工具，也是学校及研学旅行教育服务机构自身进行检查、反思，改进研学旅行教学和组织工作，提高研学旅行教育和组织工作质量的重要手段。

1. 研学旅行评价具有导向与监督功能

通过研学旅行评价手段得出的实证性发现和诊断性意见，能够为研学旅行主办方、承办方或供应方制定政策、改进工作提供数据支持和科学参考；对研学旅行教育质量的提升具有导向作用；同时还能够对研学旅行进行有效监督。

譬如，组织学生开展劳动教育板块的研学旅行需要把握好正确的导向，可将劳动技能方法、活动与"立德树人，培养人才"教育紧密结合起来，通过劳动教育，使学生能够理解和形成马克思主义劳动观，牢固树立劳动最光荣、劳动最崇高、劳动最伟大、劳动最美丽的观念；体会劳动创造美好生活，体认劳动不分贵贱，热爱劳动，尊重普通劳动者，培养勤俭、奋斗、创新、奉献的劳动精神；具备满足生存发展需要的基本劳动能力，形成良好的劳动习惯。如果说研学旅行基地注重讲解知识技能，而忽略"立德树人"的根本任务，这就不符合国家研学旅行教育思想，教育主管部门或者学校就要对研学旅行基地进行宏观管理和监督，并提出改进意见。这种教育评价能实现对研学旅行服务各方进行管理和监督的功能。

2. 研学旅行评价具有鉴定与管理功能

研学旅行评价的鉴定功能是指研学旅行评价鉴定人运用科学技术或者专门知识，对研学旅行过程中涉及的专门性问题，依照法定程序和研学旅行服务标准，进行鉴别和判断并提供鉴定意见的活动。鉴定的目的在于检验研学旅行教育活动和实施成果，从而为完善教育课程设计，规范实施秩序，加强对研学旅行工作者的专业培训，提高主办方、承办方、供应方的服务质量及研学旅行基（营）地的改造提升，调整研学旅行服务质量等提供依据。同时，通过研学旅行评价来鉴定承办方、供应方的服务质量与教学成效，提出承办方、供应方的准入与退出机制，就能够实现对承办方、供应方的有效管理，确保研学旅行服务质量。

3. 研学旅行评价能够调动各方参与人员的积极性和创造性

研学旅行评价运用教育评价体系标准对学校、基地、酒店、餐厅、交通、旅行社、教师、学生、指导师、导游、安全员、授课专家等评价主体的服务、表现、成果、成效作出判断，分析原因，找出不足和存在的问题，并运用合理的激励方式，调动相关研学旅行专业人员的积极性，正确认识评价结果，以促进研学旅行教育的健康发展。

（三）研学旅行评价机制的内容

研学旅行评价机制的内容主要包括以下几个方面：

1. 对研学旅行教学目标的评价

好的研学旅行课程首先要明确地提出学习任务，即学习目标，要让学生明白这堂研学旅行课要学什么，达到什么样的要求与目的。评价过程中，要根据学习任务及目标的明确与否、恰当与否、有无针对性以及学生完成情况和效果的好坏给予适当评价，也可分出等级。

2. 对研学旅行教学过程的评价

研学旅行教学过程既要看指导师如何发挥其主导作用，又要看学生主体作用的表现情况，既要注意指导师授课内容的组织设计和表达，又要注意学生对所学内容的参与活动和消化，突出学习过程的体验、情感、态度、价值观、实践能力培养。同时，还得注意研学旅行教学过程中良好学习习惯的养成、各种能力的培养、学生自主学习的体现等方面。这就突破了过去那种只重视指导师讲得怎么样、教学环节完成得如何的传统模式。在评价过程中，要针对师生双边互动情况给予适当的评价和合理的分类。

3. 对研学旅行教学细节情况的评价

指导师在评价研学旅行教学细节时不能一味地追求研学任务的完成密度，而是要有张有弛地留给学生充分思考、讨论、探究、体验及放松休息的时间，坚决不拖堂，避免误机、误车、误船、误餐等研学旅行事故发生，不要耽误下一个研学旅行课程的实施。同时，还要充分照顾学生的年龄特征，切不可使学生在疲劳的状态下开展研学旅行活动。所以，在评价时应视具体情况分析，不可盲目与单一。

4. 对全体学生参与程度的评价

研学旅行课程要求人人参与，个个动手体验。教学中要关注不同学生的基础、兴趣、性格等，真正使每个学生都感觉到这节研学旅行课对自己有所帮助，指导师要做到因材施教、因人而异、分层优化、分类要求及指导。评价时要注意这一方面是否到位。

5. 对引导学生质疑情况的评价

研学旅行中，要求指导教师不但能设疑和解疑，而且能启疑和导疑，把过去的"教知识"转为"教方法"，这就要求学生能找到提出问题、探究问题的方法。学生提出的问题在很大程度上能反映他对所学内容的掌握程度。评课时，应注意学生能不能提出一些有代表性、适当性和实用性的问题，能不能通过探究合作等方式，科学、通俗、实质性地解决问题。即使提出些一时不好解决的问题，也应予以肯定，不能因提出的问题太难太偏而给予不适当的评价。

6. 对研学旅行氛围的评价

指导教师要恰当地利用研学旅行资源，巧妙地使用各种研学旅行教学设备，能利用先进的电教媒体辅助教学，师生相互尊重、和谐相处，创设平等宽松的研学环境。学生讲错了没人笑话，操作不规范会得到帮助，和别人的意见不一致不会受歧视和被批评。这样的研学旅行氛围对研学十分有利，也是研学旅行的重要体现形式。在评价中应予以关心重视，视情况做出相应的判断。

7. 对研学旅行教学效果的评价

对研学旅行教学效果的评价，应将研学旅行资源知识、学校课本知识、指导师本身的知识及师生互动所产生的知识融为一体。另外，学生的认可程度也能反映出研学旅行效果的优劣。鼓励学生勇敢平等地、实事求是地评价指导师、评价基地，客观地评说自己所学的研学旅行课程，体现民主意识。评价时除了要对常规的知识掌握程度、能力培养程度、思想觉悟提高程度等做出评价外，还应多接触学生，从学生中得到公正的教学效果的评价。

（四）研学旅行评价机制的措施

研学旅行评价的对象包括学校、基地、酒店、餐厅、交通、旅行社、教师、学生、指导师、导游、安全员、授课专家等，在这里我们重点阐述对参加研学旅行学生的评价。对参加研学旅行学生的评价，具体要做到以下几个方面：

1. 建立健全评价机制

要建立健全中小学生参加研学旅行的评价机制，把中小学组织学生参加研学旅行的情况和成效作为学校综合考评体系的重要内容。

2. 纳入学生综合评价体系

学校和研学旅行机构要在充分尊重个性差异、鼓励多元发展的前提下，对学生参加研学旅行的情况和成效进行科学评价，并将评价结果逐步纳入学生学分管理体系和学生综合素质评价体系。

3. 评价突出发展导向

坚持学生成长导向，通过对学生成长过程的观察、记录、分析，促进学校及指导师把握学生的成长规律，了解学生的个性与特长，不断激发学生的潜能，为更好地促进学生成长提供依据。评价的首要功能是让学生及时获得关于学习过程的反馈，改进后续活动。要避免评价过程中只重结果、不重过程的现象。要对学生作品进行深入分析和研究，挖掘其背后蕴藏的学生的思想、创意和体验，杜绝对学生的作品随意打分和简单排名等功利主义做法。

4. 做好写实记录

指导师要指导学生客观记录参与活动的具体情况，包括活动主题、持续时间、所承担的角色、任务分工及完成情况等，及时填写活动记录单，并收集相关事实材料，如活动现场照片、作品、研究报告、实践单位证明等。活动记录、事实材料要真实、有据可查，为研学旅行活动评价提供必要基础。

5. 建立档案袋

在活动过程中，指导师要指导学生分类整理，遴选具有代表性的重要活动记录、典型事实材料以及其他有关资料，编排、汇总、归档，形成每一个学生的研学旅行活

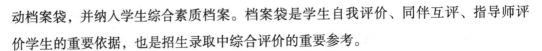

动档案袋，并纳入学生综合素质档案。档案袋是学生自我评价、同伴互评、指导师评价学生的重要依据，也是招生录取中综合评价的重要参考。

6. 开展科学评价

原则上每学期末，学校要依据课程目标和档案，结合平时对学生活动情况的观察，对学生综合素质发展水平进行科学分析，写出有关研学旅行活动情况的评语，引导学生扬长避短，明确努力方向。高中学校要结合实际情况，研究制定学生研学旅行活动评价标准和学分认定办法，对学生研学旅行活动课程学分进行认定。把研学旅行评价结果作为衡量学生全面发展情况的重要内容，作为评优评先的重要参考和毕业依据，作为高一级学校录取的重要参考或依据。

第九章 研学旅行宣传推广机制

【本章概况】

本章从宣传推广的概念、内容、对象、主体着手，首先提出宣传推广的特点及意义，指出宣传推广的基本落脚点，分析我国研学旅行宣传推广的现状，着重阐述宣传推广的具体手段和策略。

第一节 研学旅行宣传推广的概述

一、研学旅行宣传推广的概念

（一）含义

宣传推广是市场营销的一部分，就是把自己的产品、服务、技术、文化、事迹等通过传统的四大媒体（报刊、广播、电视、网络）广告让更多的人和组织机构了解、接受，从而达到宣传、普及的目的。维基百科下的定义如下：宣传在市场营销中是指发起者在某种出版媒体上发布重要商业新闻，或者在广播、电视中和银幕、舞台上获得有利的报道、展示、演出，用这种非人员形式来刺激目标顾客对某种产品、服务或商业单位的需求。

研学旅行的宣传推广是发起者借助传统媒体和新媒体，将研学旅行课程特色、服务进行介绍与宣传，使得更多的受众了解并参与这种课外教育形式，以达到研学旅行教育实践的社会过程和管理过程。

（二）内容

研学旅行宣传推广的内容包含广泛，可以是具体的研学旅行课程，包括研学旅行课程主题、内容、教学模式、教学方法、课程资源和研学旅行目标；也可以是研学旅行的理念的宣传，比如：红色革命教育理念、优秀传统文化理念、爱国情怀教育理念等，还可以是研学旅行政策、研学旅行基地规划设计、基地教学管理服务，以及研学旅行产品、路线和课程的宣传推广等。

（三）对象

研学旅行宣传推广的对象包括政府、教育主管部门、学校、研学旅行教育机构、

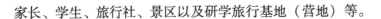

家长、学生、旅行社、景区以及研学旅行基地（营地）等。

（四）主体

研学旅行宣传推广不仅仅是研学旅行基地（营地）的工作，研学旅行主体也包括政府、政府职能部门、教育主管部门、学校、研学旅行基地（营地）、研学旅行教育机构、景区、家长，等等。各主体要引导全社会树立正确的研学旅行观念，支持配合学校开展研学旅行教育。加强研学旅行教育科学研究，宣传推广研学旅行教育典型经验。积极宣传企事业单位和社会机构，提供研学旅行教育服务的先进事迹。注重挖掘在抗疫救灾等重大事件中涌现出来的典型人物和事迹，大力宣传不畏艰难、百折不挠、敢于担当的高尚品格。鼓励和支持创作更多以歌颂研学旅行教育为主题的优秀作品，营造全社会关心和支持研学旅行教育的良好氛围。

二、研学旅行宣传推广的特点

（一）宣传内容的教育性

中小学研学旅行是一种面向学生的教育活动，让学生走进社会生活，并融入大自然环境之中，以获得关于社会、自然的真实体验，从而建立学习与生活的有机联系。基于研学旅行的特点，在宣传推广研学旅行课程及产品时，应首先突出学生在研学旅行活动中的教育性，从而使学生及学生家长更好地接受该研学旅行课程及服务。不同的研学课程，因其课程目标、主题的不同，可以对受众群体产生不同的教育意义，比如，中小学"红色研学游"可以提高学生们的责任感、使命感；"乡村旅游""农事体验"可以提高学生们的动手能力和实践能力；科技馆等研学课程，可以提高学生们的科学素养。

譬如，上海科技馆推出的 DIY 实验、科学表演、探究式研学旅行课程，力求与学校教育衔接，其中科技小讲台以情景剧的方式，结合教学相关热点问题，让学生形象、直观、通俗地理解相关现象、知识，引发学生的探索与思考。上海科技馆的讲座栏目，邀请相关主题的行业专家或者当事人亲临开讲，让参加的学生零距离接触行业最新知识，领略大家风采，启发学生了解自己的兴趣爱好，提高学生的科学素养。

（二）宣传对象的针对性

研学旅行宣传推广的对象包括学生、家长、学校、教育主管部门、研学旅行教育机构、景区、研学旅行基地（营地），以及政府职能部门等。针对不同的宣传对象，制订的宣传推广策略有所差别，譬如学生，研学旅行的推广需要细分学生市场，充分了解不同年龄段学生的需求，推出不同的研学旅行课程；譬如学生家长，针对不同收入状况的家庭，提供合理的研学旅行价位；对于学校，针对不同地域的学校以及实际情况，推出不同的研学旅行课程；譬如景区及研学基地，须结合景区及研学基地的特色，利用现有资源，深入挖掘特色研学项目。

（三）受众分析的全面性

宣传推广是研学旅行与受众的中介，宣传推广的主要目的之一即观众的拓展。明确什么类型的人是目标受众、目标受众的容量有多大、期望目标受众数量是多少等，这些都需要对受众进行全面的分析。譬如学生，需要了解有意愿参与研学旅行的学生的数量、偏好等；譬如学生家长，了解家长们的经济能力等；譬如学校，需要了解师资、学生情况、培养目标等；譬如景区及研学基地，了解基地资源、特点，推出适宜可行的研学旅行课程。

（四）推广内容的特殊性

中小学研学旅行具有自己独特的特点：集体为主、德育为先、体验为本。对于研学旅行的推广与宣传，应充分考虑研学旅行的特点，结合不同的研学旅行课程，进行不同侧重点的宣传，譬如，自然生态的研学旅行课程，应在推广中侧重对"陶冶身心，享受自然山水乐趣"的宣传，重点宣传为孩子们提供感知大自然、尽情深呼吸的理想地的自然保护区或基地；比如对各类博物馆、主题公园等研学旅行路线进行宣传时，应侧重让青少年们感受传统文化，感受科技魅力，激发学习欲望，以达到寓教于乐的目的。

（五）推广方式的多元性

研学旅行实验区和示范校的创建。各地的中小学广泛开展研学旅行实验区和示范校的创建工作，充分培育、挖掘和提炼先进典型经验，以点带面，整体推进。

1. 教材的推广。譬如，旅游教育出版社研学旅行管理与服务"十三五"规划教材的出版，涉及研学旅行概论、研学旅行课程设计、教育理论与实践、研学旅行政策法规、研学旅行市场营销等各个方面，这些书籍从理论和实践的层次，宣传了研学旅行课程。

2. 新媒体的宣传。随着互联网的发展，推广方式也越来越多元化，逐渐从传统媒体转移到新媒体平台的运营与推广，如：微博、微信、QQ、抖音、西瓜视频等。

3．多媒体宣传。通过多媒体影音和写实照片、监测设备展示等方式，让公众直面感受研学旅行，做好研学旅行工作；光荣与梦想展区展示领导关怀和未来展望内容。

4．传统方式宣传。把研学旅行纳入学校教学计划，将研学旅行知识作为学生教育的重要内容，进行立德树人教育。同时，加强教师队伍研学旅行教育教学能力培训，提高学校研学旅行管理水平。各学校结合实际，利用现有条件和资源，以各种形式开展经常性的研学旅行活动及体验活动。学校通过在校园网站设立宣传专栏，在校办刊物开辟研学旅行园地，在学校宣传栏出专刊，在学校图书馆摆放研学旅行读物等方式，搭建研学旅行宣传平台及载体。

（六）推广策略的计划性

"凡事预则立，不预则废。"管理学大师彼得·德鲁克提出目标管理，制定了高绩效的黄金准则——SMART原则。S是指Specific，明确性；M是指Measurable，衡量性；A是指Achievable，可达到性；R是指Relevant，相关性；T是Time - Bound，时限性。研学旅行推广的策略需要充分考虑这五个原则，具体指的是每一个层次的宣传与推广，都要在总体目标的背景下，形成各自具体的目标，执行、实施相应的计划来实现目标，要对各个过程、步骤的实施情况做出必要的评价。研学旅行指导师和中小学教师可以依据每一次的研学旅行课程的效果进行评价与反思，不断完善研学旅行课程，调整推广策略，提高宣传效果。

三、研学旅行宣传推广的现状

随着国家一系列关于"研学旅行"政策的出台，以及互联网的迅速发展，我国的研学旅行宣传与推广取得了可喜的效果。

（一）研学旅行宣传推广的市场广阔

《2018年全国旅游工作报告》指出，2017年中国人均出游近3.7次。在我国经济迅速增长、旅游业持续发展的背景下，学生参与的研学市场大有可为。

中国旅游业对GDP的综合贡献已由2014年（6.61万亿元）占比10.39%，逐步上升至2018年（9.94万亿元）占比11.04%。在增长率方面，国内游学增长率高达120%，在初次接触游学平均年龄方面，国内初次游学的年龄为8.8岁。旅游业的发展必然带来丰富的旅游产品，研学旅行就是一门综合实践活动课程，核心是研究性学习和旅行体验，灵魂是实践育人。

腾讯文旅团队和 Talking Data 联合出品的《智慧旅游助力美好生活——2018 年旅游行业发展报告》显示，2018 年国内移动旅游用户中亲子游用户占比 26.1%，即每四个移动旅游用户就有一个学生旅游产品用户。2018 年，我国参加国内研学和出国游学的学生分别达到 5032 万人和 314 万人。中国旅游研究院组织编写的《研学旅行发展报告（2017）》指出，研学旅行的市场热度持续上升，消费需求后劲可期，行业规模和市场空间广阔。有关数据测算，2019—2022 年，中国 3—16 岁的儿童、青少年将超过 2.3亿。按照全国 2 亿多中小学生 45% 的参与率估算，将形成近 1 亿人次的研学需求，市场规模有望达到千亿元。

（二）研学旅行宣传推广的定位

研学旅行宣传推广的定位应充分考虑其目标客户以及参与主体。据 2020 年 4 月份对携程网数据的统计，上海、北京、杭州是国内研学旅游出发频率较高的城市，总体上南方城市作为出发地的较多；同时，研学旅游产品的提供者多为一线城市的咨询公司，依次分布在上海、北京、深圳、杭州、广州、苏州等地，通过研学旅游产品供给和需求地点的一致性可以推断出，研学旅行客户群体主要集中在一线城市。随着经济的发展，二、三线城市也将源源不断为本地研学提供客户源。

作为一种以区域文化体验为主的旅游形式，宣传推广的对象可以是学生、家长、学校、教育主管部门、研学旅行教育机构、景区、研学旅行基地（营地），以及政府职能部门等，其受众大都是在校的学生。学生是研学旅行活动的重要参与者，因此研学旅行的定位要充分考虑到学生的特点和需求，使学生通过研学旅游掌握更多的社会与历史知识，使知识与能力相结合，全面促进学生的综合素质发展。2016 年印发的《关于推进中小学研学旅行的意见》的文件中提到："根据学段特点和地域特色，逐渐建立小学以乡土乡情为主、初中以县情市情为主、高中以省情国情为主的研学旅行活动课程体系。"《意见》中对中小学研学的定位一目了然：研学旅行作为一门必修课程纳入小学课程体系中。

（三）我国中小学研学旅行发展的 SWOT 分析

SWOT 分析法，是 20 世纪 80 年代美国旧金山大学管理学教授韦里克所提出的一种被广泛应用的系统统筹方法。这种分析方法是通过调查与研究对象密切相关的各种内部优势、劣势以及外部的机会和威胁等，并依照矩阵形式排列，把各种因素相互匹配

起来加以分析，从而根据研究结果制定适宜的发展战略、对策等。（见图9-1）

优势（S）	劣势（W）
政策扶持力度广	学生安全隐患突出
研学发展空间广	研学旅行课程不足
旅游资源禀赋好	重游轻学问题显著
研学消费需求强劲	学生主体地位缺失
经济投入稳步增长	执行推进力度不足
旅游进入 4.0 时代	监督评估机制欠缺
机遇（O）	挑战（T）

图 9-1　中小学研学旅行 SWOT 分析

目前我国中小学研学旅行的优势是政府扶持力度大、研学发展空间广、旅游资源禀赋好，劣势是学生安全隐患突出、研学旅行课程不足及重游轻学问题突出，研学旅行宣传面临研学消费需求强劲、经费投入稳步增长及旅游进入新时代的机遇，同时也面临学生主体地位缺失、执行推进力度不足及监督评估机制欠缺的挑战。

第二节　研学旅行宣传推广的意义

研学旅行的宣传与推广直接影响了研学旅行的发展，是研学旅行开发与拓展的重要环节，对于学校、教师以及学生都有十分重要的意义。研学旅行的推广，不仅促进学校的发展，促进学校的全面育人，提高办学水平及发挥学校的平台功能，也有利于教师改革教学方法、提高教学技能，更有利于学生的全面发展，激发学生对党、对国家、对人民的热爱之情，帮助中小学生了解国情、热爱祖国、开阔眼界、增长知识，着力提高他们的社会责任感、创新精神和实践能力。

一、促进学校发展

研学旅行是推进实施素质教育的重要阵地，是深化教育课程改革的重要途径，是学校教育与校外教育相结合的重要组成部分。研学旅行的宣传与推广，可以使得更多的学校了解研学旅行的形式，保障研学旅行的开展，促进学校的发展。

（一）发挥学校的平台功能

研学旅行是学校严格贯彻落实教育部课程改革的要求，同时也是推进综合素质教育发展的重要基地，因此学校可以为研学旅行活动的实施提供一种自由开放的平台。研学旅行的宣传与推广不仅给学校带来了机遇，同时也给学校带来了挑战，将旅行与教学相结合，不仅有利于教学手段和方式的创新，还有利于提高教师队伍的整体素质，促进教育现代化。学校可以借助研学旅行这一途径深化教育改革，充分发挥学校的平台功能。

（二）促进学校的全面育人

中小学研学旅行是学校教育和校外教育衔接的创新形式，是教育教学的重要内容，是综合实践育人的有效途径，在研学旅行过程中，要实现学校、家庭和社会相互交流的有利衔接。家校社三位一体合作对于促进学生全面化发展具有重要的指导意义。研学旅行的宣传与推广，可以推动学校根据学段特点和地域特色，逐步建立小学阶段以乡土乡情为主、初中阶段以县情市情为主、高中阶段以省情国情为主的研学旅行活动课程体系，实现综合素质教育的目标。

（三）提升学校的办学水平

随着社会的不断进步，研学旅行活动内容很难在狭小的课堂中得到体现。有些教师的教学模式比较机械，授课内容较为单调，而研学旅行将旅游与教学巧妙结合在一起，为教师提供更加丰富的教学内容和题材，满足学生多样化的学习需求。从长远来看，教学内容的丰富和教学模式的转变，必然带来教学水平的全面提升，同时也促进学校间的交流互助，有利于学校培养新型的人才模式，全面提高办学层次，并与世界接轨。

二、促进教师专业发展

教师作为宣传和推广研学旅行的主体和实施者，研学旅行的开展与宣传推广也促进教师们提高教学技能。

（一）改革教学方法

研学旅行的宣传与推广有利于促进教师改进教学方法，将一种新的教学方式运用于中小学教学工作中，是教育工作者必须坚持的长期任务。在研学旅行中，学生通过集体出行的方式走出密闭的校园，感受祖国的大好河山，感受中华传统美德，在旅行的过程中增长见识，增加知识，实现不同学科知识的融合。同时，教师也走出了传统课堂，从学生的真实生活和发展需要出发，通过探究、服务、制作、体验等方式，培养学生的综合素质。

（二）丰富教学内容

根据教育部印发的《中小学综合实践活动课程指导纲要》以及《大中小学劳动教育指导纲要（试行）》的通知，研学旅行作为一种劳动教育实践课程，被纳入人才培养全过程。研学旅行丰富了教师的教学内容，使教师在教授课本理论知识的同时，引导学生进行社会实践，让学生面对真实的生活，运用所学知识解决实际问题，提高教学质量。

（三）提高教学技能

研学旅行的宣传与推广，可以使研学旅行课程在中小学阶段得到更为广阔的普及，教师可以通过教学方法的改进，提高自己的专业知识水平和素质，更好地适应教育现代化带来的各种挑战。教师的指导应贯穿于研学旅行的全过程：在活动准备阶段，要确立活动目标内容、丰富研学知识、把握课程概要、了解研学旅行法律法规等；在实施阶段，要引导学生主动运用各门学科知识分析解决实际问题，使学科知识在综合实践活动中得到延伸、综合、重组与提升；在研学课程结束后，教师也需要通过总结以及教学反思，来不断提高教学技能。

（四）拉近师生关系

研学旅行将旅游与教学巧妙结合在一起，为教师提供更加丰富的教学内容和题材，满足学生多样化的学习需求。此外，教师可以充分利用研学活动的机会，与学生进行沟通与交流，了解其心中的想法，解读其长期的困惑，站在学生的立场设身处地地为其着想，让其体会浓浓的师生情谊，拉近师生之间心与心的距离。

三、提高学生素质

研学旅行的宣传与推广，可以让广大中小学生在研学旅行中感受祖国大好河山，感受中华传统美德，感受革命光荣历史，感受改革开放伟大成就，增强对坚定"四个自信"的理解与认同；同时使学生学会动手动脑，学会生存生活，学会做人做事，促进身心健康、体魄强健、意志坚强，促进形成正确的世界观、人生观、价值观，培养他们成为德智体美劳全面发展的社会主义建设者和接班人。

（一）促进学生全面发展

研学旅行的过程能够有效锻炼学生与人和谐相处的社交能力，让学生融入集体活动当中，通过互相协作共同完成调查、访问以及资料收集等社会实践活动。研学旅行将学生的学习场所进行了极大的拓展，能够丰富学生的学习内容和学习方式。学生在研学旅行过程中只有充分发挥主观能动性，才能安排好学习的各个环节，感受自然风光和风土人情的魅力，体会我国悠久的历史文化，形成正确的人生观、世界观和价值观，养成良好的优秀品格。

（二）提高学生实践能力

在研学旅行自由、开放又有纪律约束的环境中，学生有足够的空间和时间来进行实践和反思。在此过程中，学生运用探究式、参与式、合作式的学习方式慢慢强化合作能力、创新能力，发散性思维被有效激发，更有利于学校培养创造型人才。不仅如此，研学旅行将学生带入大自然中，同时将生态意识植入活动的实施过程中，也渗透到学生心中，让学生在旅游学习的过程中养成独立自主、文明礼貌和吃苦耐劳的优秀品质。

（三）提升学生承受能力

研学旅行的宣传与推广，为学生们提供了传统课堂之外的教育方式，让学生们独立地去体验生活，培养他们独立自主能力、自我表现能力、自我才能的发展。在实践中，学生主动地感受与适应社会，增强自身的社会责任感与承受能力。

第三节　研学旅行宣传推广的途径

当今的时代是中国旅游4.0的时代，也就是以互联网、物联网、大数据、智能化等现代科技为支撑，以消费者驱动为理念，以大旅游产业为核心，通过旅游供应链上下游利益相关者线上线下的平台化运营实现跨界融合，共同打造互利共赢生态圈，迈向以跨界发展、全域旅游为标志的新时代。在中国旅游4.0的时代下，可以运用多种现代科技手段，实现研学旅行的宣传与推广。

一、运用大数据宣传推广

（一）建立大数据体系

大数据是指包括网络上的数据在内，结合现在统计的数据，以及对受众（消费者群体）持续的调查、媒体的关注和报道、旅游行业本身监测的数据。大数据时代带来的一个改变，就是"精准"，因为有数据、有算法，所以可以对每个人进行偏好分析并推送信息，具体在文旅方面，可以利用的技术有云平台、大数据体系。

1. 收集数据

收集数据，可借助 Oracle 数据库。研学旅行数据包含大量的结构化数据，例如实时的学生数量统计数据、学生基本信息数据、基础设施基本信息数据、民宿住宿数据、景区门票数据等。Oracle 数据库管理系统具有完整的数据管理、完备关系产品、分布式处理等功能，具有可用性强、可扩展性强、数据安全性强等特点，满足了研学旅行大数据平台的要求。

2. 整理数据

整理大数据的关键是从海量数据中分析挖掘出有用的信息和构建满足智慧旅行应用需求的模型，在各种多元异构数据中进行数据挖掘需要强大的计算资源，以及优秀的计算框架。

3. 运用数据

大数据的运营离不开各地政府、研学旅行机构、各级电信部门的协作。当地政府应积极部署无线局域网，尽快实现无线信号全面覆盖；加强智能监控建设；成立专门的信息管理部门，整合景区、交通运输、气象、运营商等区域经济数据资源，以达到数据共享、信息互通。运用大数据进行分析也有利于准确分析学生们的需求，结合多个维度的数据，制订符合人们需求的活动方案。

【知识拓展】

2018 年年底，通过线上大数据，做了研学旅行分布格局分析。研学旅行和营地教育消费与当地居民收入水平、消费观念、教育资源及水平等因素成正关联，我国有 66% 的研学旅行和营地教育企业分布在一线城市和新一线城市，其中北京、上海、广州、深圳四个城市最多，占比达 35.11%。

（资料来源：教育部教育发展研究中心研学旅行研究所《2018 全国中小学生研学旅行状况专题调研报告》）

2017 年，研学旅行机构以小微企业为主，年接待量较小，30 人以下的企业占到整体比例的 60.7%，员工规模 30 人以上的占到了 40%，这说明研学旅行还有很大的团队扩充空间。我国已有研学旅行机构超过 12000 家，研学旅行第一梯队企业，如世纪明德、明珠旅游等已成功挂牌"新三板",获得了资本市场的青睐。

(资料来源:中国商业数据网)

(二)平台推进

信息管理云平台,能把海量的研学旅行教育资源和应用管理统一为资源和应用一体的服务平台,从而实现更高层次、全局的智能化管理目标。利用云平台搭建中小学研学旅行教育体系共享信息管理平台,可以完善我国中小学研学旅行教育体系,降低人力、物力的成本,提高内容发布、管理和利用的效率。

1. 云平台和云消费

对于研学基地来说,基于大数据的传播和营销正在发生。直播带货一直很火,因为视频和直播已经成为人们获取信息的主要渠道。更重要的是,云生活和云消费成为当前社会生活大背景,这才是推动直播带货的主力。商家基于大数据进行数据采集,消费者通过 VR 试衣、试妆,推荐或购买定制的各种产品。不少研学基地也推出了"云游",让参与者进行虚拟体验,通过新技术,人们的游览体验完全变了,这是技术给研学旅行带来的变化。各个媒体也争相报道、争相传播,这便是最好的营销。我们不能把营销、传播和新技术割裂开来,很多时候三者是融合的,互相促进。譬如,云成长线上公益直播平台汇聚了国内外研学领域及教育领域的资深人士,搭建研学实践教育线上平台,通过在线直播向研学业界提供最新的研学标准、研学政策解读、研学课程设计、研学旅行安全管控及研学评价机制。同时,高标准、升级版的研学课程为研学从业人员带来了宝贵的学习提升机遇,在线上线下的衔接与融合中,逐步沉淀形成更多样化的推进模式。

2. 利用第三方平台

基于高分辨率遥感影像、地形数据等,利用先进的 3D 互联网、三维仿真、虚拟现实等技术,构建虚拟研学旅行系统。通过研学旅行互动,直观而生动地向研学师生演示旅行城市和景区地域风貌、风土民情、文化内涵,以及主要研学旅行线路的景点地理位置、景点分布、景点特色、景点历史变迁和相关旅游资讯。通过交互式视景仿真,使研学师生产生身临其境的感觉,让研学师生通过体验虚拟研学旅行目的地的景观,激发学生的旅行动机,吸引研学师生进行线下实地旅行。

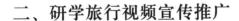

二、研学旅行视频宣传推广

（一）巧用视频制作软件

1. 美篇 app

美篇 app 是一款手机社交聊天软件、摄影爱好者们的分享社区。美篇 app 记录下生活中美好的点滴，路上的风景、各地的人文景观、美食、景色，用图文并茂的方式展现出来，和大家一起分享。研学旅行是集教育与旅行为一体的教育方式，用简单易操作的美篇 app，可以将研学活动用图片及视频的形式记录下来。

2. 蜜蜂剪辑

蜜蜂剪辑是一款视频剪辑软件，可快速裁剪、分割、合并视频，给视频加字幕、去水印、添加背景音乐，给视频调色、添加倒放效果、快进慢放，给视频配音，具有语音和字幕互转、绿幕抠图以及制作画中画视频等功能，是一款操作简单、功能齐全的全平台视频剪辑软件。

3. 视频剪辑大师

视频剪辑大师是一款非常好用的视频剪辑处理软件，软件拥有字幕添加、封面制作、视频拍摄、一键大片等功能，内置好看的帖子与精美的滤镜，最为强大的是可以将多张静态的图片拼接成一个视频，用户可以将自己制作好的视频导出至本地、分享给好友，还能上传至云端长期保存。

（二）视频推广平台

1. B 站

哔哩哔哩（英文名称：bilibili，简称 B 站）建于 2009 年 6 月 26 日，现为中国年轻一代高度聚集的文化社区和视频平台，被粉丝们亲切地称为"B 站"。截至 2019 年第三季度，B 站月均活跃用户达 1.28 亿，移动端月活跃用户达 1.14 亿。B 站采用会员制，主要业务有直播、游戏、广告、电商等。

2. 微视

微视是腾讯旗下短视频创作平台与分享社区，用户不仅可以在微视上浏览各种短视频，还可以将微视上的视频分享给好友和社交平台。2018 年 4 月 2 日，腾讯微视 4.0 版本上线，该版本推出了三大功能：视频跟拍功能，录制视频时可以直接使用原视频音乐，模仿原视频动作进行拍摄，降低视频拍摄难度；歌词字幕玩法，用户在选择背景音乐之后，录制视频时可选择显示歌词字幕，实现跟唱；AI 滤镜创新，腾讯微视新

版本也在短视频拍摄里加入了一键美颜功能、美型功能。

3. 抖音

"抖音"是一种由个人按一定规则创作的短视频社交软件，是专注于拍摄 15 秒左右的个人生活的音乐短视频社区。用户可以通过这款软件拍摄 15 秒左右的短视频，更可以通过编辑、特效等技术让视频更具创造性，形成自己的手机原生配乐作品。通过"抖音"短视频，用户可以分享个人的研学经历，也可以拍摄具有特色的景区小视频，还可以制作广告、展现样式原生、体验全新视觉、账号关联聚粉，这种视频社交软件操作简单，分享传播方式灵活。

4. 西瓜视频

西瓜视频是由今日头条（一个通信信息平台）孵化，通过人工智能帮助每个人发现自己喜欢的视频，并帮助视频创作人轻松地向全世界分享自己视频作品的一种软件。在西瓜视频上进行的宣传可以有两种途径：一种是上传小视频，吸引用户的关注，从而达到推广研学旅行课程的目的，具体方式是在百度搜索头条号，根据提示进行实名认证，成功之后即可发布作品。另一种是进行直播，登录你的头条号后台，登陆后在左侧一栏找到西瓜视频，点击展开，点击"我要开播"，弹出申请界面，根据直播内容，提交申请，下载直播伴侣。在西瓜直播中可以对研学旅行课程进行直播，以便于吸引更多的学生参与进来。

【案例展示】

邹城市依托三孟景区儒家文化资源，引领研学旅行发展

邹城市是我国古代著名思想家、教育家、亚圣先师孟子故里，儒家文化发源地，国家历史文化名城。"三孟"即孟府、孟庙、孟林，是中国历代祭祀孟子、推崇儒学的地方，具有发展研学旅行的独特优势。邹城三孟景区荣获教育部第一批"全国中小学研学实践教育基地"称号。

近年来，邹城市依托深厚的孟子、儒学文化底蕴及丰富的文物旅游资源，大力开展研学旅行，打造了一系列以经典诵读、礼乐文化、孟子思想探究为主题的孟子研学旅行品牌，与中央电视台、山东电视台合作举办系列讲座，定期邀请儒学大家来邹城孟府讲授儒学。同时，聘请国内知名研学旅行专家、研学旅行领军人物，为邹城培养邹城市研学旅行指导师志愿者，安排到每个研学基地、营地、景区、旅行社、学校，广泛开展规范研学旅行课程设计，为全市研学旅行活动规范有序开展注入了源源不断的生命活力。

同时，邹城市以孟子研学旅游项目为平台，不断加大文化旅游资源整合，推动研学旅行课程创新，除感悟孟子外，还特别针对研学团队的市场需求，量身定做，开发成人礼、经典诵读、孟庙朝圣、开笔礼、孟府菜制作、线装书制作、竹简制作等一批有文化涵养，参与性、互动性、趣味性强的研学课程，为学生提供丰富多彩、独具特色的古邾国民风民俗和中国古典文化体验活动。

同时，邹城市加强国际合作，设立国学教育基地，加大与世界各地研学旅行团队、儒学考察体验团、国学培训机构的合作。放眼国际需求，进一步发掘研学旅行资源，丰富研学旅行项目，写好孟子文化旅行文章，不断提升孟子研学旅行的综合吸引力和品牌认识度，打造"中国孟子"研学著名品牌。

（本案例由邹城市文物保护中心孟醒老师编写）

三、研学旅行自媒体宣传推广

（一）微信推广

微信具有传播快、交互性强、成本低的特点，这些特性让微信在众多同行产品的竞争中异军突起，了解微信功能及公众平台的推广方法，能够助力研学旅行的宣传推广。

1. 活用朋友圈

刷朋友圈，似乎正成为每天的"晚餐"，因此，微信推广需要掌握发朋友圈的技巧。

（1）修图技巧很关键。好的图片有一定的美观度，可以诠释文字，缓解读者阅读过程中的视觉疲劳，从单张图片的美观程度到图片的整体排版，都需要运营者精心调整。

想要发布的图片更美观、精致，需要借助修图软件进行处理，现介绍PS的使用：将图片放入PS之中，单击"保存"按钮，选择"存储为"，完成图片命名和格式后，会自动弹出JPEG选择框，将图像品质调到最佳，单击"确定"即可。PS的修补工具、五点修复画笔可以去除图片的杂质，提高图片的清晰度。

（2）留住人心靠软文。软文是基于特定产品的概念诉求与问题分析，对消费者进行有针对性的心理引导的一种文字模式。一篇优秀的软文在引起读者共鸣的同时，也能为策划者带来更多的效益。

软文写作可以从研学旅行的素材开始，并引入一些暖心小故事，摘取一些真实有趣的事件，把读者的感情调动起来，迅速吸引用户的眼球。当用户看到与自己密切相关的消息时，基于分享的心理，往往会转发，借此增加阅读量和影响力。比如：在介绍洛阳应天门的软文中，可以把中秋晚会的烟花表演及在应天门的录制节选作为引入；在介绍洛阳偃师二里头博物馆研学旅行课程时，可以将国际博物馆日宣传片作为引入，以吸引学生的兴趣，拓展学生以及博物馆热爱者的眼界。

（3）推广发送看时机。除了推送的内容外，在时间上也需要选择，微信使用的高峰在早上和晚上，许多活跃用户形成早上起床前或者晚上睡前看手机微信的习惯，在这个时间段推送，信息的阅读量和分享率自然会提高。如果是分享到朋友圈，可以在活动结束时进行及时整理与分享，如果是发布在微信公众号上，可以选择在特定的时间推送，培养用户定时查看消息的习惯，形成自己的公众号特色。

2. 使用公众号

微信公众号是目前十分热门、有效的一种微信营销方式，开通微信公众平台不需要花费太多时间和精力，在资金、人气要求方面都是零门槛，通过注册、功能设置等途径，就可以在微信公众号上对研学旅行课程、研学旅行基地进行宣传与推广。

譬如江苏盐城就研发推出盐城微信表情包"呦游盐城"，该表情包以麋鹿为原型，将可爱的麋鹿形象与盐城欧风花街、荷兰花海、中华麋鹿园等研学旅行基地相结合，引发网友关注。在创新推广模式方面，福州市三坊七巷景区微信公众号推出了一系列云游古厝栏目，增强与游客的信息互动；积极参加广播访谈节目、同程旅游福州旅游产品拍卖会等，保持曝光度。

（二）直播平台

1. 微盟

微盟直播 app 是一个直播工具，是提供给各个商家的新的营销方式。通过微盟直播 app，可 360 度展示商品，在线直接销售；通过抽奖、砍价等功能，直接掀起购物热潮。商家通过运营直播内容，可以实现引流顾客、促进交易、流量沉淀。

譬如，梦洁集团就是利用微盟直播小程序进行宣传，3000 多个社群导流＋微盟直播小程序互动，再通过梦洁一屋好货平台工具承载销售，实现 2020 年首场小程序直播，销售额突破 2500 万元。梦洁集团为了吸引不同年龄层次的消费者，通过"礼品＋秒杀"的形式来吸引受众，通过手表、音响、手机等年轻人喜欢的家居生活和科技用品作为礼品来促进复购率。对于"万人拼团抢工厂"这个直播主题，梦洁则选了 40 款

SKU，同时对这些商品做了 4 个分级：低价、中低、中高和高档产品。对于这个策略，负责人李菁表示："因为直播时长较长，在什么时间段放哪个等级产品的节奏和策略就不一样，比如带销量，就需要价格相对较低的、性价比高的产品，这主要占了本次直播销量的 70% 左右。"而在直播过程中，梦洁通过层层管理，统一指挥，从总部开始到中心指挥群到运营中心负责的大区社群，最后到每个门店的群管理，指令同步传达，各群快速响应，通过共享互动活动、群话术等，营造了良好的气氛和节奏。

2. 花椒直播

花椒直播是国内具有强属性的移动社交直播平台，聚焦"90 后"生活，每天进行互动和分享。花椒直播推出上百档自制直播节目，涵盖文化、娱乐、体育、旅游、音乐、健身、情景剧等多个领域。

该软件具有以下功能：花椒 VR 直播采用双目摄像头，通过手机陀螺仪数据以及技术优化处理，让用户戴上 VR 眼镜后可以看到更加真实的 3D 场景。脸萌技术：通过人脸识别技术，将皇冠、兔耳朵、帽子、猫咪等多种表情直接戴在头上或出现在用户面部，让直播更萌、更有趣。美颜：花椒直播会自动对用户的面部进行美白、化妆等，让用户可以在直播的时候向粉丝们展现自己最好的一面。直播时，视频同时上传至云端，不占用手机内存。直播时后台进行视频压缩，粉丝看到的直播视频都是经过处理的，节省主播以及观看用户的流量。

不仅仅是微盟、花椒直播，腾讯微视、抖音等平台也提供直播服务，这些都成为研学旅行宣传推广的平台。如海南热带野生动植物园与腾讯微视推出了名为"满园春色，海野尽享"在线直播，吸引 20 余万人在线观看。随后，该园趁热打铁，与抖音平台合作，推出了线上直播植树公益活动，同样赢得了大批网友点赞。在疫情期内，研学公司开启名为"暖春计划"的研学教育线上直播，"短视频＋研学"成为全新的文旅内容生产传播、视频营销和推广模式。

（二）微博推广

1. 运营基础布局

焦点图可以进行活动宣传、阶段性事件宣传。在后台可以自行上传最多 5 张图，用户单击图片就可以自动链接到活动页面。

2. 发布博文

前期可以使用微博定时应用"皮皮时光机"，预设定时发博文的功能，借以丰富微博内容。有一定粉丝量后，发布的博文须注意以下几点：第一是原创性。第二是发布的时间，在合适的时间推送会让流量翻倍，如上午 7：00—9：00、中午 12：00—14：00 的午休时间以及晚上 8：00—10：00。第三点是可以制作微博小视频，以方便转发与阅读。

（四）QQ 推广

QQ 推广最大的作用是引流和聚集粉丝。

1. 建 QQ 群

QQ 群相比其他推广方式，可以将用户缩小到某个领域，甚至是缩小到关注同一话题。进行 QQ 群推广时可以进行以下操作：

（1）寻找目标受众群体。搜索目标群体时需要使用搜索引擎优化关键词，利用分析出的关键词挑选目标 QQ 群。

（2）加入 QQ 群。申请加入 QQ 群前要进行账号部署，认真设置头像、签名、联系方式等，增加群管理通过的概率。

（3）保持活跃。成功加入目标 QQ 群后，遵守群规，然后保持一定的活跃度。

（4）争做群管理。入群保持活跃度，目的是和群主搞好关系，争取群管理的位置，群管理有"@全部成员"的功能，这样就可以通过此功能提醒屏蔽群消息的用户。

2. 兴趣部落

手机 QQ 兴趣部落将强互动的实时聊天和弱互动的异步讨论的社区做整合，为所有互联网用户提供一套解决方案，用来满足用户在兴趣社交上的内容生产、寻找和消费。

3. QQ 空间

QQ 空间可以分享原创文章，利用 QQ 空间的相册功能，可以把研学旅行过程的照片分享到 QQ 空间，借以宣传，QQ 空间的图片可以直达好友的动态页面。

（五）研学旅行 APP

随着手机智能技术的发展，一系列关于研学旅行的 APP 出现了，如研学旅行、研学教育、领奥研学先锋等 APP。这些 APP 通过在线教育平台，为学生和教师提供丰富的研学教育服务，可以在线预约或是参与研学，软件拥有众多优质专家、机构、场地资源，可以帮助学生开拓视野，实现学生综合素质全面发展。

除了这些互联网发展下的大数据、云平台、APP 及各种软件，研学旅行的推广与宣传也离不开专业教材的出版以及活动的策划，需要越来越多的教育学者投身研学活动的研究与推广，实地调研当地的研学旅游资源，形成专项研究报告，形成行业发展白皮书，深度解读研学旅行，并最终推出系列研学旅行产品，真正达到从实地调查到学术研讨，再到市场转化的"产学研用一体化"无缝对接目标。

附件

一、关于推进中小学生研学旅行的意见

关于推进中小学生研学旅行的意见

教基一〔2016〕8号

各省、自治区、直辖市教育厅（教委）、发展改革委、公安厅（局）、财政厅（局）、交通运输厅（局、委）、文化厅（局）、食品药品监督管理局、旅游委（局）、保监局、团委，新疆生产建设兵团教育局、发展改革委、公安局、财务局、交通局、文化广播电视局、食品药品监督管理局、旅游局、团委，各铁路局：

为贯彻落实党的十八大和十八届三中、四中、五中、六中全会精神，深入学习贯彻习近平总书记系列重要讲话精神，秉承"创新、协调、绿色、开放、共享"的发展理念，落实立德树人根本任务，帮助中小学生了解国情、热爱祖国、开阔眼界、增长知识，着力提高他们的社会责任感、创新精神和实践能力，现就推进中小学生研学旅行提出如下意见。

一、重要意义

中小学生研学旅行是由教育部门和学校有计划地组织安排，通过集体旅行、集中食宿方式开展的研究性学习和旅行体验相结合的校外教育活动，是学校教育和校外教育衔接的创新形式，是教育教学的重要内容，是综合实践育人的有效途径。开展研学旅行，有利于促进学生培育和践行社会主义核心价值观，激发学生对党、对国家、对人民的热爱之情；有利于推动全面实施素质教育，创新人才培养模式，引导学生主动适应社会，促进书本知识和生活经验的深度融合；有利于加快提高人民生活质量，满足学生日益增长的旅游需求，从小培养学生文明旅游意识，养成文明旅游行为习惯。

近年来，各地积极探索开展研学旅行，部分试点地区取得显著成效，在促进学生健康成长和全面发展等方面发挥了重要作用，积累了有益经验。但一些地区在推进研学旅行工作过程中，存在思想认识不到位、协调机制不完善、责任机制不健全、安全保障不规范等问题，制约了研学旅行有效开展。当前，我国已进入全面建成小康社会的决胜阶段，研学旅行正处在大有可为的发展机遇期，各地要把研学旅行摆在更加重

要的位置，推动研学旅行健康快速发展。

二、工作目标

以立德树人、培养人才为根本目的，以预防为重、确保安全为基本前提，以深化改革、完善政策为着力点，以统筹协调、整合资源为突破口，因地制宜开展研学旅行。让广大中小学生在研学旅行中感受祖国大好河山，感受中华传统美德，感受革命光荣历史，感受改革开放伟大成就，增强对坚定"四个自信"的理解与认同；同时学会动手动脑，学会生存生活，学会做人做事，促进身心健康、体魄强健、意志坚强，促进形成正确的世界观、人生观、价值观，培养他们成为德智体美全面发展的社会主义建设者和接班人。

开发一批育人效果突出的研学旅行活动课程，建设一批具有良好示范带动作用的研学旅行基地，打造一批具有影响力的研学旅行精品线路，建立一套规范管理、责任清晰、多元筹资、保障安全的研学旅行工作机制，探索形成中小学生广泛参与、活动品质持续提升、组织管理规范有序、基础条件保障有力、安全责任落实到位、文化氛围健康向上的研学旅行发展体系。

三、基本原则

——教育性原则。研学旅行要结合学生身心特点、接受能力和实际需要，注重系统性、知识性、科学性和趣味性，为学生全面发展提供良好成长空间。

——实践性原则。研学旅行要因地制宜，呈现地域特色，引导学生走出校园，在与日常生活不同的环境中拓展视野、丰富知识、了解社会、亲近自然、参与体验。

——安全性原则。研学旅行要坚持安全第一，建立安全保障机制，明确安全保障责任，落实安全保障措施，确保学生安全。

——公益性原则。研学旅行不得开展以营利为目的的经营性创收，对贫困家庭学生要减免费用。

四、主要任务

1. 纳入中小学教育教学计划。各地教育行政部门要加强对中小学开展研学旅行的指导和帮助。各中小学要结合当地实际，把研学旅行纳入学校教育教学计划，与综合实践活动课程统筹考虑，促进研学旅行和学校课程有机融合，要精心设计研学旅行活动课程，做到立意高远、目的明确、活动生动、学习有效，避免"只旅不学"或"只学不旅"现象。学校根据教育教学计划灵活安排研学旅行时间，一般安排在小学四到六年级、初中一到二年级、高中一到二年级，尽量错开旅游高峰期。学校根据学段特点和地域特色，逐步建立小学阶段以乡土乡情为主、初中阶段以县情市情为主、高中阶段以省情国情为主的研学旅行活动课程体系。

2. 加强研学旅行基地建设。各地教育、文化、旅游、共青团等部门、组织密切合作，根据研学旅行育人目标，结合域情、校情、生情，依托自然和文化遗产资源、红色教育资源和综合实践基地、大型公共设施、知名院校、工矿企业、科研机构等，遴选建设一批安全适宜的中小学生研学旅行基地，探索建立基地的准入标准、退出机制和评价体系；要以基地为重要依托，积极推动资源共享和区域合作，打造一批示范性研学旅行精品线路，逐步形成布局合理、互联互通的研学旅行网络。各基地要将研学旅行作为理想信念教育、爱国主义教育、革命传统教育、国情教育的重要载体，突出祖国大好风光、民族悠久历史、优良革命传统和现代化建设成就，根据小学、初中、高中不同学段的研学旅行目标，有针对性地开发自然类、历史类、地理类、科技类、人文类、体验类等多种类型的活动课程。教育部将建设研学旅行网站，促进基地课程和学校师生间有效对接。

3. 规范研学旅行组织管理。各地教育行政部门和中小学要探索制定中小学生研学旅行工作规程，做到"活动有方案，行前有备案，应急有预案"。学校组织开展研学旅行可采取自行开展或委托开展的形式，提前拟定活动计划并按管理权限报教育行政部门备案，通过家长委员会、致家长的一封信或召开家长会等形式告知家长活动意义、时间安排、出行线路、费用收支、注意事项等信息，加强学生和教师的研学旅行事前培训和事后考核。学校自行开展研学旅行，要根据需要配备一定比例的学校领导、教师和安全员，也可吸收少数家长作为志愿者，负责学生活动管理和安全保障，与家长签订协议书，明确学校、家长、学生的责任权利。学校委托开展研学旅行，要与有资质、信誉好的委托企业或机构签订协议书，明确委托企业或机构承担学生研学旅行安全责任。

4. 健全经费筹措机制。各地可采取多种形式、多种渠道筹措中小学生研学旅行经费，探索建立政府、学校、社会、家庭共同承担的多元化经费筹措机制。交通部门对中小学生研学旅行公路和水路出行严格执行儿童票价优惠政策，铁路部门可根据研学旅行需求，在能力许可范围内积极安排好运力。文化、旅游等部门要对中小学生研学旅行实施减免场馆、景区、景点门票政策，提供优质旅游服务。保险监督管理机构会同教育行政部门推动将研学旅行纳入校方责任险范围，鼓励保险企业开发有针对性的产品，对投保费用实施优惠措施。鼓励通过社会捐赠、公益性活动等形式支持开展研学旅行。

5. 建立安全责任体系。各地要制订科学有效的中小学生研学旅行安全保障方案，探索建立行之有效的安全责任落实、事故处理、责任界定及纠纷处理机制，实施分级备案制度，做到层层落实，责任到人。教育行政部门负责督促学校落实安全责任，审核学校报送的活动方案（含保单信息）和应急预案。学校要做好行前安全教育工作，负责确认出行师生购买意外险，必须投保校方责任险，与家长签订安全责任书，与委托开展研学旅行的企业或机构签订安全责任书，明确各方安全责任。旅游部门负责审核开展研学旅行的企业或机构的准入条件和服务标准。交通部门负责督促有关运输企业检查学生出行的车、船等交通工具。公安、食品药品监管等部门加强对研学旅行涉及的住宿、餐饮等公共经营场所的安全监督，依法查处运送学生车辆的交通违法行为。保险监督管理机构负责指导保险行业提供并优化校方责任险、旅行社责任险等相关产品。

五、组织保障

1. 加强统筹协调。各地要成立由教育部门牵头，发改、公安、财政、交通、文化、食品药品监管、旅游、保监和共青团等相关部门、组织共同参加的中小学生研学旅行工作协调小组，办事机构可设在地方校外教育联席会议办公室，加大对研学旅行工作的统筹规划和管理指导，结合本地实际情况制订相应工作方案，将职责层层分解落实到相关部门和单位，定期检查工作推进情况，加强督查督办，切实将好事办好。

2. 强化督查评价。各地要建立健全中小学生参加研学旅行的评价机制，把中小学组织学生参加研学旅行的情况和成效作为学校综合考评体系的重要内容。学校要在充分尊重个性差异、鼓励多元发展的前提下，对学生参加研学旅行的情况和成效进行科学评价，并将评价结果逐步纳入学生学分管理体系和学生综合素质评价体系。

3. 加强宣传引导。各地要在中小学广泛开展研学旅行实验区和示范校创建工作，充分培育、挖掘和提炼先进典型经验，以点带面，整体推进。教育部将遴选确定部分地区为全国研学旅行实验区，积极宣传研学旅行的典型经验。各地要积极创新宣传内容和形式，向家长宣传研学旅行的重要意义，向学生宣传"读万卷书、行万里路"的重大作用，为研学旅行工作营造良好的社会环境和舆论氛围。

教育部　国家发展改革委　公安部　财政部　交通运输部　文化部　食品药品监管总局　国家旅游局　保监会共青团中央　中国铁路总公司

2016 年 11 月 30 日

二、中小学综合实践活动课程指导纲要

中小学综合实践活动课程指导纲要

教育部 2017 年 9 月 25 日颁布

为全面贯彻党的教育方针，坚持教育与生产劳动、社会实践相结合，引导学生深入理解和践行社会主义核心价值观，充分发挥中小学综合实践活动课程在立德树人中的重要作用，特制定本纲要。

一、课程性质与基本理念

（一）课程性质

综合实践活动是从学生的真实生活和发展需要出发，从生活情境中发现问题，转化为活动主题，通过探究、服务、制作、体验等方式，培养学生综合素质的跨学科实践性课程。

综合实践活动是国家义务教育和普通高中课程方案规定的必修课程，与学科课程并列设置，是基础教育课程体系的重要组成部分。该课程由地方统筹管理和指导，具体内容以学校开发为主，自小学一年级至高中三年级全面实施。

（二）基本理念

1. 课程目标以培养学生综合素质为导向

本课程强调学生综合运用各学科知识，认识、分析和解决现实问题，提升综合素质，着力发展核心素养，特别是社会责任感、创新精神和实践能力，以适应快速变化的社会生活、职业世界和个人自主发展的需要，迎接信息时代和知识社会的挑战。

2. 课程开发面向学生的个体生活和社会生活

本课程面向学生完整的生活世界，引导学生从日常学习生活、社会生活或与大自然的接触中提出具有教育意义的活动主题，使学生获得关于自我、社会、自然的真实体验，建立学习与生活的有机联系。要避免仅从学科知识体系出发进行活动设计。

3. 课程实施注重学生主动实践和开放生成

本课程鼓励学生从自身成长需要出发，选择活动主题，主动参与并亲身经历实践

过程，体验并践行价值信念。在实施过程中，随着活动的不断展开，在教师指导下，学生可根据实际需要，对活动的目标与内容、组织与方法、过程与步骤等做出动态调整，使活动不断深化。

4. 课程评价主张多元评价和综合考察

本课程要求突出评价对学生的发展价值，充分肯定学生活动方式和问题解决策略的多样性，鼓励学生自我评价与同伴间的合作交流和经验分享。提倡多采用质性评价方式，避免将评价简化为分数或等级。要将学生在综合实践活动中的各种表现和活动成果作为分析考察课程实施状况与学生发展状况的重要依据，对学生的活动过程和结果进行综合评价。

二、课程目标

（一）总目标

学生能从个体生活、社会生活及与大自然的接触中获得丰富的实践经验，形成并逐步提升对自然、社会和自我之内在联系的整体认识，具有价值体认、责任担当、问题解决、创意物化等方面的意识和能力。

（二）学段目标

1. 小学阶段具体目标

（1）价值体认：通过亲历、参与少先队活动、场馆活动和主题教育活动，参观爱国主义教育基地等，获得有积极意义的价值体验。理解并遵守公共空间的基本行为规范，初步形成集体思想、组织观念，培养对中国共产党的朴素感情，为自己是中国人感到自豪。

（2）责任担当：围绕日常生活开展服务活动，能处理生活中的基本事务，初步养成自理能力、自立精神、热爱生活的态度，具有积极参与学校和社区生活的意愿。

（3）问题解决：能在教师的引导下，结合学校、家庭生活中的现象，发现并提出自己感兴趣的问题。能将问题转化为研究小课题，体验课题研究的过程与方法，提出自己的想法，形成对问题的初步解释。

（4）创意物化：通过动手操作实践，初步掌握手工设计与制作的基本技能；学会运用信息技术，设计并制作有一定创意的数字作品。运用常见、简单的信息技术解决实际问题，服务于学习和生活。

2. 初中阶段具体目标

（1）价值体认：积极参加班团队活动、场馆体验、红色之旅等，亲历社会实践，加深有积极意义的价值体验。能主动分享体验和感受，与老师、同伴交流思想认识，形成国家认同，热爱中国共产党。通过职业体验活动，发展兴趣专长，形成积极的劳动观念和态度，具有初步的生涯规划意识和能力。

（2）责任担当：观察周围的生活环境，围绕家庭、学校、社区的需要开展服务活动，增强服务意识，养成独立的生活习惯；愿意参与学校服务活动，增强服务学校的行动能力；初步形成探究社区问题的意识，愿意参与社区服务，初步形成对自我、学校、社区负责任的态度和社会公德意识，初步具备法治观念。

（3）问题解决：能关注自然、社会、生活中的现象，深入思考并提出有价值的问题，将问题转化为有价值的研究课题，学会运用科学方法开展研究。能主动运用所学知识理解与解决问题，并做出基于证据的解释，形成基本符合规范的研究报告或其他形式的研究成果。

（4）创意物化：运用一定的操作技能解决生活中的问题，将一定的想法或创意付诸实践，通过设计、制作或装配等，制作和不断改进较为复杂的制品或用品，发展实践创新意识和审美意识，提高创意实现能力。通过信息技术的学习实践，提高利用信息技术进行分析和解决问题的能力以及数字化产品的设计与制作能力。

3. 高中阶段具体目标

（1）价值体认：通过自觉参加班团活动、走访模范人物、研学旅行、职业体验活动，组织社团活动，深化社会规则体验、国家认同、文化自信，初步体悟个人成长与职业世界、社会进步、国家发展和人类命运共同体的关系，增强根据自身兴趣专长进行生涯规划和职业选择的能力，强化对中国共产党的认识和感情，具有中国特色社会主义共同理想和国际视野。

（2）责任担当：关心他人、社区和社会发展，能持续地参与社区服务与社会实践活动，关注社区及社会存在的主要问题，热心参与志愿者活动和公益活动，增强社会责任意识和法治观念，形成主动服务他人、服务社会的情怀，理解并践行社会公德，提高社会服务能力。

（3）问题解决：能对个人感兴趣的领域开展广泛的实践探索，提出具有一定新意和深度的问题，综合运用知识分析问题，用科学方法开展研究，增强解决实际问题的能力。能及时对研究过程及研究结果进行审视、反思并优化调整，建构基于证据的、具有说服力的解释，形成比较规范的研究报告或其他形式的研究成果。

（4）创意物化：积极参与动手操作实践，熟练掌握多种操作技能，综合运用技能

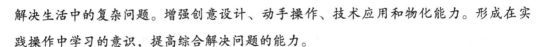

解决生活中的复杂问题。增强创意设计、动手操作、技术应用和物化能力。形成在实践操作中学习的意识，提高综合解决问题的能力。

三、课程内容与活动方式

学校和教师要根据综合实践活动课程的目标，并基于学生发展的实际需求，设计活动主题和具体内容，并选择相应的活动方式。

（一）内容选择与组织原则

综合实践活动课程的内容选择与组织应遵循如下原则：

1. 自主性

在主题开发与活动内容选择时，要重视学生自身发展需求，尊重学生的自主选择。教师要善于引导学生围绕活动主题，从特定的角度切入，选择具体的活动内容，并自定活动目标任务，提升自主规划和管理能力。同时，要善于捕捉和利用课程实施过程中生成的有价值的问题，指导学生深化活动主题，不断完善活动内容。

2. 实践性

综合实践活动课程强调学生亲身经历各项活动，在"动手做""实验""探究""设计""创作""反思"的过程中进行"体验""体悟""体认"，在全身心参与的活动中，发现、分析和解决问题，体验和感受生活，发展实践创新能力。

3. 开放性

综合实践活动课程面向学生的整个生活世界，具体活动内容具有开放性。教师要基于学生已有经验和兴趣专长，打破学科界限，选择综合性活动内容，鼓励学生跨领域、跨学科学习，为学生自主活动留出余地。要引导学生把自己成长的环境作为学习场所，在与家庭、学校、社区的持续互动中，不断拓展活动时空和活动内容，使自己的个性特长、实践能力、服务精神和社会责任感不断获得发展。

4. 整合性

综合实践活动课程的内容组织，要结合学生发展的年龄特点和个性特征，以促进学生的综合素质发展为核心，均衡考虑学生与自然的关系、学生与他人和社会的关系、学生与自我的关系这三个方面的内容。对活动主题的探究和体验，要体现个人、社会、自然的内在联系，强化科技、艺术、道德等方面的内在整合。

5. 连续性

综合实践活动课程的内容设计应基于学生可持续发展的要求，设计长短期相结合的主题活动，使活动内容具有递进性。要促使活动内容由简单走向复杂，使活动主题向纵深发展，不断丰富活动内容、拓展活动范围，促进学生综合素质的持续发展。要处理好学期之间、学年之间、学段之间活动内容的有机衔接与联系，构建科学合理的活动主题序列。

（二）活动方式

综合实践活动的主要方式及其关键要素为：

1. 考察探究

考察探究是学生基于自身兴趣，在教师的指导下，从自然、社会和学生自身生活中选择和确定研究主题，开展研究性学习，在观察、记录和思考中，主动获取知识，分析并解决问题的过程，如野外考察、社会调查、研学旅行等，它注重运用实地观察、访谈、实验等方法，获取材料，形成理性思维、批判质疑和勇于探究的精神。考察探究的关键要素包括：发现并提出问题；提出假设，选择方法，研制工具；获取证据；提出解释或观念；交流、评价探究成果；反思和改进。

2. 社会服务

社会服务指学生在教师的指导下，走出教室，参与社会活动，以自己的劳动满足社会组织或他人的需要，如公益活动、志愿服务、勤工俭学等，它强调学生在满足被服务者需要的过程中，获得自身发展，促进相关知识技能的学习，提升实践能力，成为履职尽责、敢于担当的人。社会服务的关键要素包括：明确服务对象与需要；制订服务活动计划；开展服务行动；反思服务经历，分享活动经验。

3. 设计制作

设计制作指学生运用各种工具、工艺（包括信息技术）进行设计，并动手操作，将自己的创意、方案付诸现实，转化为物品或作品的过程，如动漫制作、编程、陶艺创作等，它注重提高学生的技术意识、工程思维、动手操作能力等。在活动过程中，鼓励学生手脑并用，灵活掌握、融会贯通各类知识和技巧，提高学生的技术操作水平、知识迁移水平，体验工匠精神等。设计制作的关键要素包括：创意设计；选择活动材料或工具；动手制作；交流展示物品或作品，反思与改进。

4. 职业体验

职业体验指学生在实际工作岗位上或模拟情境中见习、实习，体认职业角色的过程，如军训、学工、学农等，它注重让学生获得对职业生活的真切理解，发现自己的专长，培养职业兴趣，形成正确的劳动观念和人生志向，提升生涯规划能力。职业体验的关键要素包括：选择或设计职业情境；实际岗位演练；总结、反思和交流经历过程；概括提炼经验，行动应用。

综合实践活动除了以上活动方式外，还有党团队教育活动、博物馆参观等。综合实践活动方式的划分是相对的。在活动设计时可以有所侧重，以某种方式为主，兼顾其他方式；也可以整合方式实施，使不同活动要素彼此渗透、融合贯通。要充分发挥信息技术对于各类活动的支持作用，有效促进问题解决、交流协作、成果展示与分享等。

四、学校对综合实践活动课程的规划与实施

（一）课程规划

中小学校是综合实践活动课程规划的主体，应在地方指导下，对综合实践活动课程进行整体设计，将办学理念、办学特色、培养目标、教育内容等融入其中。要依据学生发展状况、学校特色、可利用的社区资源（如各级各类青少年校外活动场所、综合实践基地和研学旅行基地等）对综合实践活动课程进行统筹考虑，形成综合实践活动课程总体实施方案；还要基于学生的年段特征、阶段性发展要求，制定具体的"学校学年（或学期）活动计划与实施方案"，对学年、学期活动做出规划。要使总体实施方案和学年（或学期）活动计划相互配套、衔接，形成促进学生持续发展的课程实施方案。

学校在课程规划时要注意处理好以下关系：

1. 综合实践活动课程的预设与生成

学校要统筹安排各年级、各班级学生的综合实践活动课时、主题、指导教师、场地设施等，加强与校外活动场所的沟通协调，为每一个学生参与活动创造必要条件，提供发展机遇，但不得以单一、僵化、固定的模式去约束所有班级、社团的具体活动过程，剥夺学生自主选择的空间。要允许和鼓励师生从生活中选择有价值的活动主题，选择适当的活动方式创造性地开展活动。要关注学生活动的生成性目标与生成性主题并引导其发展，为学生创造性的发展开辟广阔空间。

2. 综合实践活动课程与学科课程

在设计与实施综合实践活动课程中，要引导学生主动运用各门学科知识分析解决实际问题，使学科知识在综合实践活动中得到延伸、综合、重组与提升。学生在综合实践活动中所发现的问题要在相关学科教学中分析解决，所获得的知识要在相关学科教学中拓展加深。防止用学科实践活动取代综合实践活动。

3. 综合实践活动课程与专题教育

可将有关专题教育，如优秀传统文化教育、革命传统教育、国家安全教育、心理

健康教育、环境教育、法治教育、知识产权教育等，转化为学生感兴趣的综合实践活动主题，让学生通过亲历感悟、实践体验、行动反思等方式实现专题教育的目标，防止将专题教育简单等同于综合实践活动课程。要在国家宪法日、国家安全教育日、全民国防教育日等重要时间节点，组织学生开展相关主题教育活动。

（二）课程实施

作为综合实践活动课程实施的主体，学校要明确实施机构及人员、组织方式等，加强过程指导和管理，确保课程实施到位。

1. 课时安排

小学1—2年级，平均每周不少于1课时；小学3—6年级和初中，平均每周不少于2课时；高中执行课程方案相关要求，完成规定学分。各学校要切实保证综合实践活动时间，在开足规定课时总数的前提下，根据具体活动需要，把课时的集中使用与分散使用有机结合起来。要根据学生活动主题的特点和需要，灵活安排、有效使用综合实践活动时间。学校要给予学生广阔的探究时空环境，保证学生活动的连续性和长期性。要处理好课内与课外的关系，合理安排时间并拓展学生的活动空间与学习场域。

2. 实施机构与人员

学校要成立综合实践活动课程领导小组，结合实际情况设置专门的综合实践活动课程中心或教研组，或由教科室、教务处、学生处等职能部门，承担起学校课程实施规划、组织、协调与管理等方面的责任，负责制定并落实学校综合实践活动课程实施方案，整合校内外教育资源，统筹协调校内外相关部门的关系，联合各方面的力量，特别是加强与校外活动场所的沟通协调，保证综合实践活动课程的有效实施。要充分发挥少先队、共青团以及学生社团组织的作用。

要建立专兼职相结合、相对稳定的指导教师队伍。学校教职工要全员参与，分工合作。原则上每所学校至少配备1名专任教师，主要负责指导学生开展综合实践活动，组织其他学科教师开展校本教研活动。各学科教师要发挥专业优势，主动承担指导任务。积极争取家长、校外活动场所指导教师、社区人才资源等有关社会力量成为综合实践活动课程的兼职指导教师，协同指导学生综合实践活动的开展。

3. 组织方式

综合实践活动以小组合作方式为主，也可以个人单独进行。小组合作范围可以从班级内部，逐步走向跨班级、跨年级、跨学校和跨区域等。要根据实际情况灵活运用各种组织方式。要引导学生根据兴趣、能力、特长、活动需要，明确分工，做到人尽其责，合理高效。既要让学生有独立思考的时间和空间，又要充分发挥合作学习的优势，重视培养学生的自主参与意识与合作沟通能力。鼓励学生利用信息技术手段突破时空界限，进行广泛的交流与密切合作。

4. 教师指导

在综合实践活动实施过程中，要处理好学生自主实践与教师有效指导的关系。教师既不能"教"综合实践活动，也不能推卸指导的责任，而应当成为学生活动的组织者、参与者和促进者。教师的指导应贯穿于综合实践活动实施的全过程。

在活动准备阶段，教师要充分结合学生经验，为学生提供活动主题选择以及提出问题的机会，引导学生构思选题，鼓励学生提出感兴趣的问题，并及时捕捉活动中学生动态生成的问题，组织学生就问题展开讨论，确立活动目标内容。要让学生积极参与活动方案的制定过程，通过合理的时间安排、责任分工、实施方法和路径选择，对活动可利用的资源及活动的可行性进行评估等，增强活动的计划性，提高学生的活动规划能力。同时，引导学生对活动方案进行组内及组间讨论，吸纳合理化建议，不断优化完善方案。

在活动实施阶段，教师要创设真实的情境，为学生提供亲身经历与现场体验的机会，让学生经历多样化的活动方式，促进学生积极参与活动过程，在现场考察、设计制作、实验探究、社会服务等活动中发现和解决问题，体验和感受学习与生活之间的联系。要加强对学生活动方式与方法的指导，帮助学生找到适合自己的学习方式和实践方式。教师指导重在激励、启迪、点拨、引导，不能对学生的活动过程包办代替。还要指导学生做好活动过程的记录和活动资料的整理。

在活动总结阶段，教师要指导学生选择合适的结果呈现方式，鼓励多种形式的结果呈现与交流，如绘画、摄影、戏剧与表演等，对活动过程和活动结果进行系统梳理和总结，促进学生自我反思与表达、同伴交流与对话。要指导学生学会通过撰写活动报告、反思日志、心得笔记等方式，反思成败得失，提升个体经验，促进知识建构，并根据同伴及教师提出的反馈意见和建议查漏补缺，明确进一步的探究方向，深化主题探究和体验。

5. 活动评价

综合实践活动情况是学生综合素质评价的重要内容。各学校和教师要以促进学生综合素质持续发展为目的设计与实施综合实践活动评价。要坚持评价的方向性、指导性、客观性、公正性等原则。

突出发展导向。坚持学生成长导向，通过对学生成长过程的观察、记录、分析，促进学校及教师把握学生的成长规律，了解学生的个性与特长，不断激发学生的潜能，为更好地促进学生成长提供依据。评价的首要功能是让学生及时获得关于学习过程的反馈，改进后续活动。要避免评价过程中只重结果、不重过程的现象。要对学生作品进行深入分析和研究，挖掘其背后蕴藏的学生的思想、创意和体验，杜绝对学生的作品随意打分和简单排名等功利主义做法。

做好写实记录。教师要指导学生客观记录参与活动的具体情况，包括活动主题、持续时间、所承担的角色、任务分工及完成情况等，及时填写活动记录单，并收集相关事实材料，如活动现场照片、作品、研究报告、实践单位证明等。活动记录、事实材料要真实、有据可查，为综合实践活动评价提供必要基础。

建立档案袋。在活动过程中，教师要指导学生分类整理、遴选具有代表性的重要活动记录、典型事实材料以及其他有关资料，编排、汇总、归档，形成每一个学生的综合实践活动档案袋，并纳入学生综合素质档案。档案袋是学生自我评价、同伴互评、教师评价学生的重要依据，也是招生录取中综合评价的重要参考。

开展科学评价。原则上每学期末，教师要依据课程目标和档案袋，结合平时对学生活动情况的观察，对学生综合素质发展水平进行科学分析，写出有关综合实践活动情况的评语，引导学生扬长避短，明确努力方向。高中学校要结合实际情况，研究制定学生综合实践活动评价标准和学分认定办法，对学生综合实践活动课程学分进行认定。

五、课程管理与保障

（一）教师培训与教研指导

地方教育行政部门和学校要加强调研，了解综合实践活动指导教师专业发展的需求，搭建多样化的交流平台，强化培训和教研，推动教师的持续发展。

1. 建立指导教师培训制度

要开展对综合实践活动课程专兼职教师的全员培训，明确培训目标，努力提升教师的跨学科知识整合能力，观察、研究学生的能力，指导学生规划、设计与实施活动的能力，课程资源的开发和利用能力等。要根据教师的实际需求，开发相应的培训课程，组织教师按照课程要求进行系统学习。要不断探索和改进培训方式方法，倡导参与式培训、案例培训和项目研究等，不断激发教师内在的学习动力。

2. 建立健全日常教研制度

各学校要通过专业引领、同伴互助、合作研究，积极开展以校为本的教研活动，及时分析、解决课程实施中遇到的问题，提高课程实施的有效性。各级教研机构要配备综合实践活动专职教研员，加强对校本教研的指导，并组织开展专题教研、区域教研、网络教研等，通过协同创新、校际联动、区域推进，提高中小学综合实践活动整体实施水平。

（二）支持体系建设与保障

1. 网络资源开发

地方教育行政部门、教研机构和学校要开发优质网络资源，遴选相关影视作品等充实资源内容，为课程实施提供资源保障。要充分发挥师生在课程资源开发中的主体性与创造性，及时总结、梳理来自教学一线的典型案例和鲜活经验，动态生成分年级、分专题的综合实践活动课程资源包。各地要探索和建立优质资源的共享与利用机制，打造省、市、县、校多级联动的共建共享平台，为课程实施提供高质量、常态化的资源支撑。

2. 硬件配套与利用

学校要为综合实践活动的实施提供配套硬件资源与耗材，并积极争取校外活动场所支持，建立课程资源的协调与共享机制，充分发挥实验室、专用教室及各类教学设施在综合实践活动课程实施过程中的作用，提高使用效益，避免资源闲置与浪费。有条件的学校可以建设专用活动室或实践基地，如创客空间等。

地方教育行政部门要加强实践基地建设，强化资源统筹管理，建立健全校内外综合实践活动课程资源的利用与相互转换机制，强化公共资源间的相互联系和硬件资源的共享，为学校利用校外图书馆、博物馆、展览馆、科技馆、实践基地等各种社会资源及丰富的自然资源提供政策支持。

3. 经费保障

地方和学校要确保开展综合实践活动所需经费，支持综合实践活动课程资源和实践基地建设、专题研究等。

4. 安全保障

地方教育行政部门要与有关部门统筹协调，建立安全管控机制，分级落实安全责任。学校要设立安全风险预警机制，建立规范化的安全管理制度及管理措施。教师要增强安全意识，加强对学生的安全教育，提升学生安全防范能力，制定安全守则，落实安全措施。

(三) 考核与激励机制

1. 建立健全指导教师考核激励机制

各地和学校明确综合实践活动课程教师考核要求和办法，科学合理地计算教师工作量，将指导学生综合实践活动的工作业绩作为教师职称晋升和岗位聘任的重要依据，对取得显著成效的指导教师给予表彰奖励。

2. 加强对课程实施情况的督查

将综合实践活动课程实施情况，包括课程开设情况及实施效果，纳入中小学课程实施监测，建立关于中小学综合实践活动课程的反馈改进机制。地方教育行政部门和教育督导部门要将综合实践活动实施情况作为检查督导的重要内容。

3. 开展优秀成果交流评选

依托有关专业组织、教科研机构、基础教育课程中心等，开展中小学生综合实践活动课程展示交流活动，激发广大中小学生实践创新的潜能和动力。将中小学综合实践活动课程探索成果纳入基础教育教学成果评选范围，对优秀成果予以奖励，发挥优秀成果的示范引领作用，激励广大中小学教师和专职研究人员持续性从事中小学综合实践活动课程研究和实践探索。

三、大中小学劳动教育指导纲要 （试行）

大中小学劳动教育指导纲要（试行）

教育部 2020 年 7 月 7 日

为深入贯彻习近平总书记关于教育的重要论述，全面贯彻党的教育方针，落实《中共中央国务院关于全面加强新时代大中小学劳动教育的意见》，加快构建德智体美劳全面培养的教育体系，制定本指导纲要。

一、劳动教育性质和基本理念

（一）劳动教育性质

劳动是创造物质财富和精神财富的过程，是人类特有的基本社会实践活动。劳动教育是发挥劳动的育人功能，对学生进行热爱劳动、热爱劳动人民的教育活动。当前实施劳动教育的重点是在系统的文化知识学习之外，有目的、有计划地组织学生参加日常生活劳动、生产劳动和服务性劳动，让学生动手实践、出力流汗，接受锻炼、磨炼意志，培养学生正确劳动价值观和良好劳动品质。

劳动教育是新时代党对教育的新要求，是中国特色社会主义教育制度的重要内容，是全面发展教育体系的重要组成部分，是大中小学必须开展的教育活动。它具有鲜明的思想性，必须将马克思主义劳动观贯彻始终，强调劳动是一切财富、价值的源泉，劳动者是国家的主人，一切劳动和劳动者都应该得到鼓励和尊重；倡导通过诚实劳动创造美好生活、实现人生梦想，反对一切不劳而获、崇尚暴富、贪图享乐的错误思想。具有突出的社会性，必须加强学校教育与社会生活、生产实践的直接联系，发挥劳动在个人与社会之间的纽带作用，引导学生认识社会，增强社会责任感；同时注重让学生学会分工合作，体会社会主义社会平等、和谐的新型劳动关系。具有显著的实践性，必须面向真实的生活世界和职业世界，引导学生以动手实践为主要方式，在认识世界的基础上，获得有积极意义的价值体验，学会建设世界，塑造自己，实现树德、增智、强体、育美的目的。

（二）劳动教育基本理念

1. 强化劳动观念，弘扬劳动精神。将劳动观念和劳动精神教育贯穿人才培养全过程，贯穿家庭、学校、社会各方面。注重让学生在学习和掌握基本劳动知识技能的过程中，领悟劳动的意义价值，形成勤俭、奋斗、创新、奉献的劳动精神。

2. 强调身心参与，注重手脑并用。把握劳动教育的根本特征，让学生面对真实的个人生活、生产和社会性服务任务情境，亲历实际的劳动过程，善于观察思考，注重运用所学知识解决实际问题，提高劳动质量和效率。

3. 继承优良传统，彰显时代特征。在充分发挥传统劳动、传统工艺项目育人功能的同时，紧跟科技发展和产业变革，准确把握新时代劳动工具、劳动技术、劳动形态的新变化，创新劳动教育内容、途径、方式，增强劳动教育的时代性。

4. 发挥主体作用，激发创新创造。关注学生劳动过程中的体验和感悟，引导学生感受劳动的艰辛和收获的快乐，增强获得感、成就感、荣誉感。鼓励学生在学习和借鉴他人丰富经验、技艺的基础上，尝试新方法、探索新技术，打破僵化思维方式，推陈出新。

二、劳动教育目标和内容

（一）总体目标

准确把握社会主义建设者和接班人的劳动精神面貌、劳动价值取向和劳动技能水平的培养要求，全面提高学生劳动素养，使学生：

树立正确的劳动观念。正确理解劳动是人类发展和社会进步的根本力量，认识劳动创造人、创造价值、创造财富、创造美好生活的道理，尊重劳动，尊重普通劳动者，牢固树立劳动最光荣、劳动最崇高、劳动最伟大、劳动最美丽的思想观念。

具有必备的劳动能力。掌握基本的劳动知识和技能，正确使用常见劳动工具，增强体力、智力和创造力，具备完成一定劳动任务所需要的设计、操作能力及团队合作能力。

培育积极的劳动精神。领会"幸福是奋斗出来的"内涵与意义，继承中华民族勤俭节约、敬业奉献的优良传统，弘扬开拓创新、砥砺奋进的时代精神。

养成良好的劳动习惯和品质。能够自觉自愿、认真负责、安全规范、坚持不懈地参与劳动，形成诚实守信、吃苦耐劳的品质。珍惜劳动成果，养成良好的消费习惯，杜绝浪费。

（二）主要内容

主要包括日常生活劳动、生产劳动和服务性劳动中的知识、技能与价值观。日常生活劳动教育立足个人生活事务处理，结合开展新时代校园爱国卫生运动，注重生活能力和良好卫生习惯培养，树立自立自强意识。生产劳动教育要让学生在工农业生产过程中直接经历物质财富的创造过程，体验从简单劳动、原始劳动向复杂劳动、创造性劳动的发展过程，学会使用工具，掌握相关技术，感受劳动创造价值，增强产品质量意识，体会平凡劳动中的伟大。服务性劳动教育让学生利用知识、技能等为他人和社会提供服务，在服务性岗位上见习实习，树立服务意识，实践服务技能；在公益劳动、志愿服务中强化社会责任感。

（三）学段要求

1. 小学

低年级：以个人生活起居为主要内容，开展劳动教育，注重培养劳动意识和劳动安全意识，使学生懂得人人都要劳动，感知劳动乐趣，爱惜劳动成果。指导学生：（1）完成个人物品整理、清洗，进行简单的家庭清扫和垃圾分类等，树立自己的事情自己做的意识，提高生活自理能力；（2）参与适当的班级集体劳动，主动维护教室内外环境卫生等，培养集体荣誉感；（3）进行简单手工制作，照顾身边的动植物，关爱生命，热爱自然。

中高年级：以校园劳动和家庭劳动为主要内容开展劳动教育，体会劳动光荣，尊重普通劳动者，初步养成热爱劳动、热爱生活的态度。指导学生：（1）参与家居清洁、收纳整理，制作简单的家常餐等，每年学会1—2项生活技能，增强生活自理能力和勤俭节约意识，培养家庭责任感；（2）参加校园卫生保洁、垃圾分类处理、绿化美化等，适当参加社区环保、公共卫生等力所能及的公益劳动，增强公共服务意识；（3）初步体验种植、养殖、手工制作等简单的生产劳动，初步学会与他人合作劳动，懂得生活用品、食品来之不易，珍惜劳动成果。

2. 初中

兼顾家政学习、校内外生产劳动、服务性劳动，安排劳动教育内容，开展职业启蒙教育，体会劳动创造美好生活，养成认真负责、吃苦耐劳的劳动品质和安全意识，增强公共服务意识和担当精神。让学生：（1）承担一定的家庭日常清洁、烹饪、家居美化等劳动，进一步培养生活自理能力和习惯，增强家庭责任意识；（2）定期开展校园包干区域保洁和美化，以及助残、敬老、扶弱等服务性劳动，初步形成对学校、社区负责任的态度和社会公德意识；（3）适当体验包括金工、木工、电工、陶艺、布艺等项目在内的劳动及传统工艺制作过程，尝试家用器具、家具、电器的简单修理，参与种植、养殖等生产活动，学习相关技术，获得初步的职业体验，形成初步的生涯规划意识。

3. 普通高中

注重围绕丰富职业体验，开展服务性劳动和生产劳动，理解劳动创造价值，接受锻炼、磨炼意志，具有劳动自立意识和主动服务他人、服务社会的情怀。指导学生：（1）持续开展日常生活劳动，增强生活自理能力，固化良好劳动习惯；（2）选择服务性岗位，经历真实的岗位工作过程，获得真切的职业体验，培养职业兴趣；积极参加大型赛事、社区建设、环境保护等公益活动、志愿服务，强化社会责任意识和奉献精神；（3）统筹劳动教育与通用技术课程相关内容，从工业、农业、现代服务业以及中华优秀传统文化特色项目中，自主选择1—2项生产劳动，经历完整的实践过程，提高创意物化能力，养成吃苦耐劳、精益求精的品质，增强生涯规划的意识和能力。

4. 职业院校

重点结合专业特点，增强职业荣誉感和责任感，提高职业劳动技能水平，培育积极向上的劳动精神和认真负责的劳动态度。组织学生：（1）持续开展日常生活劳动，自我管理生活，提高劳动自立自强的意识和能力；（2）定期开展校内外公益服务性劳动，做好校园环境秩序维护，运用专业技能为社会、为他人提供相关公益服务，培育社会公德，厚植爱国爱民的情怀；（3）依托实习实训，参与真实的生产劳动和服务性劳动，增强职业认同感和劳动自豪感，提升创意物化能力，培育不断探索、精益求精、追求卓越的工匠精神和爱岗敬业的劳动态度，坚信"三百六十行，行行出状元"，体认劳动不分贵贱，任何职业都很光荣，都能出彩。

5. 普通高等学校

强化马克思主义劳动观教育，注重围绕创新创业，结合学科专业开展生产劳动和服务性劳动，积累职业经验，培育创造性劳动能力和诚实守信的合法劳动意识。使学生：（1）掌握通用劳动科学知识，深刻理解马克思主义劳动观和社会主义劳动关系，树立正确的择业就业创业观，具有到艰苦地区和行业工作的奋斗精神；（2）巩固良好日常生活劳动习惯，自觉做好宿舍卫生保洁，独立处理个人生活事务，积极参加勤工助学活动，提高劳动自立自强能力；（3）强化服务性劳动，自觉参与教室、食堂、校园场所的卫生保洁、绿化美化和管理服务等，结合"三支一扶"、大学生志愿服务西部计划、"青年红色筑梦之旅"、"三下乡"等社会实践活动开展服务性劳动，强化公共服务意识和面对重大疫情、灾害等危机主动作为的奉献精神；（4）重视生产劳动锻炼，积极参加实习实训、专业服务和创新创业活动，重视新知识、新技术、新工艺、新方法的运用，提高在生产实践中发现问题和创造性解决问题的能力，在动手实践的过程中创造有价值的物化劳动成果。

三、劳动教育途径、关键环节和评价

（一）劳动教育途径

将劳动教育纳入人才培养全过程，丰富、拓展劳动教育实施途径。

1. 独立开设劳动教育必修课

在大中小学设立劳动教育必修课程。中小学劳动教育课平均每周不少于 1 课时，用于活动策划、技能指导、练习实践、总结交流等，与通用技术和地方课程、校本课程等有关内容进行必要统筹。职业院校开设劳动专题教育必修课，不少于 16 学时；主要围绕劳动精神、劳模精神、工匠精神、劳动组织、劳动安全和劳动法规等方面设计。普通高等学校要将劳动教育纳入专业人才培养方案，明确主要依托的课程，可在已有课程中专设劳动教育模块，也可专门开设劳动专题教育必修课，本科阶段不少于 32 学时；课程内容应加强马克思主义劳动观教育，普及与学生职业发展密切相关的通用劳动科学知识，并经历必要的实践体验。

2. 在学科专业中有机渗透劳动教育

中小学道德与法治（思想政治）、语文、历史、艺术等学科要有重点地纳入劳动创造人本身、劳动创造历史、劳动创造世界、劳动不分贵贱等马克思主义劳动观，纳入歌颂劳模、歌颂普通劳动者的选文选材，纳入阐释勤劳、节俭、艰苦奋斗等中华民族优良传统的内容，加强对学生辛勤劳动、诚实劳动、合法劳动等方面的教育。数学、科学、地理、技术、体育与健康等学科要注重培养学生劳动的科学态度、规范意识、效率观念和创新精神。

职业院校要将劳动教育全面融入公共基础课，要强化马克思主义劳动观、劳动安全、劳动法规教育。专业课在进行职业劳动知识技能教学的同时，注重培养"干一行爱一行"的敬业精神，吃苦耐劳、团结合作、严谨细致的工作态度。

普通高等学校要将劳动教育有机纳入专业教育、创新创业教育，不断深化产教融合，强化劳动锻炼要求，加强高等学校与行业骨干企业、高新企业、中小微企业紧密协同，推动人才培养模式改革。专业类课程主要与服务学习、实习实训、科学实验、社会实践、毕业设计等相结合开展各类劳动实践，注重分析相关劳动形态发展趋势，强化劳动品质培养。在公共必修课中，要进一步强化马克思主义劳动观教育、劳动相关法律法规与政策教育。

3. 在课外校外活动中安排劳动实践

将劳动教育与学生的个人生活、校园生活和社会生活有机结合起来，丰富劳动体验，提高劳动能力，深化对劳动价值的理解。

中小学每周课外活动和家庭生活中劳动时间，小学1至2年级不少于2小时，其他年级不少于3小时；职业院校和普通高等学校要明确生活中的劳动事项和时间，纳入学生日常管理工作。

大中小学每学年设立劳动周，采用专题讲座、主题演讲、劳动技能竞赛、劳动成果展示、劳动项目实践等形式进行。小学以校内为主，小学高年级可适当安排部分校外劳动；普通中学、职业院校和普通高等学校兼顾校内外，可在学年内或寒暑假安排，以集体劳动为主，由学校组织实施。高等学校也可安排劳动月，集中落实各学年劳动周要求。

4. 在校园文化建设中强化劳动文化

学校要将劳动习惯、劳动品质的养成教育融入校园文化建设之中。要通过制定劳动公约、每日劳动常规、学期劳动任务单，采取与劳动教育有关的兴趣小组、社团等组织形式，结合植树节、学雷锋纪念日、五一劳动节、农民丰收节、志愿者日等，开展丰富的劳动主题教育活动，营造劳动光荣、创造伟大的校园文化。

要举办"劳模大讲堂""大国工匠进校园"、优秀毕业生报告会等劳动榜样人物进校园活动，组织劳动技能和劳动成果展示，综合运用讲座、宣传栏、新媒体等，广泛宣传劳动榜样人物事迹，特别是身边的普通劳动者事迹，让师生在校园里近距离接触劳动模范，聆听劳模故事，观摩精湛技艺，感受并领悟勤勉敬业的劳动精神，争做新时代的奋斗者。

（二）劳动教育关键环节

各地和学校要注重围绕劳动教育的目标和内容要求，从提高劳动教育的效果出发，把握劳动教育任务的特点，抓住关键环节，选择适宜的劳动教育方式。

1. 讲解说明。围绕劳动为什么、是什么问题，有重点地进行讲解，让学生懂得劳动的意义和价值。加强劳动观念、劳动纪律、劳动相关法律法规的正面引导，指明轻视劳动特别是轻视普通劳动的危害，让学生明辨是非。加强劳动知识技能的讲解，让学生认清事理，掌握实践操作的基本原理、程序、规则，正确使用工具的方法和技术。

讲解要与启发思考、示范、练习等结合起来。

2. 淬炼操作。围绕如何做的问题，注重示范与练习，让学生会劳动。强化规范意识，注重从最基本的程序学起，严守规则，避免主观随意。强化质量意识，注重引导学生关注细节，每个步骤、环节都要精准到位。强化专注品质，注重引导学生对操作行为的评估与监控，做到眼到手到心到，有始有终。

3. 项目实践。围绕劳动能力的培养，让学生完成真实、综合任务，经历完整劳动过程。注重劳动价值体认，引导学生从现实生活中发现需求，选择和确定劳动项目。强化规划设计意识，充分发挥学生的主动性、积极性、创造性，引导学生对项目实践进行整体构思，综合运用所学知识、技术，不断优化行动方案。强化身体力行，锤炼意志品质，敢于在困难与挑战中完成行动任务。

4. 反思交流。围绕劳动价值意义的建构，引导学生总结、交流，促进学生形成反思交流习惯。指导学生思考劳动过程和结果与社会进步、个体成长的关联，避免停留在简单的苦乐体验上。组织学生交流分享劳动的体验和收获，肯定具有积极意义的认识，纠正观念上的偏差。将反思交流与改进结合起来，使学生在劳动中获得成长。

5. 榜样激励。围绕劳动的精神追求，树立典型，激发劳动热情。注意遴选、树立多类型榜样，不仅要有大国工匠、劳动模范，还要有身边劳动表现优异的普通劳动者和同学。指导学生从榜样的具体事迹中领悟他们的高尚精神和优良品质。明确要求学生在日常劳动实践中努力向榜样看齐。

（三）劳动教育评价

将劳动素养纳入学生综合素质评价体系。以劳动教育目标、内容要求为依据，将过程性评价和结果性评价结合起来，健全和完善学生劳动素养评价标准、程序和方法，鼓励、支持各地利用大数据、云平台、物联网等现代信息技术手段，开展劳动教育过程监测与记实评价，发挥评价的育人导向和反馈改进功能。

1. 平时表现评价

要在平时劳动教育实践活动中及时进行评价，以评价促进学生发展。要覆盖各类型劳动教育活动，明确学年劳动实践类型、次数、时间等考核要求。关注学生在劳动教育活动中的实际表现，注重从行为表现中分析把握劳动观念形成情况。以自我评价为主，辅以教师、同伴、家长、服务对象、用人单位等他评方式，指导学生进行反思改进。要指导学生如实记录劳动教育活动情况，收集整理相关制品、作品等，选择代表性的写实记录，纳入综合素质档案，作为学生学年评优评先的重要参考。

2. 学段综合评价

学段结束时，要依据学段目标和内容，结合综合素质档案分析，兼顾必修课学习和课外劳动实践，对劳动观念、劳动能力、劳动精神、劳动习惯和品质等劳动素养发展状况进行综合评定。建立诚信机制，实行写实记录抽查制度，对弄虚作假者在评优评先方面一票否决，性质严重的应依法依规严肃处理。在高中和大学开展志愿者星级认证。高中学校和高等学校要将考核结果作为毕业依据之一。推动将学段综合评价结果作为学生升学、就业的重要参考。

3. 开展学生劳动素养监测

将学生劳动素养监测纳入基础教育质量监测、职业院校教学质量评估和普通高等学校本科教学质量评估。可委托有关专业机构，定期组织开展关于学生劳动素养状况调查，注重学生劳动观念、劳动能力、劳动精神、劳动习惯和品质等的监测。发挥监测结果的示范引导、反馈改进等功能。

四、学校劳动教育的规划与实施

（一）整体规划劳动教育

学校是劳动教育的实施主体，应根据国家相关规定，结合当地和本校实际情况，对劳动教育进行整体设计、系统规划，形成劳动教育总体实施方案。方案要明确劳动教育目标内容、课时安排、主要劳动实践活动安排、劳动教育过程组织与指导及考核评价办法等。同时要基于学生的年段特征、阶段性教育要求，研究制定"学校学年（或学期）劳动教育计划"，对学年、学期劳动教育实践活动作出具体安排，特别是规划好劳动周等集中劳动，细化有关要求。使总体实施方案和学年（或学期）活动计划相互配套、衔接，形成可持续开展的劳动教育实施方案。

学校在劳动教育规划时要注意处理以下几个方面的关系：

1. 理论学习和实践锻炼的关系

理论学习和实践锻炼都是劳动教育的必要内容。理论学习重在让学生理解和掌握"劳动创造了人本身""劳动创造世界"等历史唯物主义基本理论主张以及劳动相关法律、法规、政策，作为行动的指南。实践锻炼重在将所学知识转化为真正有用的实际本领，形成良好的劳动习惯，弘扬劳动精神。规划劳动教育时，要两者兼顾，坚持以实践锻炼为主，切实保证每一个学生都有必要的劳动实践经历，不能只是口头上喊劳动、课堂上讲劳动。要通过学生实践前的计划构想、实践中的观察思考和实践后的反

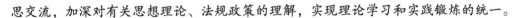

思交流，加深对有关思想理论、法规政策的理解，实现理论学习和实践锻炼的统一。

2. 劳动教育与其他教育活动的关系

在开足专门劳动教育必修课的同时，中小学劳动教育必修课实践环节中与综合实践活动的社会服务、设计制作、职业体验重叠部分，可整合实施。职业院校、普通高等学校劳动教育中学生生产劳动和服务性劳动可以通过专业实习、实训、创新创业等实践环节完成，日常生活劳动可以通过学生管理落实。

3. 劳动的传统形态与新形态的关系

将日常生活劳动教育贯穿大中小学始终。在安排生产劳动和服务性劳动项目时，中小学要以使用传统工具、传统工艺的劳动为主，引导学生体会劳动人民的艰辛与智慧，传承中华优秀传统文化，兼顾使用新知识、新技术、新工艺、新方法的劳动。职业院校、普通高等学校要注重结合产业新业态、劳动新形态，选择现代农业、工业、服务业项目，提升创造性劳动能力。

（二）劳动教育的组织实施

1. 实施机构和人员

学校要建立健全劳动教育组织实施的工作机制。明确主管校领导，设置机构或明确相关部门负责劳动教育的规划设计、组织协调、资源整合、师资培训、过程管理、总结评价等。

要建立专兼职相结合的劳动教育教师队伍。根据学校劳动教育需要，明确劳动教育责任人，进行劳动教育规划、组织实施、评价等，配齐劳动教育必修课教师，保持教师队伍的相对稳定性。要充分发挥教职员工特别是班主任、辅导员、导师的作用，利用少先队、共青团、党组织以及学生社团等各方面的力量，合力开展劳动教育实践活动。充分利用家长及当地人力资源，聘请相关行业专业人士担任劳动实践指导教师。

2. 劳动安全风险防范与管理

学校要把劳动安全教育与管理作为组织实施的必要内容，强化劳动安全意识，建立健全安全教育与管理并重的劳动安全保障体系。

要依据学生身心发育情况，适度安排劳动强度、时长，切实关注劳动任务及场所设施的适宜性。科学评估劳动实践活动的安全风险，认真排查、清除学生劳动实践中的各种隐患。在场所设施选择、材料选用、工具设备和防护用品使用、活动流程等方面制定安全、科学操作规范，强化劳动过程每个岗位的管理，明确各方责任，防患于未然。制定劳动实践活动风险防控预案，完善应急与事故处理机制。要特别关注劳动过程中的卫生隐患，按照疾控、卫生健康部门及行业有关规定，采取相应措施，切实保护学生的身心健康。鼓励购买劳动教育相关保险。

3. 建立协同实施机制

中小学要推动建立以学校为主导、家庭为基础、社区为依托的协同实施机制，形成共育合力。学校要通过家长会、家长学校、社区宣讲、网络媒体等途径，引导家长树立正确的劳动观；明确家长的劳动教育责任，让家长主动指导和督促孩子完成家庭、社区劳动任务；学校要与相关社会实践基地共同开发并实施劳动教育课程。

职业院校、普通高等学校要建立学校负责规划设计，行业企业社会机构主要负责业务指导，双方共同管理的劳动教育实施机制。通过建立劳模工作室、技能大师工作室，设置荣誉教师、实务导师岗位等，多渠道引入社会力量参与学校劳动教育。要联合社会力量，共建共享稳定的劳动实践基地、校外实习实训基地、各类型创新创业孵化平台，多渠道拓展劳动实践场所。

五、劳动教育条件保障与专业支持

地方教育行政部门要切实加强对劳动教育工作的组织领导，明确机构和人员承担区域推进劳动教育的职责任务，切实加强条件保障、专业支持和督导评估，整体提高大中小学劳动教育质量和水平。

（一）条件建设

1. 丰富和拓展劳动实践场所

地方教育行政部门要统筹规划和配置劳动教育实践资源，满足学校多样化劳动实践需求。充分利用现有综合实践基地、青少年校外活动场所、职业院校和普通高等学校劳动实践场所，建立健全开放共享机制，特别是充分利用职业院校实训实习场所、设施设备，为普通中小学和普通高等学校提供所需要的服务。可安排一批土地、山林、草场等作为学农实践基地，确认一批厂矿企业作为学工实践基地，认定一批城乡社区、福利院、医院、博物馆、科技馆、图书馆等事业单位、社会机构、公共场所作为服务性劳动基地。推动学校充分利用校内学习、生活有关场所，逐步建好配齐劳动技术实践教室、实训基地，丰富劳动教育资源。

2. 加强师资队伍建设

要明确劳动课教师管理要求，保障劳动课教师在绩效考核、职称评聘、评先评优、专业发展等方面与其他专任教师享受同等待遇。推动中小学、职业院校与普通高等学校建立师资交流共享机制，发挥职业院校教师的专业优势，承担普通学校劳动教育教学任务。建立劳动课教师特聘制度，为学校聘请具有实践经验的社会专业技术人员、劳动模范等担任兼职教师创造条件。

高等学校要加强劳动教育师资培养，有条件的院校开设劳动教育相关专业。把劳动教育纳入教育行政干部、校长、教师、辅导员培训内容，开展全员培训，强化劳动意识、劳动观念，提升劳动教育的自觉性。对承担劳动教育课程的教师进行专项培训，提高劳动育人意识和专业化水平。

3. 健全经费投入机制

各地要统筹中央补助资金和自有财力，多种形式筹措资金，加快建设校内劳动教育场所和校外劳动教育实践基地，加强学校劳动教育设施建设，建立学校劳动教育器材、耗材补充机制。学校可按照规定统筹安排公用经费等资金开展劳动教育，可采取政府购买服务方式，吸引社会力量提供劳动教育服务。

（二）加强专业研究和指导

1. 加强劳动教育研究与指导

在全国教育科学规划、教育部人文社会科学研究项目中支持劳动教育研究。地方教育行政部门鼓励和支持相关机构设立劳动教育研究项目。设立一批试验区或试验学校，注重开展跟踪研究、行动研究。举办论坛讲座，营造良好学术氛围。

各级中小学教研机构要配备劳动教育教研员，组织开展专题教研、区域教研、网络教研，通过协同创新、校际联动、区域推进，提高劳动教育整体实施水平。鼓励高等学校依托有关专业机构开展劳动教育教学研究。

2. 组织开展劳动教育课程资源研发

基于劳动教育教学的实际需要，省级教育行政部门明确中小学劳动实践指导手册编写要求，体现"一纲多本"，满足不同地区学校的多样化需求，负责组织审查。职业院校可组织编写劳动精神、劳模精神、工匠精神专题读本，由编写院校或委托专业机构进行审查。鼓励学校、学术团体、专业机构等收集整理反映劳动先进人物事迹和精神的影视资料，组织研发展示劳动过程、劳动安全要求的数字资源，梳理遴选来自教学一线的典型案例和鲜活经验，形成分学段、分专题的劳动教育课程资源包，促进优质资源的共享与使用。

（三）督导评估与激励

1. 加强对学校劳动教育实施情况的督查

把劳动教育纳入教育督导体系，完善督导办法。对地方各级人民政府和有关部门保障劳动教育情况进行督导。对学校劳动教育开课率、学生劳动实践组织的有序性，教学指导的针对性，保障措施的有效性等进行督查和指导。督导结果要向社会公开，作为衡量区域教育质量和水平的重要指标，作为对被督导部门和学校及其主要负责人考核奖惩的依据。

2. 建立健全劳动教育激励机制

在国家级、省级教学成果奖励中，将劳动教育教学成果纳入评奖范围，对优秀成果予以奖励。依托有关专业组织、教科研机构等开展劳动教育经验交流和成果展示活动，激发广大教师实践创新的潜能和动力。积极协调新闻媒体传播劳动光荣、创造伟大思想，大力宣传劳动教育先进学校、先进个人。

四、研学旅行服务规范

研学旅行服务规范(LB/T 054 – 2016)

国家旅游局

随着我国旅游业的发展,研学旅行已经成为教育旅游市场的热点。为了规范研学旅行服务流程,提升服务质量,引导和推动研学旅行健康发展,国家旅游局发布《国家旅游局公告(2016 年 37 号)》,表示《研学旅行服务规范》(LB/T 054 – 2016)行业标准已经国家旅游局批准,2017 年 5 月 1 日起实施。

1. 范围

本标准规定了研学旅行服务的术语和定义、总则、服务提供方基本要求、人员配置、研学旅行产品、研学旅行服务项目、安全管理、服务改进和投诉处理。

本标准适用于中华人民共和国境内组织开展研学旅行活动的旅行社和教育机构。

2. 规范性引用文件

下列文件对于本文件的应用是必不可少的。凡是注日期的引用文件,仅所注日期的版本适用于本文件。凡是不注日期的引用文件,其最新版本(包括所有的修改单)适用于本文件。

GB/T 10001 标志用公共信息图形符号

GB/T 15971 导游服务规范

CB/T 16890 水路客运服务质量要求

GB/T 31380 旅行社等级的划分与评定

GB/T 31710 休闲露营地建设与服务规范

LB/T 004 旅行社国内旅游服务规范

LB/T 008 旅行社服务通则

3. 术语和定义

下列术语和定义适用于本标准。

3.1　研学旅行 study travel

研学旅行是以中小学生为主体对象，以集体旅行生活为载体，以提升学生素质为教学目的，依托旅游吸引物等社会资源，进行体验式教育和研究性学习的一种教育旅游活动。

3.2　研学导师 study tutor

在研学旅行过程中，具体制定或实施研学旅行教育方案，指导学生开展各类体验活动的专业人员。

3.3　研学营地 study camp

研学旅行过程中学生学习与生活的场所。

3.4　主办方 organizer

有明确研学旅行主题和教育目的的研学旅行活动组织方。

3.5　承办方 undertaker

与研学旅行活动主办方签订合同，提供教育旅游服务的旅行社。

3.6　供应方 supplier

与研学旅行活动承办方签订合同，提供旅游地接、交通、住宿、餐饮等服务的机构。

4. 总则

4.1　研学旅行活动的主办方、承办方和供应方应遵循安全第一的原则，全程进行安全防控工作，确保活动安全进行。

4.2　研学旅行活动应寓教于游，着力培养学生的综合素质能力。

4.3　研学旅行活动应面向以中小学生为主体的全体学生，保障每个学生都能享有均等的参与机会。

5. 服务提供方基本要求

5.1　主办方

5.1.1　应具备法人资质。

5.1.2　应对研学旅行服务项目提出明确要求。

5.1.3　应有明确的安全防控措施、教育培训计划。

5.1.4　应与承办方签订委托合同，按照合同约定履行义务。

5.2　承办方

5.2.1　应为依法注册的旅行社。

5.2.2 符合 LB/T 004 和 LB/T 008 的要求，宜具有 AA 及以上等级，并符合 GB/T 31380 的要求。

5.2.3 连续三年内无重大质量投诉、不良诚信记录、经济纠纷及重大安全责任事故。

5.2.4 应设立研学旅行的部门或专职人员，宜有承接 100 人以上中小学生旅游团队的经验。

5.2.5 应与供应方签订旅游服务合同，按照合同约定履行义务。

5.3 供应方

5.3.1 应具备法人资质。

5.3.2 应具备相应经营资质和服务能力。

5.3.3 应与承办方签订旅游服务合同，按照合同约定履行义务。

6. 人员配置

6.1 主办方人员配置

6.1.1 应至少派出一人作为主办方代表，负责督导研学旅行活动按计划开展。

6.1.2 每 20 位学生宜配置一名带队老师，带队老师全程带领学生参与研学旅行各项活动。

6.2 承办方人员配置

6.2.1 应为研学旅行活动配置一名项目组长，项目组长全程随团活动，负责统筹协调研学旅行各项工作。

6.2.2 应至少为每个研学旅行团队配置一名安全员，安全员在研学旅行过程中随团开展安全教育和防控工作。

6.2.3 应至少为每个研学旅行团队配置一名研学导师，研学导师负责制定研学旅行教育工作计划，在带队老师、导游员等工作人员的配合下提供研学旅行教育服务。

6.2.4 应至少为每个研学旅行团队配置一名导游人员，导游人员负责提供导游服务，并配合相关工作人员提供研学旅行教育服务和生活保障服务。

7. 研学旅行产品

7.1 产品分类

研学旅行产品按照资源类型分为知识科普型、自然观赏型、体验考察型、励志拓展型、文化康乐型。

a) 知识科普型：主要包括各种类型的博物馆、科技馆、主题展览、动物园、植物园、历史文化遗产、工业项目、科研场所等资源；

    b) 自然观赏型：主要包括山川、江、湖、海、草原、沙漠等资源；

    c) 体验考察型：主要包括农庄、实践基地、夏令营营地或团队拓展基地等资源；

    d) 励志拓展型：主要包括红色教育基地、大学校园、国防教育基地、军营等资源；

    e) 文化康乐型：主要包括各类主题公园、演艺影视城等资源。

7.2 产品设计

承办方应根据主办方需求，针对不同学段特点和教育目标，设计研学旅行产品。

    a) 承办方应根据主办方需求，针对不同学段特点和教育目标，设计研学旅行产品；

    b) 小学一至三年级参与研学旅行时，宜设计以知识科普型和文化康乐型资源为主的产品，并以乡土乡情研学为主；

    c) 小学四至六年级参与研学旅行时，宜设计以知识科普型、自然观赏型和励志拓展型资源为主的产品，并以县情市情研学为主；

    d) 初中年级参与研学旅行时，宜设计以知识科普型、体验考察型和励志拓展型资源为主的产品，并以县情市情省情研学为主；

    e) 高中年级参与研学旅行时，宜设计以体验考察型和励志拓展型资源为主的产品，并以省情国情研学为主。

7.3 产品说明书

旅行社应制作并提供研学旅行产品说明书，产品说明书除应符合《中华人民共和国旅游法》和LB/T008中有关规定外，还应包括以下内容：

    a) 研学旅行安全防控措施；

    b) 研学旅行教育服务项目及评价方法；

    c) 未成年人监护办法。

8. 研学旅行服务项目

8.1 教育服务

8.1.1 教育服务计划

承办方和主办方应围绕学校相关教育目标，共同制定研学旅行教育服务计划，明确教育活动目标和内容，针对不同学龄段学生提出相应学时要求，其中每天体验教育课程项目或活动时间应不少于45 min。

8.1.2 教育服务项目

教育服务项目可分为：

a）健身项目：以培养学生生存能力和适应能力为主要目的的服务项目，如徒步、挑战、露营、拓展、生存与自救训练等；

b）健手项目：以培养学生自理能力和动手能力为主要目的的服务项目，如综合实践、生活体验训练、内务整理、手工制作等项目；

c）健脑项目：以培养学生观察能力和学习能力为主要目的的服务项目，如各类参观、游览、讲座、诵读、阅读等；

d）健心项目：以培养学生的情感能力和践行能力为主要目的的服务项目，如思想品德养成教育活动以及团队游戏、情感互动、才艺展示等。

8.1.3 教育服务流程

教育服务流程宜包括：

a）在出行前，指导学生做好准备工作，如阅读相关书籍、查阅相关资料、制订学习计划等；

b）在旅行过程中，组织学生参与教育活动项目，指导学生撰写研学日记或调查报告；

c）在旅行结束后，组织学生分享心得体会，如组织征文展示、分享交流会等。

8.1.4 教育服务设施及教材

教育服务设施及教材要求如下：

a）应设计不同学龄段学生使用的研学旅行教材，如研学旅行知识读本；

b）应根据研学旅行教育服务计划，配备相应的辅助设施，如电脑、多媒体、各类体验教育设施或教具等。

8.1.5 研学旅行教育服务应有研学导师主导实施，由导游员和带队老师等共同配合完成。

8.1.6 应建立教育服务评价机制，对教育服务效果进行评价，持续改进教育服务。

8.2 交通服务

8.2.1 应按照以下要求选择交通方式：

a）单次路程在 400 km 以上的，不宜选择汽车，应优先选择铁路、航空等交通方式；

b) 选择水运交通方式的，水运交通工具应符合 GB/T 16890 的要求，不宜选择木船、划艇、快艇；

c) 选择汽车客运交通方式的，行驶道路不宜低于省级公路等级，驾驶人连续驾车不得超过 2 h，停车休息时间不得少于 20 min。

8.2.2 应提前告知学生及家长相关交通信息，以便其掌握乘坐交通工具的类型、时间、地点以及需准备的有关证件。

8.2.3 宜提前与相应交通部门取得工作联系，组织绿色通道或开辟专门的候乘区域。

8.2.4 应加强交通服务环节的安全防范，向学生宣讲交通安全知识和紧急疏散要求，组织学生安全有序乘坐交通工具。

8.2.5 应在承运全程随机开展安全巡查工作，并在学生上、下交通工具时清点人数，防范出现滞留或走失。

8.2.6 遭遇恶劣天气时，应认真研判安全风险，及时调整研学旅行行程和交通方式。

8.3 住宿服务

8.3.1 应以安全、卫生和舒适为基本要求，提前对住宿营地进行实地考察，主要要求如下：

a) 应便于集中管理；

b) 应方便承运汽车安全进出、停靠；

c) 应有健全的公共信息导向标识，并符合 GB/T 10001 的要求；

d) 应有安全逃生通道。

8.3.2 应提前将住宿营地相关信息告知学生和家长，以便做好相关准备工作。

8.3.3 应详细告知学生入住注意事项，宣讲住宿安全知识，带领学生熟悉逃生通道。

8.3.4 应在学生入住后及时进行首次查房，帮助学生熟悉房间设施，解决相关问题。

8.3.5 宜安排男、女学生分区（片）住宿，女生片区管理员应为女性。

8.3.6 应制定住宿安全管理制度，开展巡查、夜查工作。

8.3.7 选择在露营地住宿时还应达到以下要求：

a) 露营地应符合 GB/T 31710 的要求；

b) 应在实地考察的基础上，对露营地进行安全评估，并充分评价露营接待条件、周边环境和可能发生的自然灾害对学生造成的影响；

c) 应制定露营安全防控专项措施，加强值班、巡查和夜查工作。

8.4 餐饮服务

8.4.1 应以食品卫生安全为前提，选择餐饮服务提供方。

8.4.2 应提前制定就餐座次表，组织学生有序进餐。

8.4.3 应督促餐饮服务提供方按照有关规定，做好食品留样工作。

8.4.4 应在学生用餐时做好巡查工作，确保餐饮服务质量。

8.5 导游讲解服务

8.5.1 导游讲解服务应符合 GB/T 15971 的要求。

8.5.2 应将安全知识、文明礼仪作为导游讲解服务的重要内容，随时提醒引导学生安全旅游、文明旅游。

8.5.3 应结合教育服务要求，提供有针对性、互动性、趣味性、启发性和引导性的讲解服务。

8.6 医疗及救助服务

8.6.1 应提前调研和掌握研学营地周边的医疗及救助资源状况。

8.6.2 学生生病或受伤，应及时送往医院或急救中心治疗，妥善保管就诊医疗记录。返程后，应将就诊医疗记录复印并转交家长或带队老师。

8.6.3 宜聘请具有职业资格的医护人员随团提供医疗及救助服务。

9. 安全管理

9.1 安全管理制度

主办方、承办方及供应方应针对研学旅行活动，分别制定安全管理制度，构建完善有效的安全防控机制。研学旅行安全管理制度体系包括但不限于以下内容：

a) 研学旅行安全管理工作方案；

b) 研学旅行应急预案及操作手册；

c) 研学旅行产品安全评估制度；

d) 研学旅行安全教育培训制度。

9.2 安全管理人员

承办方和主办方应根据各项安全管理制度的要求，明确安全管理责任人员及其工作职责，在研学旅行活动过程中安排安全管理人员随团开展安全管理工作。

9.3 安全教育

9.3.1 工作人员安全教育

应制定安全教育和安全培训专项工作计划，定期对参与研学旅行活动的工作人员进行培训。培训内容包括：安全管理工作制度、工作职责与要求、应急处置规范与流程等。

9.3.2 学生安全教育

学生安全教育要求如下：

a) 应对参加研学旅行活动的学生进行多种形式的安全教育；

b) 应提供安全防控教育知识读本；

c) 应召开行前说明会，对学生进行行前安全教育；

d) 应在研学旅行过程中对学生进行安全知识教育，根据行程安排及具体情况及时进行安全提示与警示，强化学生安全防范意识。

9.4 应急预案

主办方、承办方及供应方应制定和完善包括地震、火灾、食品卫生、治安事件、设施设备突发故障等在内的各项突发事件应急预案，并定期组织演练。

10. 服务改进

承办方应对各方面反馈的质量信息及时进行汇总分析，明确产品中的主要缺陷，找准发生质量问题的具体原因，通过健全制度、加强培训、调整供应方、优化产品设计、完善服务要素和运行环节等措施，持续改进研学旅行服务质量。

11. 投诉处理

11.1 承办方应建立投诉处理制度，并确定专职人员处理相关事宜。

11.2 承办方应公布投诉电话、投诉处理程序和时限等信息。

11.3 承办方应及时建立投诉信息档案和回访制度。

五、学生伤害事故处理办法

学生伤害事故处理办法

教育部令第 12 号

（2002 年 6 月 25 日发布）

第一章 总则

第一条 为积极预防、妥善处理在校学生伤害事故，保护学生、学校的合法权益，根据《中华人民共和国教育法》《中华人民共和国未成年人保护法》和其他相关法律、行政法规及有关规定，制定本办法。

第二条 在学校实施的教育教学活动或者学校组织的校外活动中，以及在学校负有管理责任的校舍、场地、其他教育教学设施、生活设施内发生的，造成在校学生人身损害后果的事故的处理，适用本办法。

第三条 学生伤害事故应当遵循依法、客观公正、合理适当的原则，及时、妥善地处理。

第四条 学校的举办者应当提供符合安全标准的校舍、场地、其他教育教学设施和生活设施。

教育行政部门应当加强学校安全工作，指导学校落实预防学生伤害事故的措施，指导、协助学校妥善处理学生伤害事故，维护学校正常的教育教学秩序。

第五条 学校应当对在校学生进行必要的安全教育和自护自救教育；应当按照规定，建立健全安全制度，采取相应的管理措施，预防和消除教育教学环境中存在的安全隐患；当发生伤害事故时，应当及时采取措施救助受伤害学生。

学校对学生进行安全教育、管理和保护，应当针对学生年龄、认知能力和法律行为能力的不同，采用相应的内容和预防措施。

第六条 学生应当遵守学校的规章制度和纪律；在不同的受教育阶段，应当根据自身的年龄、认知能力和法律行为能力，避免和消除相应的危险。

第七条 未成年学生的父母或者其他监护人（以下称为监护人）应当依法履行监

护职责，配合学校对学生进行安全教育、管理和保护工作。

学校对未成年学生不承担监护职责，但法律有规定的或者学校依法接受委托承担相应监护职责的情形除外。

第二章 事故与责任

第八条 学生伤害事故的责任，应当根据相关当事人的行为与损害后果之间的因果关系依法确定。

因学校、学生或者其他相关当事人的过错造成的学生伤害事故，相关当事人应当根据其行为过错程度的比例及其与损害后果之间的因果关系承担相应的责任。当事人的行为是损害后果发生的主要原因，应当承担主要责任；当事人的行为是损害后果发生的非主要原因，承担相应的责任。

第九条 因下列情形之一造成的学生伤害事故，学校应当依法承担相应的责任：

（一）学校的校舍、场地、其他公共设施，以及学校提供给学生使用的学具、教育教学和生活设施、设备不符合国家规定的标准，或者有明显不安全因素的；

（二）学校的安全保卫、消防、设施设备管理等安全管理制度有明显疏漏，或者管理混乱，存在重大安全隐患，而未及时采取措施的；

（三）学校向学生提供的药品、食品、饮用水等不符合国家或者行业的有关标准、要求的；

（四）学校组织学生参加教育教学活动或者校外活动，未对学生进行相应的安全教育，并未在可预见的范围内采取必要的安全措施的；

（五）学校知道教师或者其他工作人员患有不适宜担任教育教学工作的疾病，但未采取必要措施的；

（六）学校违反有关规定，组织或者安排未成年学生从事不宜未成年人参加的劳动、体育运动或者其他活动的；

（七）学生有特异体质或者特定疾病，不宜参加某种教育教学活动，学校知道或者应当知道，但未予以必要的注意的；

（八）学生在校期间突发疾病或者受到伤害，学校发现，但未根据实际情况及时采取相应措施，导致不良后果加重的；

（九）学校教师或者其他工作人员体罚或者变相体罚学生，或者在履行职责过程中违反工作要求、操作规程、职业道德或者其他有关规定的；

（十）学校教师或者其他工作人员在负有组织、管理未成年学生的职责期间，发现学生行为具有危险性，但未进行必要的管理、告诫或者制止的；

（十一）对未成年学生擅自离校等与学生人身安全直接相关的信息，学校发现或者知道，但未及时告知未成年学生的监护人，导致未成年学生因脱离监护人的保护而发生伤害的；

（十二）学校有未依法履行职责的其他情形的。

第十条　学生或者未成年学生监护人由于过错，有下列情形之一，造成学生伤害事故，应当依法承担相应的责任：

（一）学生违反法律法规的规定，违反社会公共行为准则、学校的规章制度或者纪律，实施按其年龄和认知能力应当知道具有危险或者可能危及他人的行为的；

（二）学生行为具有危险性，学校、教师已经告诫、纠正，但学生不听劝阻、拒不改正的；

（三）学生或者其监护人知道学生有特异体质，或者患有特定疾病，但未告知学校的；

（四）未成年学生的身体状况、行为、情绪等有异常情况，监护人知道或者已被学校告知，但未履行相应监护职责的；

（五）学生或者未成年学生监护人有其他过错的。

第十一条　学校安排学生参加活动，因提供场地、设备、交通工具、食品及其他消费与服务的经营者，或者学校以外的活动组织者的过错造成的学生伤害事故，有过错的当事人应当依法承担相应的责任。

第十二条　因下列情形之一造成的学生伤害事故，学校已履行了相应职责，行为并无不当的，无法律责任：

（一）地震、雷击、台风、洪水等不可抗的自然因素造成的；

（二）来自学校外部的突发性、偶发性侵害造成的；

（三）学生有特异体质、特定疾病或者异常心理状态，学校不知道或者难于知道的；

（四）学生自杀、自伤的；

（五）在对抗性或者具有风险性的体育竞赛活动中发生意外伤害的；

（六）其他意外因素造成的。

第十三条　下列情形下发生的造成学生人身损害后果的事故，学校行为并无不当

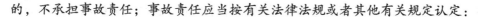

的，不承担事故责任；事故责任应当按有关法律法规或者其他有关规定认定：

（一）在学生自行上学、放学、返校、离校途中发生的；

（二）在学生自行外出或者擅自离校期间发生的；

（三）在放学后、节假日或者假期等学校工作时间以外，学生自行滞留学校或者自行到校发生的；

（四）其他在学校管理职责范围外发生的。

第十四条　因学校教师或者其他工作人员与其职务无关的个人行为，或者因学生、教师及其他个人故意实施的违法犯罪行为，造成学生人身损害的，由致害人依法承担相应的责任。

第三章　事故处理程序

第十五条　发生学生伤害事故，学校应当及时救助受伤害学生，并应当及时告知未成年学生的监护人；有条件的，应当采取紧急救援等方式救助。

第十六条　发生学生伤害事故，情形严重的，学校应当及时向主管教育行政部门及有关部门报告；属于重大伤亡事故的，教育行政部门应当按照有关规定及时向同级人民政府和上一级教育行政部门报告。

第十七条　学校的主管教育行政部门应学校要求或者认为必要，可以指导、协助学校进行事故的处理工作，尽快恢复学校正常的教育教学秩序。

第十八条　发生学生伤害事故，学校与受伤害学生或者学生家长可以通过协商方式解决；双方自愿，可以书面请求主管教育行政部门进行调解。

成年学生或者未成年学生的监护人也可以依法直接提起诉讼。

第十九条　教育行政部门收到调解申请，认为必要的，可以指定专门人员进行调解，并应当在受理申请之日起60日内完成调解。

第二十条　经教育行政部门调解，双方就事故处理达成一致意见的，应当在调解人员的见证下签订调解协议，结束调解；在调解期限内，双方不能达成一致意见，或者调解过程中一方提起诉讼，人民法院已经受理的，应当终止调解。

调解结束或者终止，教育行政部门应当书面通知当事人。

第二十一条　对经调解达成的协议，一方当事人不履行或者反悔的，双方可以依法提起诉讼。

第二十二条　事故处理结束，学校应当将事故处理结果书面报告主管的教育行政部门；重大伤亡事故的处理结果，学校主管的教育行政部门应当向同级人民政府和上一级教育行政部门报告。

第四章　事故损害的赔偿

第二十三条　对发生学生伤害事故负有责任的组织或者个人，应当按照法律法规的有关规定，承担相应的损害赔偿责任。

第二十四条　学生伤害事故赔偿的范围与标准，按照有关行政法规、地方性法规或者最高人民法院司法解释中的有关规定确定。

教育行政部门进行调解时，认为学校有责任的，可以依照有关法律法规及国家有关规定，提出相应的调解方案。

第二十五条　对受伤害学生的伤残程度存在争议的，可以委托当地具有相应鉴定资格的医院或者有关机构，依据国家规定的人体伤残标准进行鉴定。

第二十六条　学校对学生伤害事故负有责任的，根据责任大小，适当予以经济赔偿，但不承担解决户口、住房、就业等与救助受伤害学生、赔偿相应经济损失无直接关系的其他事项。

学校无责任的，如果有条件，可以根据实际情况，本着自愿和可能的原则，对受伤害学生给予适当的帮助。

第二十七条　因学校教师或者其他工作人员在履行职务中的故意或者重大过失造成的学生伤害事故，学校予以赔偿后，可以向有关责任人员追偿。

第二十八条　未成年学生对学生伤害事故负有责任的，由其监护人依法承担相应的赔偿责任。

学生的行为侵害学校教师及其他工作人员以及其他组织、个人的合法权益，造成损失的，成年学生或者未成年学生的监护人应当依法予以赔偿。

第二十九条　根据双方达成的协议、经调解形成的协议或者人民法院的生效判决，应当由学校负担的赔偿金，学校应当负责筹措；学校无力完全筹措的，由学校的主管部门或者举办者协助筹措。

第三十条　县级以上人民政府教育行政部门或者学校举办者有条件的，可以通过设立学生伤害赔偿准备金等多种形式，依法筹措伤害赔偿金。

第三十一条　学校有条件的，应当依据保险法的有关规定，参加学校责任保险。

教育行政部门可以根据实际情况，鼓励中小学参加学校责任保险。

提倡学生自愿参加意外伤害保险。在尊重学生意愿的前提下，学校可以为学生参加意外伤害保险创造便利条件，但不得从中收取任何费用。

第五章　事故责任者的处理

第三十二条　发生学生伤害事故，学校负有责任且情节严重的，教育行政部门应当根据有关规定，对学校的直接负责的主管人员和其他直接责任人员，分别给予相应的行政处分；有关责任人的行为触犯刑律的，应当移送司法机关依法追究刑事责任。

第三十三条　学校管理混乱，存在重大安全隐患的，主管的教育行政部门或者其他有关部门应当责令其限期整顿；对情节严重或者拒不改正的，应当依据法律法规的有关规定，给予相应的行政处罚。

第三十四条　教育行政部门未履行相应职责，对学生伤害事故的发生负有责任的，由有关部门对直接负责的主管人员和其他直接责任人员分别给予相应的行政处分；有关责任人的行为触犯刑律的，应当移送司法机关依法追究刑事责任。

第三十五条　违反学校纪律，对造成学生伤害事故负有责任的学生，学校可以给予相应的处分；触犯刑律的，由司法机关依法追究刑事责任。

第三十六条　受伤害学生的监护人、亲属或者其他有关人员，在事故处理过程中无理取闹，扰乱学校正常教育教学秩序，或者侵犯学校、学校教师或者其他工作人员的合法权益的，学校应当报告公安机关依法处理；造成损失的，可以依法要求赔偿。

第六章　附则

第三十七条　本办法所称学校，是指国家或者社会力量举办的全日制的中小学（含特殊教育学校）、各类中等职业学校、高等学校。

本办法所称学生是指在上述学校中全日制就读的受教育者。

第三十八条　幼儿园发生的幼儿伤害事故，应当根据幼儿为完全无行为能力人的特点，参照本办法处理。

第三十九条　其他教育机构发生的学生伤害事故，参照本办法处理。

在学校注册的其他受教育者在学校管理范围内发生的伤害事故，参照本办法处理。

第四十条　本办法自2002年9月1日起实施，原国家教委、教育部颁布的与学生人身安全事故处理有关的规定，与本办法不符的，以本办法为准。

在本办法实施之前已处理完毕的学生伤害事故不再重新处理。

六、中华人民共和国旅游法

中华人民共和国旅游法

(2013 年 4 月 25 日第十二届全国人民代表大会常务委员会第二次会议通过，2013 年 4 月 25 日中华人民共和国主席令第 3 号公布，根据 2016 年 11 月 7 日第十二届全国人民代表大会常务委员会第二十四次会议，通过 2016 年 11 月 7 日中华人民共和国主席令第 57 号公布，自公布之日起施行的《全国人民代表大会常务委员会关于修改〈中华人民共和国对外贸易法〉等十二部法律的决定》修订)

第一章 总 则

第一条 为保障旅游者和旅游经营者的合法权益，规范旅游市场秩序，保护和合理利用旅游资源，促进旅游业持续健康发展，制定本法。

第二条 在中华人民共和国境内的和在中华人民共和国境内组织到境外的游览、度假、休闲等形式的旅游活动以及为旅游活动提供相关服务的经营活动，适用本法。

第三条 国家发展旅游事业，完善旅游公共服务，依法保护旅游者在旅游活动中的权利。

第四条 旅游业发展应当遵循社会效益、经济效益和生态效益相统一的原则。国家鼓励各类市场主体在有效保护旅游资源的前提下，依法合理利用旅游资源。利用公共资源建设的游览场所应当体现公益性质。

第五条 国家倡导健康、文明、环保的旅游方式，支持和鼓励各类社会机构开展旅游公益宣传，对促进旅游业发展做出突出贡献的单位和个人给予奖励。

第六条 国家建立健全旅游服务标准和市场规则，禁止行业垄断和地区垄断。旅游经营者应当诚信经营，公平竞争，承担社会责任，为旅游者提供安全、健康、卫生、方便的旅游服务。

第七条 国务院建立健全旅游综合协调机制，对旅游业发展进行综合协调。

县级以上地方人民政府应当加强对旅游工作的组织和领导，明确相关部门或者机构，对本行政区域的旅游业发展和监督管理进行统筹协调。

第八条　依法成立的旅游行业组织，实行自律管理。

第二章　旅游者

第九条　旅游者有权自主选择旅游产品和服务，有权拒绝旅游经营者的强制交易行为。

旅游者有权知悉其购买的旅游产品和服务的真实情况。

旅游者有权要求旅游经营者按照约定提供产品和服务。

第十条　旅游者的人格尊严、民族风俗习惯和宗教信仰应当得到尊重。

第十一条　残疾人、老年人、未成年人等旅游者在旅游活动中依照法律、法规和有关规定享受便利和优惠。

第十二条　旅游者在人身、财产安全遇有危险时，有请求救助和保护的权利。

旅游者人身、财产受到侵害的，有依法获得赔偿的权利。

第十三条　旅游者在旅游活动中应当遵守社会公共秩序和社会公德，尊重当地的风俗习惯、文化传统和宗教信仰，爱护旅游资源，保护生态环境，遵守旅游文明行为规范。

第十四条　旅游者在旅游活动中或者在解决纠纷时，不得损害当地居民的合法权益，不得干扰他人的旅游活动，不得损害旅游经营者和旅游从业人员的合法权益。

第十五条　旅游者购买、接受旅游服务时，应当向旅游经营者如实告知与旅游活动相关的个人健康信息，遵守旅游活动中的安全警示规定。

旅游者对国家应对重大突发事件暂时限制旅游活动的措施以及有关部门、机构或者旅游经营者采取的安全防范和应急处置措施，应当予以配合。

旅游者违反安全警示规定，或者对国家应对重大突发事件暂时限制旅游活动的措施、安全防范和应急处置措施不予配合的，依法承担相应责任。

第十六条　出境旅游者不得在境外非法滞留，随团出境的旅游者不得擅自分团、脱团。

入境旅游者不得在境内非法滞留，随团入境的旅游者不得擅自分团、脱团。

第三章　旅游规划和促进

第十七条　国务院和县级以上地方人民政府应当将旅游业发展纳入国民经济和社会发展规划。

国务院和省、自治区、直辖市人民政府以及旅游资源丰富的设区的市和县级人民政府，应当按照国民经济和社会发展规划的要求，组织编制旅游发展规划。对跨行政区域且适宜进行整体利用的旅游资源进行利用时，应当由上级人民政府组织编制或者由相关地方人民政府协商编制统一的旅游发展规划。

第十八条　旅游发展规划应当包括旅游业发展的总体要求和发展目标，旅游资源保护和利用的要求和措施，以及旅游产品开发、旅游服务质量提升、旅游文化建设、旅游形象推广、旅游基础设施和公共服务设施建设的要求和促进措施等内容。

根据旅游发展规划，县级以上地方人民政府可以编制重点旅游资源开发利用的专项规划，对特定区域内的旅游项目、设施和服务功能配套提出专门要求。

第十九条　旅游发展规划应当与土地利用总体规划、城乡规划、环境保护规划以及其他自然资源和文物等人文资源的保护和利用规划相衔接。

第二十条　各级人民政府编制土地利用总体规划、城乡规划，应当充分考虑相关旅游项目、设施的空间布局和建设用地要求。规划和建设交通、通信、供水、供电、环保等基础设施和公共服务设施，应当兼顾旅游业发展的需要。

第二十一条　对自然资源和文物等人文资源进行旅游利用，必须严格遵守有关法律、法规的规定，符合资源、生态保护和文物安全的要求，尊重和维护当地传统文化和习俗，维护资源的区域整体性、文化代表性和地域特殊性，并考虑军事设施保护的需要。有关主管部门应当加强对资源保护和旅游利用状况的监督检查。

第二十二条　各级人民政府应当组织对本级政府编制的旅游发展规划的执行情况进行评估，并向社会公布。

第二十三条　国务院和县级以上地方人民政府应当制定并组织实施有利于旅游业持续健康发展的产业政策，推进旅游休闲体系建设，采取措施推动区域旅游合作，鼓励跨区域旅游线路和产品开发，促进旅游与工业、农业、商业、文化、卫生、体育、科教等领域的融合，扶持少数民族地区、革命老区、边远地区和贫困地区旅游业发展。

第二十四条　国务院和县级以上地方人民政府应当根据实际情况安排资金，加强旅游基础设施建设、旅游公共服务和旅游形象推广。

第二十五条　国家制定并实施旅游形象推广战略。国务院旅游主管部门统筹组织国家旅游形象的境外推广工作，建立旅游形象推广机构和网络，开展旅游国际合作与交流。

县级以上地方人民政府统筹组织本地的旅游形象推广工作。

第二十六条　国务院旅游主管部门和县级以上地方人民政府应当根据需要建立旅游公共信息和咨询平台，无偿向旅游者提供旅游景区、线路、交通、气象、住宿、安全、医疗急救等必要信息和咨询服务。设区的市和县级人民政府有关部门应当根据需要在交通枢纽、商业中心和旅游者集中场所设置旅游咨询中心，在景区和通往主要景区的道路设置旅游指示标识。

旅游资源丰富的设区的市和县级人民政府可以根据本地的实际情况，建立旅游客运专线或者游客中转站，为旅游者在城市及周边旅游提供服务。

第二十七条　国家鼓励和支持发展旅游职业教育和培训，提高旅游从业人员素质。

第四章　旅游经营

第二十八条　设立旅行社，招徕、组织、接待旅游者，为其提供旅游服务，应当具备下列条件，取得旅游主管部门的许可，依法办理工商登记：

（一）有固定的经营场所；

（二）有必要的营业设施；

（三）有符合规定的注册资本；

（四）有必要的经营管理人员和导游；

（五）法律、行政法规规定的其他条件。

第二十九条　旅行社可以经营下列业务：

（一）境内旅游；

（二）出境旅游；

（三）边境旅游；

（四）入境旅游；

（五）其他旅游业务。

旅行社经营前款第二项和第三项业务，应当取得相应的业务经营许可，具体条件由国务院规定。

第三十条　旅行社不得出租、出借旅行社业务经营许可证，或者以其他形式非法转让旅行社业务经营许可。

第三十一条　旅行社应当按照规定交纳旅游服务质量保证金，用于旅游者权益损害赔偿和垫付旅游者人身安全遇有危险时紧急救助的费用。

第三十二条　旅行社为招徕、组织旅游者发布信息，必须真实、准确，不得进行虚假宣传，误导旅游者。

第三十三条　旅行社及其从业人员组织、接待旅游者，不得安排参观或者参与违反我国法律、法规和社会公德的项目或者活动。

第三十四条　旅行社组织旅游活动应当向合格的供应商订购产品和服务。

第三十五条　旅行社不得以不合理的低价组织旅游活动，诱骗旅游者，并通过安排购物或者另行付费旅游项目获取回扣等不正当利益。

旅行社组织、接待旅游者，不得指定具体购物场所，不得安排另行付费旅游项目。但是，经双方协商一致或者旅游者要求，且不影响其他旅游者行程安排的除外。

发生违反前两款规定情形的，旅游者有权在旅游行程结束后三十日内，要求旅行社为其办理退货并先行垫付退货货款，或者退还另行付费旅游项目的费用。

第三十六条　旅行社组织团队出境旅游或者组织、接待团队入境旅游，应当按照规定安排领队或者导游全程陪同。

第三十七条　参加导游资格考试成绩合格，与旅行社订立劳动合同或者在相关旅游行业组织注册的人员，可以申请取得导游证。

第三十八条　旅行社应当与其聘用的导游依法订立劳动合同，支付劳动报酬，缴纳社会保险费用。

旅行社临时聘用导游为旅游者提供服务的，应当全额向导游支付本法第六十条第三款规定的导游服务费用。

旅行社安排导游为团队旅游提供服务的，不得要求导游垫付或者向导游收取任何费用。

第三十九条　从事领队业务，应当取得导游证，具有相应的学历、语言能力和旅游从业经历，并与委派其从事领队业务的取得出境旅游业务经营许可的旅行社订立劳动合同。

第四十条　导游和领队为旅游者提供服务必须接受旅行社委派，不得私自承揽导游和领队业务。

第四十一条　导游和领队从事业务活动，应当佩戴导游证，遵守职业道德，尊重旅游者的风俗习惯和宗教信仰，应当向旅游者告知和解释旅游文明行为规范，引导旅游者健康、文明旅游，劝阻旅游者违反社会公德的行为。

导游和领队应当严格执行旅游行程安排，不得擅自变更旅游行程或者中止服务活动，不得向旅游者索取小费，不得诱导、欺骗、强迫或者变相强迫旅游者购物或者参加另行付费旅游项目。

第四十二条 景区开放应当具备下列条件，并听取旅游主管部门的意见：

（一）有必要的旅游配套服务和辅助设施；

（二）有必要的安全设施及制度，经过安全风险评估，满足安全条件；

（三）有必要的环境保护设施和生态保护措施；

（四）法律、行政法规规定的其他条件。

第四十三条 利用公共资源建设的景区的门票以及景区内的游览场所、交通工具等另行收费项目，实行政府定价或者政府指导价，严格控制价格上涨。拟收费或者提高价格的，应当举行听证会，征求旅游者、经营者和有关方面的意见，论证其必要性、可行性。

利用公共资源建设的景区，不得通过增加另行收费项目等方式变相涨价；另行收费项目已收回投资成本的，应当相应降低价格或者取消收费。

公益性的城市公园、博物馆、纪念馆等，除重点文物保护单位和珍贵文物收藏单位外，应当逐步免费开放。

第四十四条 景区应当在醒目位置公示门票价格、另行收费项目的价格及团体收费价格。景区提高门票价格应当提前六个月公布。

将不同景区的门票或者同一景区内不同游览场所的门票合并出售的，合并后的价格不得高于各单项门票的价格之和，且旅游者有权选择购买其中的单项票。

景区内的核心游览项目因故暂停向旅游者开放或者停止提供服务的，应当公示并相应减少收费。

第四十五条 景区接待旅游者不得超过景区主管部门核定的最大承载量。景区应当公布景区主管部门核定的最大承载量，制定和实施旅游者流量控制方案，并可以采取门票预约等方式，对景区接待旅游者的数量进行控制。

旅游者数量可能达到最大承载量时，景区应当提前公告并同时向当地人民政府报告，景区和当地人民政府应当及时采取疏导、分流等措施。

第四十六条 城镇和乡村居民利用自有住宅或者其他条件依法从事旅游经营，其管理办法由省、自治区、直辖市制定。

第四十七条 经营高空、高速、水上、潜水、探险等高风险旅游项目，应当按照国家有关规定取得经营许可。

第四十八条 通过网络经营旅行社业务的，应当依法取得旅行社业务经营许可，并在其网站主页的显著位置标明其业务经营许可证信息。

发布旅游经营信息的网站，应当保证其信息真实、准确。

第四十九条　为旅游者提供交通、住宿、餐饮、娱乐等服务的经营者，应当符合法律、法规规定的要求，按照合同约定履行义务。

第五十条　旅游经营者应当保证其提供的商品和服务符合保障人身、财产安全的要求。

旅游经营者取得相关质量标准等级的，其设施和服务不得低于相应标准；未取得质量标准等级的，不得使用相关质量等级的称谓和标识。

第五十一条　旅游经营者销售、购买商品或者服务，不得给予或者收受贿赂。

第五十二条　旅游经营者对其在经营活动中知悉的旅游者个人信息，应当予以保密。

第五十三条　从事道路旅游客运的经营者应当遵守道路客运安全管理的各项制度，并在车辆显著位置明示道路旅游客运专用标识，在车厢内显著位置公示经营者和驾驶人信息、道路运输管理机构监督电话等事项。

第五十四条　景区、住宿经营者将其部分经营项目或者场地交由他人从事住宿、餐饮、购物、游览、娱乐、旅游交通等经营的，应当对实际经营者的经营行为给旅游者造成的损害承担连带责任。

第五十五条　旅游经营者组织、接待出入境旅游，发现旅游者从事违法活动或者有违反本法第十六条规定情形的，应当及时向公安机关、旅游主管部门或者我国驻外机构报告。

第五十六条　国家根据旅游活动的风险程度，对旅行社、住宿、旅游交通以及本法第四十七条规定的高风险旅游项目等经营者实施责任保险制度。

第五章　旅游服务合同

第五十七条　旅行社组织和安排旅游活动，应当与旅游者订立合同。

第五十八条　包价旅游合同应当采用书面形式，包括下列内容：

（一）旅行社、旅游者的基本信息；

（二）旅游行程安排；

（三）旅游团成团的最低人数；

（四）交通、住宿、餐饮等旅游服务安排和标准；

（五）游览、娱乐等项目的具体内容和时间；

（六）自由活动时间安排；

（七）旅游费用及其交纳的期限和方式；

（八）违约责任和解决纠纷的方式；

（九）法律、法规规定和双方约定的其他事项。

订立包价旅游合同时，旅行社应当向旅游者详细说明前款第二项至第八项所载内容。

第五十九条　旅行社应当在旅游行程开始前向旅游者提供旅游行程单。旅游行程单是包价旅游合同的组成部分。

第六十条　旅行社委托其他旅行社代理销售包价旅游产品并与旅游者订立包价旅游合同的，应当在包价旅游合同中载明委托社和代理社的基本信息。

旅行社依照本法规定将包价旅游合同中的接待业务委托给地接社履行的，应当在包价旅游合同中载明地接社的基本信息。

安排导游为旅游者提供服务的，应当在包价旅游合同中载明导游服务费用。

第六十一条　旅行社应当提示参加团队旅游的旅游者按照规定投保人身意外伤害保险。

第六十二条　订立包价旅游合同时，旅行社应当向旅游者告知下列事项：

（一）旅游者不适合参加旅游活动的情形；

（二）旅游活动中的安全注意事项；

（三）旅行社依法可以减免责任的信息；

（四）旅游者应当注意的旅游目的地相关法律、法规和风俗习惯、宗教禁忌，依照中国法律不宜参加的活动等；

（五）法律、法规规定的其他应当告知的事项。

在包价旅游合同履行中，遇有前款规定事项的，旅行社也应当告知旅游者。

第六十三条　旅行社招徕旅游者组团旅游，因未达到约定人数不能出团的，组团社可以解除合同。但是，境内旅游应当至少提前七日通知旅游者，出境旅游应当至少提前三十日通知旅游者。

因未达到约定人数不能出团的，组团社经征得旅游者书面同意，可以委托其他旅行社履行合同。组团社对旅游者承担责任，受委托的旅行社对组团社承担责任。旅游者不同意的，可以解除合同。

因未达到约定的成团人数解除合同的，组团社应当向旅游者退还已收取的全部费用。

第六十四条　旅游行程开始前，旅游者可以将包价旅游合同中自身的权利义务转让给第三人，旅行社没有正当理由的不得拒绝，因此增加的费用由旅游者和第三人承担。

第六十五条　旅游行程结束前，旅游者解除合同的，组团社应当在扣除必要的费用后，将余款退还旅游者。

第六十六条　旅游者有下列情形之一的，旅行社可以解除合同：

（一）患有传染病等疾病，可能危害其他旅游者健康和安全的；

（二）携带危害公共安全的物品且不同意交有关部门处理的；

（三）从事违法或者违反社会公德的活动的；

（四）从事严重影响其他旅游者权益的活动，且不听劝阻、不能制止的；

（五）法律规定的其他情形。

因前款规定情形解除合同的，组团社应当在扣除必要的费用后，将余款退还旅游者；给旅行社造成损失的，旅游者应当依法承担赔偿责任。

第六十七条　因不可抗力或者旅行社、履行辅助人已尽合理注意义务仍不能避免的事件，影响旅游行程的，按照下列情形处理：

（一）合同不能继续履行的，旅行社和旅游者均可以解除合同。合同不能完全履行的，旅行社经向旅游者作出说明，可以在合理范围内变更合同；旅游者不同意变更的，可以解除合同。

（二）合同解除的，组团社应当在扣除已向地接社或者履行辅助人支付且不可退还的费用后，将余款退还旅游者；合同变更的，因此增加的费用由旅游者承担，减少的费用退还旅游者。

（三）危及旅游者人身、财产安全的，旅行社应当采取相应的安全措施，因此支出的费用，由旅行社与旅游者分担。

（四）造成旅游者滞留的，旅行社应当采取相应的安置措施。因此增加的食宿费用，由旅游者承担；增加的返程费用，由旅行社与旅游者分担。

第六十八条　旅游行程中解除合同的，旅行社应当协助旅游者返回出发地或者旅游者指定的合理地点。由于旅行社或者履行辅助人的原因导致合同解除的，返程费用由旅行社承担。

第六十九条　旅行社应当按照包价旅游合同的约定履行义务，不得擅自变更旅游行程安排。

经旅游者同意，旅行社将包价旅游合同中的接待业务委托给其他具有相应资质的地接社履行的，应当与地接社订立书面委托合同，约定双方的权利和义务，向地接社提供与旅游者订立的包价旅游合同的副本，并向地接社支付不低于接待和服务成本的费用。地接社应当按照包价旅游合同和委托合同提供服务。

第七十条　旅行社不履行包价旅游合同义务或者履行合同义务不符合约定的，应当依法承担继续履行、采取补救措施或者赔偿损失等违约责任；造成旅游者人身损害、财产损失的，应当依法承担赔偿责任。旅行社具备履行条件，经旅游者要求仍拒绝履行合同，造成旅游者人身损害、滞留等严重后果的，旅游者还可以要求旅行社支付旅游费用一倍以上三倍以下的赔偿金。

由于旅游者自身原因导致包价旅游合同不能履行或者不能按照约定履行，或者造成旅游者人身损害、财产损失的，旅行社不承担责任。

在旅游者自行安排活动期间，旅行社未尽到安全提示、救助义务的，应当对旅游者的人身损害、财产损失承担相应责任。

第七十一条　由于地接社、履行辅助人的原因导致违约的，由组团社承担责任；组团社承担责任后可以向地接社、履行辅助人追偿。

由于地接社、履行辅助人的原因造成旅游者人身损害、财产损失的，旅游者可以要求地接社、履行辅助人承担赔偿责任，也可以要求组团社承担赔偿责任；组团社承担责任后可以向地接社、履行辅助人追偿。但是，由于公共交通经营者的原因造成旅游者人身损害、财产损失的，由公共交通经营者依法承担赔偿责任，旅行社应当协助旅游者向公共交通经营者索赔。

第七十二条　旅游者在旅游活动中或者在解决纠纷时，损害旅行社、履行辅助人、旅游从业人员或者其他旅游者的合法权益的，依法承担赔偿责任。

第七十三条　旅行社根据旅游者的具体要求安排旅游行程，与旅游者订立包价旅游合同的，旅游者请求变更旅游行程安排，因此增加的费用由旅游者承担，减少的费用退还旅游者。

第七十四条　旅行社接受旅游者的委托，为其代订交通、住宿、餐饮、游览、娱乐等旅游服务，收取代办费用的，应当亲自处理委托事务。因旅行社的过错给旅游者造成损失的，旅行社应当承担赔偿责任。

旅行社接受旅游者的委托，为其提供旅游行程设计、旅游信息咨询等服务的，应当保证设计合理、可行，信息及时、准确。

第七十五条　住宿经营者应当按照旅游服务合同的约定为团队旅游者提供住宿服务。住宿经营者未能按照旅游服务合同提供服务的，应当为旅游者提供不低于原定标准的住宿服务，因此增加的费用由住宿经营者承担；但由于不可抗力、政府因公共利益需要采取措施造成不能提供服务的，住宿经营者应当协助安排旅游者住宿。

第六章　旅游安全

第七十六条　县级以上人民政府统一负责旅游安全工作。县级以上人民政府有关部门依照法律、法规履行旅游安全监管职责。

第七十七条　国家建立旅游目的地安全风险提示制度。旅游目的地安全风险提示的级别划分和实施程序，由国务院旅游主管部门会同有关部门制定。

县级以上人民政府及其有关部门应当将旅游安全作为突发事件监测和评估的重要内容。

第七十八条　县级以上人民政府应当依法将旅游应急管理纳入政府应急管理体系，制定应急预案，建立旅游突发事件应对机制。

突发事件发生后，当地人民政府及其有关部门和机构应当采取措施开展救援，并协助旅游者返回出发地或者旅游者指定的合理地点。

第七十九条　旅游经营者应当严格执行安全生产管理和消防安全管理的法律、法规和国家标准、行业标准，具备相应的安全生产条件，制定旅游者安全保护制度和应急预案。

旅游经营者应当对直接为旅游者提供服务的从业人员开展经常性应急救助技能培训，对提供的产品和服务进行安全检验、监测和评估，采取必要措施防止危害发生。

旅游经营者组织、接待老年人、未成年人、残疾人等旅游者，应当采取相应的安全保障措施。

第八十条　旅游经营者应当就旅游活动中的下列事项，以明示的方式事先向旅游者作出说明或者警示：

（一）正确使用相关设施、设备的方法；

（二）必要的安全防范和应急措施；

（三）未向旅游者开放的经营、服务场所和设施、设备；

（四）不适宜参加相关活动的群体；

（五）可能危及旅游者人身、财产安全的其他情形。

第八十一条　突发事件或者旅游安全事故发生后，旅游经营者应当立即采取必要的救助和处置措施，依法履行报告义务，并对旅游者作出妥善安排。

第八十二条　旅游者在人身、财产安全遇有危险时，有权请求旅游经营者、当地政府和相关机构进行及时救助。

中国出境旅游者在境外陷于困境时，有权请求我国驻当地机构在其职责范围内给予协助和保护。

旅游者接受相关组织或者机构的救助后，应当支付应由个人承担的费用。

第七章　旅游监督管理

第八十三条　县级以上人民政府旅游主管部门和有关部门依照本法和有关法律、法规的规定，在各自职责范围内对旅游市场实施监督管理。

县级以上人民政府应当组织旅游主管部门、有关主管部门和工商行政管理、产品质量监督、交通等执法部门对相关旅游经营行为实施监督检查。

第八十四条　旅游主管部门履行监督管理职责，不得违反法律、行政法规的规定向监督管理对象收取费用。

旅游主管部门及其工作人员不得参与任何形式的旅游经营活动。

第八十五条　县级以上人民政府旅游主管部门有权对下列事项实施监督检查：

（一）经营旅行社业务以及从事导游、领队服务是否取得经营、执业许可；

（二）旅行社的经营行为；

（三）导游和领队等旅游从业人员的服务行为；

（四）法律、法规规定的其他事项。

旅游主管部门依照前款规定实施监督检查，可以对涉嫌违法的合同、票据、账簿以及其他资料进行查阅、复制。

第八十六条　旅游主管部门和有关部门依法实施监督检查，其监督检查人员不得少于二人，并应当出示合法证件。监督检查人员少于二人或者未出示合法证件的，被检查单位和个人有权拒绝。

监督检查人员对在监督检查中知悉的被检查单位的商业秘密和个人信息应当依法保密。

第八十七条　对依法实施的监督检查，有关单位和个人应当配合，如实说明情况并提供文件、资料，不得拒绝、阻碍和隐瞒。

第八十八条 县级以上人民政府旅游主管部门和有关部门，在履行监督检查职责中或者在处理举报、投诉时，发现违反本法规定行为的，应当依法及时作出处理；对不属于本部门职责范围的事项，应当及时书面通知并移交有关部门查处。

第八十九条 县级以上地方人民政府建立旅游违法行为查处信息的共享机制，对需要跨部门、跨地区联合查处的违法行为，应当进行督办。

旅游主管部门和有关部门应当按照各自职责，及时向社会公布监督检查的情况。

第九十条 依法成立的旅游行业组织依照法律、行政法规和章程的规定，制定行业经营规范和服务标准，对其会员的经营行为和服务质量进行自律管理，组织开展职业道德教育和业务培训，提高从业人员素质。

第八章 旅游纠纷处理

第九十一条 县级以上人民政府应当指定或者设立统一的旅游投诉受理机构。受理机构接到投诉，应当及时进行处理或者移交有关部门处理，并告知投诉者。

第九十二条 旅游者与旅游经营者发生纠纷，可以通过下列途径解决：

（一）双方协商；

（二）向消费者协会、旅游投诉受理机构或者有关调解组织申请调解；

（三）根据与旅游经营者达成的仲裁协议提请仲裁机构仲裁；

（四）向人民法院提起诉讼。

第九十三条 消费者协会、旅游投诉受理机构和有关调解组织在双方自愿的基础上，依法对旅游者与旅游经营者之间的纠纷进行调解。

第九十四条 旅游者与旅游经营者发生纠纷，旅游者一方人数众多并有共同请求的，可以推选代表人参加协商、调解、仲裁、诉讼活动。

第九章 法律责任

第九十五条 违反本法规定，未经许可经营旅行社业务的，由旅游主管部门或者工商行政管理部门责令改正，没收违法所得，并处一万元以上十万元以下罚款；违法所得十万元以上的，并处违法所得一倍以上五倍以下罚款；对有关责任人员，处二千元以上二万元以下罚款。

旅行社违反本法规定，未经许可经营本法第二十九条第一款第二项、第三项业务，或者出租、出借旅行社业务经营许可证，或者以其他方式非法转让旅行社业务经营许可的，除依照前款规定处罚外，并责令停业整顿；情节严重的，吊销旅行社业务经营许可证；对直接负责的主管人员，处二千元以上二万元以下罚款。

第九十六条　旅行社违反本法规定，有下列行为之一的，由旅游主管部门责令改正，没收违法所得，并处五千元以上五万元以下罚款；情节严重的，责令停业整顿或者吊销旅行社业务经营许可证；对直接负责的主管人员和其他直接责任人员，处二千元以上二万元以下罚款：

（一）未按照规定为出境或者入境团队旅游安排领队或者导游全程陪同的；

（二）安排未取得导游证的人员提供导游服务或者安排不具备领队条件的人员提供领队服务的；

（三）未向临时聘用的导游支付导游服务费用的；

（四）要求导游垫付或者向导游收取费用的。

第九十七条　旅行社违反本法规定，有下列行为之一的，由旅游主管部门或者有关部门责令改正，没收违法所得，并处五千元以上五万元以下罚款；违法所得五万元以上的，并处违法所得一倍以上五倍以下罚款；情节严重的，责令停业整顿或者吊销旅行社业务经营许可证；对直接负责的主管人员和其他直接责任人员，处二千元以上二万元以下罚款：

（一）进行虚假宣传，误导旅游者的；

（二）向不合格的供应商订购产品和服务的；

（三）未按照规定投保旅行社责任保险的。

第九十八条　旅行社违反本法第三十五条规定的，由旅游主管部门责令改正，没收违法所得，责令停业整顿，并处三万元以上三十万元以下罚款；违法所得三十万元以上的，并处违法所得一倍以上五倍以下罚款；情节严重的，吊销旅行社业务经营许可证；对直接负责的主管人员和其他直接责任人员，没收违法所得，处二千元以上二万元以下罚款，并暂扣或者吊销导游证。

第九十九条　旅行社未履行本法第五十五条规定的报告义务的，由旅游主管部门处五千元以上五万元以下罚款；情节严重的，责令停业整顿或者吊销旅行社业务经营许可证；对直接负责的主管人员和其他直接责任人员，处二千元以上二万元以下罚款，并暂扣或者吊销导游证。

第一百条　旅行社违反本法规定，有下列行为之一的，由旅游主管部门责令改正，处三万元以上三十万元以下罚款,并责令停业整顿;造成旅游者滞留等严重后果的,吊销旅行社业务经营许可证;对直接负责的主管人员和其他直接责任人员,处二千元以上二万元以下罚款,并暂扣或者吊销导游证:

(一)在旅游行程中擅自变更旅游行程安排,严重损害旅游者权益的;

(二)未征得旅游者书面同意,委托其他旅行社履行包价旅游合同的。

第一百零一条 旅行社违反本法规定,安排旅游者参观或者参与违反我国法律、法规和社会公德的项目或者活动的,由旅游主管部门责令改正,没收违法所得,责令停业整顿,并处二万元以上二十万元以下罚款;情节严重的,吊销旅行社业务经营许可证;对直接负责的主管人员和其他直接责任人员,处二千元以上二万元以下罚款,并暂扣或者吊销导游证。

第一百零二条 违反本法规定,未取得导游证或者不具备领队条件而从事导游、领队活动的,由旅游主管部门责令改正,没收违法所得,并处一千元以上一万元以下罚款,予以公告。

导游、领队违反本法规定,私自承揽业务的,由旅游主管部门责令改正,没收违法所得,处一千元以上一万元以下罚款,并暂扣或者吊销导游证。

导游、领队违反本法规定,向旅游者索取小费的,由旅游主管部门责令退还,处一千元以上一万元以下罚款;情节严重的,并暂扣或者吊销导游证。

第一百零三条 违反本法规定被吊销导游证的导游、领队和受到吊销旅行社业务经营许可证处罚的旅行社的有关管理人员,自处罚之日起未逾三年的,不得重新申请导游证或者从事旅行社业务。

第一百零四条 旅游经营者违反本法规定,给予或者收受贿赂的,由工商行政管理部门依照有关法律、法规的规定处罚;情节严重的,并由旅游主管部门吊销旅行社业务经营许可证。

第一百零五条 景区不符合本法规定的开放条件而接待旅游者的,由景区主管部门责令停业整顿直至符合开放条件,并处二万元以上二十万元以下罚款。

景区在旅游者数量可能达到最大承载量时,未依照本法规定公告或者未向当地人民政府报告,未及时采取疏导、分流等措施,或者超过最大承载量接待旅游者的,由景区主管部门责令改正,情节严重的,责令停业整顿一个月至六个月。

第一百零六条 景区违反本法规定,擅自提高门票或者另行收费项目的价格,或者有其他价格违法行为的,由有关主管部门依照有关法律、法规的规定处罚。

第一百零七条 旅游经营者违反有关安全生产管理和消防安全管理的法律、法规或者国家标准、行业标准的，由有关主管部门依照有关法律、法规的规定处罚。

第一百零八条 对违反本法规定的旅游经营者及其从业人员，旅游主管部门和有关部门应当记入信用档案，向社会公布。

第一百零九条 旅游主管部门和有关部门的工作人员在履行监督管理职责中，滥用职权、玩忽职守、徇私舞弊，尚不构成犯罪的，依法给予处分。

第一百一十条 违反本法规定，构成犯罪的，依法追究刑事责任。

第十章 附 则

第一百一十一条 本法下列用语的含义：

（一）旅游经营者，是指旅行社、景区以及为旅游者提供交通、住宿、餐饮、购物、娱乐等服务的经营者。

（二）景区，是指为旅游者提供游览服务、有明确的管理界限的场所或者区域。

（三）包价旅游合同，是指旅行社预先安排行程，提供或者通过履行辅助人提供交通、住宿、餐饮、游览、导游或者领队等两项以上旅游服务，旅游者以总价支付旅游费用的合同。

（四）组团社，是指与旅游者订立包价旅游合同的旅行社。

（五）地接社，是指接受组团社委托，在目的地接待旅游者的旅行社。

（六）履行辅助人，是指与旅行社存在合同关系，协助其履行包价旅游合同义务，实际提供相关服务的法人或者自然人。

第一百一十二条 本法自 2013 年 10 月 1 日起施行。

七、中小学教育惩戒规则 （试行）

中小学教育惩戒规则（试行）

中华人民共和国教育部令第 49 号

《中小学教育惩戒规则（试行）》已经 2020 年 9 月 23 日教育部第 3 次部务会议审议通过，现予公布，自 2021 年 3 月 1 日起施行。

教育部部长　陈宝生

2020 年 12 月 23 日

第一条　为落实立德树人根本任务，保障和规范学校、教师依法履行教育教学和管理职责，保护学生合法权益，促进学生健康成长、全面发展，根据教育法、教师法、未成年人保护法、预防未成年人犯罪法等法律法规和国家有关规定，制定本规则。

第二条　普通中小学校、中等职业学校（以下称学校）及其教师在教育教学和管理过程中对学生实施教育惩戒，适用本规则。

本规则所称教育惩戒，是指学校、教师基于教育目的，对违规违纪学生进行管理、训导或者以规定方式予以矫治，促使学生引以为戒、认识和改正错误的教育行为。

第三条　学校、教师应当遵循教育规律，依法履行职责，通过积极管教和教育惩戒的实施，及时纠正学生错误言行，培养学生的规则意识、责任意识。

教育行政部门应当支持、指导、监督学校及其教师依法依规实施教育惩戒。

第四条　实施教育惩戒应当符合教育规律，注重育人效果；遵循法治原则，做到客观公正；选择适当措施，与学生过错程度相适应。

第五条　学校应当结合本校学生特点，依法制定、完善校规校纪，明确学生行为规范，健全实施教育惩戒的具体情形和规则。

学校制定校规校纪，应当广泛征求教职工、学生和学生父母或者其他监护人（以下称家长）的意见；有条件的，可以组织有学生、家长及有关方面代表参加的听证。校规校纪应当提交家长委员会、教职工代表大会讨论，经校长办公会议审议通过后施

296

行，并报主管教育部门备案。

教师可以组织学生、家长以民主讨论形式共同制定班规或者班级公约，报学校备案后施行。

第六条　学校应当利用入学教育、班会以及其他适当方式，向学生和家长宣传讲解校规校纪。未经公布的校规校纪不得施行。

学校可以根据情况建立校规校纪执行委员会等组织机构，吸收教师、学生及家长、社会有关方面代表参加，负责确定可适用的教育惩戒措施，监督教育惩戒的实施，开展相关宣传教育等。

第七条　学生有下列情形之一，学校及其教师应当予以制止并进行批评教育，确有必要的，可以实施教育惩戒：

（一）故意不完成教学任务要求或者不服从教育、管理的；

（二）扰乱课堂秩序、学校教育教学秩序的；

（三）吸烟、饮酒，或者言行失范违反学生守则的；

（四）实施有害自己或者他人身心健康的危险行为的；

（五）打骂同学、老师，欺凌同学或者侵害他人合法权益的；

（六）其他违反校规校纪的行为。

学生实施属于预防未成年人犯罪法规定的不良行为或者严重不良行为的，学校、教师应当予以制止并实施教育惩戒，加强管教；构成违法犯罪的，依法移送公安机关处理。

第八条　教师在课堂教学、日常管理中，对违规违纪情节较为轻微的学生，可以当场实施以下教育惩戒：

（一）点名批评；

（二）责令赔礼道歉、做口头或者书面检讨；

（三）适当增加额外的教学或者班级公益服务任务；

（四）一节课堂教学时间内的教室内站立；

（五）课后教导；

（六）学校校规校纪或者班规、班级公约规定的其他适当措施。

教师对学生实施前款措施后，可以以适当方式告知学生家长。

第九条　学生违反校规校纪，情节较重或者经当场教育惩戒拒不改正的，学校可以实施以下教育惩戒，并应当及时告知家长：

（一）由学校德育工作负责人予以训导；

（二）承担校内公益服务任务；

（三）安排接受专门的校规校纪、行为规则教育；

（四）暂停或者限制学生参加游览、校外集体活动以及其他外出集体活动；

（五）学校校规校纪规定的其他适当措施。

第十条 小学高年级、初中和高中阶段的学生违规违纪情节严重或者影响恶劣的，学校可以实施以下教育惩戒，并应当事先告知家长：

（一）给予不超过一周的停课或者停学，要求家长在家进行教育、管教；

（二）由法治副校长或者法治辅导员予以训诫；

（三）安排专门的课程或者教育场所，由社会工作者或者其他专业人员进行心理辅导、行为干预。

对违规违纪情节严重，或者经多次教育惩戒仍不改正的学生，学校可以给予警告、严重警告、记过或者留校察看的纪律处分。对高中阶段学生，还可以给予开除学籍的纪律处分。

对有严重不良行为的学生，学校可以按照法定程序，配合家长、有关部门将其转入专门学校教育矫治。

第十一条 学生扰乱课堂或者教育教学秩序，影响他人或者可能对自己及他人造成伤害的，教师可以采取必要措施，将学生带离教室或者教学现场，并予以教育管理。

教师、学校发现学生携带、使用违规物品或者行为具有危险性的，应当采取必要措施予以制止；发现学生藏匿违法、危险物品的，应当责令学生交出并可以对可能藏匿物品的课桌、储物柜等进行检查。

教师、学校对学生的违规物品可以予以暂扣并妥善保管，在适当时候交还学生家长；属于违法、危险物品的，应当及时报告公安机关、应急管理部门等有关部门依法处理。

第十二条 教师在教育教学管理、实施教育惩戒过程中，不得有下列行为：

（一）以击打、刺扎等方式直接造成身体痛苦的体罚；

（二）超过正常限度的罚站、反复抄写，强制做不适的动作或者姿势，以及刻意孤立等间接伤害身体、心理的变相体罚；

（三）辱骂或者以歧视性、侮辱性的言行侵犯学生人格尊严；

（四）因个人或者少数人违规违纪行为而惩罚全体学生；

（五）因学业成绩而教育惩戒学生；

（六）因个人情绪、好恶实施或者选择性实施教育惩戒；

（七）指派学生对其他学生实施教育惩戒；

（八）其他侵害学生权利的。

第十三条　教师对学生实施教育惩戒后，应当注重与学生的沟通和帮扶，对改正错误的学生及时予以表扬、鼓励。

学校可以根据实际和需要，建立学生教育保护辅导工作机制，由学校分管负责人、德育工作机构负责人、教师以及法治副校长（辅导员）、法律以及心理、社会工作等方面的专业人员组成辅导小组，对有需要的学生进行专门的心理辅导、行为矫治。

第十四条　学校拟对学生实施本规则第十条所列教育惩戒和纪律处分的，应当听取学生的陈述和申辩。学生或者家长申请听证的，学校应当组织听证。

学生受到教育惩戒或者纪律处分后，能够诚恳认错、积极改正的，可以提前解除教育惩戒或者纪律处分。

第十五条　学校应当支持、监督教师正当履行职务。教师因实施教育惩戒与学生及其家长发生纠纷，学校应当及时进行处理，教师无过错的，不得因教师实施教育惩戒而给予其处分或者其他不利处理。

教师违反本规则第十二条，情节轻微的，学校应当予以批评教育；情节严重的，应当暂停履行职责或者依法依规给予处分；给学生身心造成伤害，构成违法犯罪的，由公安机关依法处理。

第十六条　学校、教师应当重视家校协作，积极与家长沟通，使家长理解、支持和配合实施教育惩戒，形成合力。家长应当履行对子女的教育职责，尊重教师的教育权利，配合教师、学校对违规违纪学生进行管教。

家长对教师实施的教育惩戒有异议或者认为教师行为违反本规则第十二条规定的，可以向学校或者主管教育行政部门投诉、举报。学校、教育行政部门应当按照师德师风建设管理的有关要求，及时予以调查、处理。家长威胁、侮辱、伤害教师的，学校、教育行政部门应当依法保护教师人身安全、维护教师合法权益；情形严重的，应当及时向公安机关报告并配合公安机关、司法机关追究责任。

第十七条　学生及其家长对学校依据本规则第十条实施的教育惩戒或者给予的纪律处分不服的，可以在教育惩戒或者纪律处分作出后15个工作日内向学校提起申诉。

学校应当成立由学校相关负责人、教师、学生以及家长、法治副校长等校外有关方面代表组成的学生申诉委员会，受理申诉申请，组织复查。学校应当明确学生申诉委员会的人员构成、受理范围及处理程序等并向学生及家长公布。

学生申诉委员会应当对学生申诉的事实、理由等进行全面审查，作出维持、变更或者撤销原教育惩戒或者纪律处分的决定。

第十八条　学生或者家长对学生申诉处理决定不服的，可以向学校主管教育部门申请复核；对复核决定不服的，可以依法提起行政复议或者行政诉讼。

第十九条　学校应当有针对性地加强对教师的培训，促进教师更新教育理念、改进教育方式方法，提高教师正确履行职责的意识与能力。

每学期末，学校应当将学生受到本规则第十条所列教育惩戒和纪律处分的信息报主管教育行政部门备案。

第二十条　本规则自2021年3月1日起施行。

各地可以结合本地实际，制定本地方实施细则或者指导学校制定实施细则。

参考文献

［1］李岑虎．研学旅行课程设计［M］．北京：旅游教育出版社，2020.08.

［2］叶娅丽，李岑虎．研学旅行概论［M］．桂林：广西师范大学出版社，2020.09.

［3］甄鸿启，李凤堂．研学旅行教育理论与实践［M］．北京：旅游教育出版社，2020.08.

［4］任鸣．研学旅行安全管理［M］．北京：旅游教育出版社，2020.08.

［5］叶娅丽，边喜英．研学旅行基（营）地服务与管理［M］．北京：旅游教育出版社，2020.08.

［6］薛兵旺，杨崇君．研学旅行概论［M］．北京：旅游教育出版社，2020.08.

［7］全国导游人员资格考试教材编写组．导游业务（第5版）［M］．北京：旅游教育出版社，2020.

［8］全国导游资格考试统编教材专家编写组．导游业务（第5版）［M］．北京：中国旅游出版社，2020.

［9］全国导游资格考试统编教材专家编写组．政策与法律法规（第5版）［M］．北京：中国旅游出版社，2020.

［10］GB/T 26359－2010，旅游客车设施与服务规范［S］．

［11］朱雪晶．经济增长背景下研学旅游产品的发展［J］．消费经济，2019，（11）：79－80.

［12］戴鹏．研学旅行发展及带来的启示分析［J］．科技经济导刊，2020，28（13）：129－131.

［13］中国旅游研究院．中国研学旅行发展报告2017［Z］．北京：旅游教育出版社，2018.

［14］周璇，何善亮．中小学研学旅行课程：一种新的课程形态［J］．教育参考，2017，（06）：76－81.

［15］周璇．小学4—6年级研学旅行课程开展的困境与对策研究［D］．南京：南京师范大学，2018.

［16］高静，刘春济．我国夏令营旅游市场开发探析——以上海市为例［J］．华东经济管理，2006，（2）：50－53.

［17］项凡．国际游学发展历程及现状分析［J］．产业与科技论坛，2014，13（8）：144－145.

［18］朱立新．研学旅行专题主持人语［J］．湖北理工学院学报（人文社会科学版），2017，（2）：21－21.

［19］周灿，钟栎娜．国内中长期修学旅游者动机研究——以北京大学2011年访问学者为例［J］．中州大学学报，2013，30（3）：18－21.

［20］林杜鹃．合肥市中小学修学旅行市场特征及开发策略［D］．安徽：安徽大学，2014.

［21］吴晓霞，陶惠敏，庄美玲，等．基于IPA分析法的大学生研学旅游感知研究［J］．旅游纵览（下半月），2016：59－61.

［22］张宇微．新媒体运营实战［M］．北京：人民邮电出版社，2018.

［23］黄丽霞，彭进香．微信运营全攻略［M］．北京：人民邮电出版社，2017.

［24］惠亚爱，乔晓娟．网络营销：推广与策划［M］．北京：人民邮电出版社，2019.

［25］夏雪峰．全网营销：网络营销推广布局、运营与实战［M］．北京：电子工业出版社，2017.

［26］陆军．营销管理［M］．上海：华东理工大学出版社，2017.

［27］王晟，唐细语，何尔锦．市场营销理论与实务［M］．北京：北京理工大学出版社，2017.

［28］邵春瑾．研学实践教育基地建设研究［J］．黑龙江教育学院学报，2018，37（12）：77－79.

［29］谢绍平．探究教学评价的指导思想、内容和方法［J］．教学与管理，2016，（36）：119－121.

［30］吴乐乐，曹雷，柏杨．综合实践活动课程课堂教学评价综述［J］．教学与管理，2015，（22）：79－80.

［31］张迪晨．美国高校师资管理制度及其对我国高校师资队伍建设的启示［J］．教育与职业，2014，（02）：73－75.

［32］GB/T 31710－2015，休闲露营地建设与服务规范［S］.

[33] 宋晔，刘清东．研学旅行活动的教育学审视［J］．教育发展研究，2018，10：15 - 19.

[34] 王献章．在研学旅行中落实实践育人［J］．中学政治教学参考，2019，3：54 - 56.

[35] 鞠凯，尹训霞．研学旅行课程资源开发实践与思考［N］．中学生报（教研周刊），2020 - 4 - 10（383）．

[36] 彭欣．湘西"从文之旅"中学生研学旅行品牌的开发研究［J］．中国市场，2020，（23）：127 - 130.

[37] 余鹰，罗东明．国防科技工业"订单式"多维研学实践教育模式研究［J］．国防科技工业，2019，（01）：58 - 59.

[38] 邓友平．课程资源开发与利用中的问题与对策［J］．课程教材教法．2009，29，（3）：7 - 9.

[39] 李建平．课改：农村课程资源要"本土化"［N］．中国教育报，2005 - 10 - 01（002）．

[40] 谢翌，邱霞燕．童年的味道：寻找田园中的课程资源［J］．课程教材教法．2015，35（7）：35 - 45.

[41] 季丹枫．研学旅行如何"学游""兼得"［N］．中国教师报，2018 - 08 - 29（7）．

[42] 朱玲，殷航．基于课程的高中地理研学旅行资源整合与流程设计［J］．地理教学，2019，（13）：51 - 53.

[43] 段玉山，袁书琪，郭锋涛，周维国．研学校旅行课程标准（二）——课程结构、课程内容［J］．地理教学，2019，（06）：4 - 7.